當賣火柴的小女孩手上只剩下最後一盒火柴，
她可以選擇劃亮火柴看見自己的美夢，
也可以什麼都不做在寒風裡自怨自憐致死。

改變你的想法，在失敗中看見機會，化逆境為轉機！

王郁陽，江城子——編著

逆流成長法

找尋弱點，修正缺點，你不可能永遠待在人生最低點

目　錄

目錄

第二章　透視逆境，周密策劃巧突圍

第三章　自設牢籠，難突破的是心中的逆境

第四章　逆風起舞，陽光總在風雨後

目錄

第五章　隨機應變，條條大路通羅馬

第六章　懂得放棄，大捨才會有大得

目錄 ━━━━━━━━━━━━━━━━━━━━━

前言

100 多年前，當有人用極其尊敬的口吻問盧梭畢業於哪所名校時，盧梭的回答出人意料且引人深思：「我在學校裡接受過教育，但最令我受益匪淺的學校叫『逆境』。」

原來，是逆境而不是其他的什麼成就了偉大的盧梭。這也印證了一句老話：「自古英雄多磨難，從來紈綺少偉男。」

人生的旅途上，誰沒有面臨過逆境？為什麼多數人不能成為強者，只是在逆境的漩渦中苦苦掙扎而毀滅或無奈地走向平庸？

成為強者與淪為弱者的分別在於 —— 是否能夠聰明應對逆境。人生逆境有千種，應變之道有萬法。每一種逆境都需要高超的智慧去應對。有些逆境不過是水燒開前的噪音，只需要有再添一把柴的耐心與行動就行了；有些逆境卻是十字路口的紅燈，警告你不要一意孤行，這時需要另找一條適合自己的路；還有一些逆境其實只存在於你的心中，需要大膽地打破自設的心理牢籠。

對於逆境，有一首詩非常值得我們細細品味 ——

逆境並不意味著你是一個失敗者，

而是意味著你還沒有成功。

逆境並不意味著你一事無成，

而是意味著你學到了教訓。

逆境並不意味著你是一個笨蛋，

而是意味著你有著堅定的信念。

逆境並不意味著你蒙受了羞辱，

而是意味著你從此更奮發加倍努力。

前言

逆境並不意味著你處境被動，
而是意味著你必須採取不同的方式。
逆境並不意味著你已不可救藥，
而是意味著你已意識到自己並不完美。
逆境並不意味著你浪費了生命，
而是意味著你有理由重新開始。
逆境並不意味著你應該放棄，
而是意味著你必須更加努力。
逆境並不意味著你將永遠也不會成功，
而是意味著成功還需要一點點時間。
逆境並不意味著上帝已經拋棄了你，
而是意味著上帝給了你一個更好的主意！

編者

第一章
痛定思痛，為什麼受傷的總是我

▶▶▶ 第一章　痛定思痛，為什麼受傷的總是我

> 逆境是人生的清醒劑。在曲折的道路上獲得思想，是你在一帆風順時難以得到的。
>
> —— 美國演說家

「為什麼，受傷的總是我？我到底做錯了什麼？」—— 這是一首經典老歌中的歌詞。這句歌詞表達了一個人在「受傷」時的悲傷與痛楚，卻又沒有流於感性的情感氾濫，而是對「受傷」的原因進行了理性而又冷靜的追問：「我到底做錯了什麼？」痛定思痛，這種追問，既是對人，更是對己。

不幸的遭遇纏上了自己，很多時候根源其實在於自己。比如說做生意受了騙，根源在於自己的輕信；比如炒股賠了本，根源在於自己眼力欠佳或不能狠下心來止損……治病要找到病灶，身處逆境的人要想「鹹魚翻身」，也要找到導致逆境的根源。只有對症下藥，才能藥到病除。因此，一個人身處逆境時，千萬別忘了多問自己幾聲：我到底做錯了什麼？

本章緊扣「我到底做錯了什麼」這一話題，將容易導致災難與不幸降臨的人性弱點抽繭剝絲，一一點出、層層剖析。這些人性弱點有的看似無關緊要，但正如螞蟻潰堤，日積月累會給人帶來巨大的損失。處於逆境中的人如果正視這些人性弱點並採取相應對策，不僅有助於走出逆境，還有助於在日後減少逆境再度降臨的機率。

當然，也會有一些糟糕的事情根本就沒有誰做錯了什麼 —— 除了老天爺。但值得慶幸的是，這種情況相對較少。老天爺不在我們的控制內，但我們自身的弱點卻可控制在一定的範圍內，因此我們絕對要去改善 —— 套用一句流行的話：沒有任何藉口。

不想爬樹，如何摘桃

　　望著滿樹的桃子，光流口水沒有用，要挽起衣袖去爬樹，才能摘取美味的桃子。爬樹當然是辛苦，不僅要與地心引力抗爭，還要忍受各種蟲蟻的叮咬……但你必須往上爬。

　　不爬上樹，等待掉下來的桃子是個取巧的好辦法，但你別忘了，掉下來的桃子都是熟透的，如爛泥一般既不美味又無營養，相反還有一些不利於人體健康的毒素。

　　讀過《西遊記》的人都知道，唐玄奘與三個徒弟是經歷了九九八十一難，在一路逆境之中披荊斬棘，方成正果。《西遊記》雖是一本充滿了離奇古怪想法的浪漫主義小說，但取經這個過程的設置卻充分顯示出一種最質樸的人生經驗，我們常說的「不經歷風雨怎能見彩虹」，在此中展現最深。

　　出身卑賤的人和家境貧寒的人，透過自己的辛勤工作和執著追求，終於功成名就，成為出人頭地的風雲人物，這種極富教育意義的例子在歷史與現實中比比皆是。下面的這個例子則更有說服力。

　　曾有一個出生在小木屋裡的男孩，既沒有上過學，也沒有書本或老師的指教，更沒有任何幸運的機會，然而，作為美國內戰期間的總統，他卻解放了 400 萬奴隸，以其樸素的智慧和崇高的人格贏得了全體人類的衷心欽佩。這個人就是林肯。

　　看一看這個身材瘦削、舉止笨拙的高個子的年輕人吧！他自己動手把樹木砍倒，修造了既沒有地板也沒有窗戶的簡陋小木屋。每一個深夜他都在這個小木屋裡就著壁爐的火光靜靜地自修算術和語法。為了能弄懂《英國法釋義》（*Commentaries on the Laws of England*）的內容，他不辭辛勞地

13

徒步跋涉 44 英里，買到了珍貴的資料，而在回家的路上，他已經迫不及待地看完了 100 頁。

有無數的事例可以證明，上帝對於林肯可謂吝嗇，沒有賦予他任何有利的機會，而他的每一個成功都不是僥倖所得。促使他成功的一個非常重要的因素是勤奮。是勤奮幫助他從逆境中堅強崛起，並屹立於人間。

沒有幾個人有「含著金湯匙出生」的好運氣，大部分人從降生到這個世界時，就注定要背起經歷各種困難折磨的命運。

人生好比一次旅行，辛勞和苦難其實就是我們不能不花的旅費。而在這一次旅程中，我們可以得到各式各樣豐富的經驗。當我們痛苦的時候，可以當作那是我們在旅途中跋山涉水、走狹路、過險橋；而當我們快樂的時候，其實就是我們到達了風光明媚的處所，卸下了行裝，洗去了風塵，盡情地流連欣賞之時。也正如旅行一樣，我們不能總在某個風景勝地常住；住一陣之後，我們就又該背起行囊去尋覓另一個佳境。

因此，人間的苦樂坎坷，我們都應該把它看作理所當然。做生意順利的時候，財源滾滾而來，取之不盡，用之不竭，那是順境；一旦遇上風險，工作生意不順利，就又要過一過節衣縮食的苦日子。想不開的人，逆境來臨時就會急著想提早結束這次旅行，到那茫茫不可知的地方去；而假如我們想得開的話，就該明白，我們就是為經歷這些風險而來的。

做一個成功的旅行家需要勇氣，也唯有有勇氣承擔旅途風險的人才可以到達人生的佳境，才可以享受到一般人所不能領略的「化險為夷」、「夜盡天明」、「寒盡春回」等經歷中的樂趣。因此，每逢遭到逆境時，我們要忍一忍，熬一熬，再多拿出一分勇敢和信心；不要只看旅途的艱辛，而要把希望的燈點亮，去照耀你想要去的地方。

我們每一個人都有受到工作或生活環境壓力的時候。但在這時候，你

與其悲傷流淚，倒不如用自己已有的條件去慢慢耕耘，一旦機會來臨，自己也有了足夠的條件去應付，境遇就會好轉了。許多事實顯示，一個人的生活需求可以縮小到最小限度，而他一樣可以保持樂觀豁達的心情。只要你不讓自己消沉頹廢，環境便不能把你打倒。

如同那些懂得旅行樂趣的人，他們往往對平坦好走、容易達到的地方沒有興趣，而偏偏喜歡去找那些險峻的山、未開發的林或沒有人煙的島。他們認為旅行的樂趣在於克服那些途中的千難萬險，到達別人所不易到達的地方，在於發現別人所無法發現的新佳境。

懂得人生的人也是一樣。他們往往不喜歡平穩庸碌的生活，而多半有膽量去嘗試一些困難的、冒險的，但卻充滿生氣而有意義的生活。因為他們知道，只有克服了困難，闖過了險境，他們才會嘗到人生的真味，才會懂得人生的苦是怎樣的苦法，樂又是怎樣的樂法，貧窮的滋味怎樣，失戀的滋味如何，而他們最大的收穫往往是成功的快樂。

俗話說：「吃得苦中苦，方為人上人。」所謂「人上人」，並不是一般功利的想法，而是說，他可以在生活中比一般人更為豁達開朗，眼光遠大，做起事來就可以迎難而上得心應手。如果我們從小就安安穩穩、無風無浪地像花朵一樣生活在暖房裡，我們所見的天日就只有那一點點，所能適應的溫度和環境也很有限，那麼你的一生還有什麼意思呢？

死要面子活受罪

人活一張臉，樹活一張皮。「面子」這個東西，人人都愛。為什麼？因為「面子」總是與一個人的人格、自尊、榮譽、威信、影響、體面等等連繫在一起。因此在日常生活中，這方面的詞有很多：如「有面子」、

▶▶▶ 第一章　痛定思痛，為什麼受傷的總是我

「愛面子」、「失面子」、「給面子」、「死不要臉」、「真丟臉」、「厚臉皮」、「撕破臉」等等，用得也非常之廣泛。

因此常就有這麼一句話：「死要面子活受罪」，一些人為了「愛面子」甚至可以忍受任何的痛苦，即使自己受罪也無所顧忌。也還常聽到另一種類型的話：「這個傢伙，真是撕破了臉了，什麼事都做得出來。」意思是說，一些人已經連做人的最基本的要求都不要了，做什麼事情都不再會感到慚愧。

近年來，因喝酒導致酒精中毒死亡或酒後駕車而發生車禍死亡的案例頗多。這類案例的背後除了不健康的「酒文化」外，還隱藏著一個「面子」的惡魔。在酒桌上流行這樣一種「說法」：「敬酒不吃吃罰酒。」意思是說，給你「面子」你卻不要，毫無辦法，只能給你一點厲害看看了，那就是一種較為嚴厲的懲罰。當然，人們為什麼不肯「吃敬酒」？就是因為這種「面子」一接受，就意味著要付出更大的代價，相比之下，寧肯受到懲罰，也不願「吃」帶有某種附加條件的「敬酒」了。

那麼，什麼叫「面子」呢？我們可以從以下這幾個方面去理解。

◇ 「面子」，這是個含義廣泛、但又具有「不可捉摸」的概念。誠如魯迅先生所說：「如果你不去想它，則它在日常生活中存在並且確實運作著，然一旦你思索它時就會開始混淆起來，想得愈多，混淆得愈厲害。」因此直到現在，對什麼叫「面子」還尚無有一個為眾人所共識的定義。即使你去翻查一下《辭海》，恐怕也難以找到對它的精確定義來。對許多人來說，「面子」似乎是一個只能「意會」不能「言傳」的概念。

◇ 「面子」實際上是個人擁有的成就、聲望、名氣、榮譽、社會地位，甚至包括財富的一種複合體。你成就大了，社會地位高了，錢多了，

名氣大了，種種榮譽就會接踵而來，這時，你的「面子」就會很大、影響也會很廣。你說的話，他人會聽；你所提的各種要求（甚至有些純屬「不合理」的），他人也會盡量滿足你；即使你做錯了什麼事情，人們也會顧及你的臉面，盡量地「不去捅破」等等。不過，面子這個東西又很古怪，它又不能直接等同於人的成就、聲望、名氣、榮譽、社會地位。有的人成就不高、聲望不大、名氣不響、榮譽不多、社會地位也並不顯赫，然而面子觀念卻依然很強烈。

✧ 「面子」這個東西，主要是在你和他人的相互作用過程中獲得的，而且重要的還包括人品、人格這個因素。出生「顯赫的名門家庭」可以在一定程度上增加一個人的「面子」，然而這是「非本質性」的，如果這類人為所欲為，天生的一付敗家子樣，那麼，沒有多久，他就會很快地變成一個「沒有面子的人」。相反的，一個普通的人，依靠他刻苦學習和不懈地的努力，不斷地發揮他的聰明才智，不斷地取得驚人的成就，那麼，他人「面子」就會越來越大，人們也會越來越給他「面子」。

✧ 「面子」這個東西，實際上是一種主觀的認知、主觀的自我感覺。它包括兩種：一種是自我評價或自我感覺；另一種是他人（社會）對他的評價或自我感覺。一般來說，這兩種評價或感覺是不太一樣的。有的人自我評價高、自我感覺良好，總認為自己「有面子」、「有臉面」，人家會給他「面子」，因此經常做出令他人為難的行為，也常常會使自己落入難堪、窘迫的境地。相反的，有的人成就很突出、社會地位也高，然而卻為人謙恭，做事謹慎，不輕易動用自己的社會地位來為自己謀利，一般來說這類人的「面子」就很大，人們倒是會很給其「面子」的。

✧ 為什麼人們「愛面子」、「講面子」呢？因為「有面子的人」可以獲得他人的喜歡、尊敬、信任、友誼，成為結交朋友、吸引他人的一種資源，成為滿足人們的自尊需要、交際需要的重要手段；可以獲得他人的讚揚、羨慕、敬重等，以此滿足自己的榮譽感，滿足自己的虛榮心理；可以說話有人聽，行為有人仿，他們擁有對他人的更大的影響力和感染力，可充分滿足自己對權的需要、對他人的支配欲望；可以給自己更大的信心、尊嚴，因而成為自己進一步行動的重要驅動力。……由於這些因素的綜合作用，就會促使一些人不顧一切地去「講面子」、「愛面子」，可以說它幾乎成了一些人們的一種「本能」，一種比較「原始」的心理需求及其行為的「原動力」。

那麼，究竟是哪些類型的人會過分地去追逐「面子」呢？至會達到「死要面子活受罪」的程度呢？

什麼人們尤為廣。你說的話，他人就

✧ **虛榮心越是強烈的人越是要「面子」**：所謂虛榮，指的是虛假的榮耀，表面上的榮譽。譬如，有的人，在長輩活著的時候從不關心長輩盡自己的孝心，甚至扔在一邊不照顧，然而長輩一死，卻大肆鋪張講排場，舉辦豪華的葬禮。顯然，這並不是對死者的孝心，而是為了做給他人看的，以此表示自己對長輩是如何如何的「孝」，即僅僅是為了自己的榮譽而舉辦豪華的葬禮的。因此，虛榮，本是一種無聊的騙人術，然而有許多人卻一股腦地追求它。究其實質，就是為了一種「面子」：即使是假的，也要打扮、裝飾自己一下。因此，虛榮心越強烈的人也就越要「面子」。

✧ **成就欲越是強烈的人越是要「面子」**：成就欲，指的是人們想完成重

要的工作，作出傑出成績的動機。一個人成就欲是否強烈，會很大程度上影響其完成工作的決心，因此持有強烈的成就欲望，這本是一件好事。然而當個人意識到自己所掌握的「資源」（如知識水準、能力以及社會關係等）不足以使他完成自己設想的目標時，從而使他感覺到有可能失去他人較高的評價、承認和讚揚時，他就會變得「矯揉造作」，總想以其他的方式「彌補」自我資源的不足，從而產生各式各樣的虛假的「面子行為」。

✧ **自尊心越是過於強烈的人越要「面子：**自尊心，這是個人對自我感覺的一種體驗。自尊感強的人，往往對自己生活的方式感到滿意，對自己存在的價值感覺到重要，因而喜歡自己、尊重自己。然而當一個人不切實際地持有過高的自尊心時，就會刻意地維護、追求自我的形象，誇大自己，千方百計地粉飾、點綴自己，表現出一種強烈的「要面子」的心理。

✧ **權力欲越是旺盛的人越是要「面子」：**所謂權力欲，指的是試圖影響、支配、控制他人的一種欲望。權力欲過於旺盛的人一般都有兩大毛病：一是過於自信，過於相信自己的力量；二是過於自負，過於自以為是。因而在行為上必然要求他人對他「絕對信任」、「絕對服從」，不能有絲毫懷疑，誰如果違背了他的意志，或如果當面頂撞了他，那麼就等於觸犯了他的「神經」，他就會暴跳如雷，就會千方百計地整你。為何他會這樣做？其中有一點，那就是他強烈的面子觀念起了很大的作用，為了要保全自己的面子，就不得不犧牲自己部下的面子。

總之，在上述多種動機的支配下，有許多人變得「死要面子」，甚至達到「活受罪」的程度。

譬如，有的人經濟上原本十分拮据，完全沒有實力與他人比闊的，然而為了「死要面子」，就節衣縮食，「勒緊了自己褲腰帶」，甚至「舉了債」，也要與他人比闊。

有的人為了「死要面子」，自己本無多大的實力和「後臺」，然而卻偽造假相，矇騙他人，有的四處吹噓自己有多少「能耐」，有的則無限誇大自己的「後臺」是如何如何的「硬」，因而什麼東西都能得到，什麼事情都能辦得到。

有的人為了「死要面子」，明明自己是「普通一兵」，然而一到某些場合就顯得尤其活躍，硬是往「名流」裡去靠，借「名流」的聲望來抬高自己。

有的人為了「死要面子」，明明是靠偶然的意外獲得一次成功，明明自己「喜出望外」，內心異常激動萬分，然而卻裝得很有「修養」，異常地「深沉」，還顯出若無其事的樣子來，一副過於謙虛、故作姿態的樣子。

有的人為了「死要面子」，還不惜採取卑劣的手段誣陷他人，透過打擊他人的方式來抬高自己。

有的人為了「死要面子」，見榮譽就爭，見利益就搶，不放過任何的機會來抬高自己、打扮自己。

有的人為了「死要面子」，自己犯了錯誤還「死不認帳」，即使當面被人揭穿也要死撐到底，有的甚至還要倒打一耙，將原因推給他人，或是避重就輕，將原因歸之客觀，總之，千方百計地開脫自己的責任。

有的人在學術上明明是「草包」一個，然而為了「死要面子」，也不顧自己是不是理解，裝腔作勢、咬文嚼字、拿腔拿調、引經據典，一副假斯文的樣子來。

有的人為了「死要面子」，對那些不給自己「面子」的人或是威脅到自己「面子」的人，往往採取主動地貶抑他人的攻擊性態度，以及「一報還一報」的報復態度，以維護自己所謂的尊嚴。

總之，當一個人陷於「死要面子」的迷思時，他的心理，他的行為就會變得不可思議起來，其結果無外乎「受罪活該」。

輕諾寡信，不可立世

誰都知道「狼來了」的故事。第一次放羊的孩子大叫「狼來了」，人們會跑過來相救，第二次大叫「狼來了」，人們也會來。但是，第三次、第四次呢？當人們知道狼並沒有來，放羊的孩子總是在騙人後，也就不會再跑過來了，後來狼真的來了，放羊的孩子將嗓子喊破了天，也無濟於事，最後倒楣吃虧的還他自己。

這個經典故事說明了一個人要誠實、不能騙人的重要。

古人說得好：「人無忠信，不可立於世。」一個人講誠信了，你這個人就會有威信，你說話就有人聽，有人信，當你有困難的時候人們就會跑過來幫助你。反之，一個人若是總騙人，總不講誠信，那麼，你這個人的人緣就會很差，你說話的分量就會大打折扣，有時即使你說的是真話，人們也總以懷疑的態度來對待，而當你處於逆境、需要他人救援時，人們也會採取冷漠態度對待。

那麼，這些人為什麼會不講誠信呢？

有的人愚昧無知，不知道一個人講誠信的重要性。就像上述發生的那個「狼來了」故事中的放羊的孩子一樣，因為他幼稚，不懂事，一個人放羊太無聊，突然心血來潮，想到了惡作劇，大叫「狼來了」，看看人們拿

刀拿棍，一副急急忙忙跑過來救自己的緊張樣子，感到好笑，一次不行還來第二次，以此來「逗樂」自己，這是一種「無知型的不講誠信」。

有的人愛貪小利，不講誠意。這些人私心很強，愛占「小便宜」，今天問這個人借一點錢不還，明天又向另一個人借一點錢不還，自以為很聰明，認為只有一點點錢，誰也不會向他人說什麼，然而時間一長，吃虧上當的人多了，人們便開始警覺起來，慢慢知道你就是這樣一種人，就會討厭你，提防你，懶得與你交往，不願與你共事，以後即使你真的發生難以解決的困難，人們也不會幫助你。這是一種「私利型的不講誠信」。

有的人對什麼事都持一種無所謂心態，因而不講誠意。這些人性格大大咧咧，什麼都不放在心上，約好他人晚上 7 點鐘見面，過了 30 分鐘還不見人影子，好不容易到了，也不對他人說一聲對不起，對他來說遲到早退似乎是一件天經地義的事，總認為這類純屬雞毛蒜皮的小事，沒什麼大不了，不值一提，談不上什麼人品不人品的，漸漸地養成了一種壞習慣。這是一種不拘小節型的不講誠信。

有的人愛耍權術，擅長玩弄權術，因而不講誠意。這類人的腦子特別好使，好耍小聰明，將他人統統當作傻瓜。在與他人交往中，為了達到自己不可告人的祕密，他們往往隱瞞事情的真相，一個東西明明很糟，卻將它說得天花亂墜，引人上鉤，今天騙這個，明天又騙那個，只要自己獲利，也不管他人的損失多麼嚴重。這是一種「奸詐小人型的不講誠信」。

日本有句俗語：「信用是無形的資產。」有的人因為沒有信用、不可靠，與別人交往中不講誠信，經常失信於他人，長此以往人們就不相信這類人，他就會感到很孤立，因而就沒有朋友，辦起事來就非常困難。

那麼，一個人應該怎樣才能做到講誠信呢？

✧ 要增加一點責任感。有的人為什麼說話很隨便？就是因為缺乏社會責任感，不會設身處地為他人著想。譬如，答應了他人三點鐘約會，四點還不到，一點都不考慮對方是多麼的焦急，不考慮這是在浪費他人的時間，甚至還認為是「小事一樁」，無所謂，這就是無責任的表現。一定要加強這樣的意識 —— 人是一個社會的人，你的任何社會活動都在表現著一種對他人、對團體、對社會的一種責任，為什麼做人做事一定要「言必信，行必果」？因為只有這樣，人才能有所進步。因此要做到講誠意，就必須加強做人的責任感。

✧ 自己對他人作出的承諾要三思而後行，要考慮到它的可行性。最近，報紙刊登了這樣一件事：有一老漢，其子被他人撞死，找不到凶手，於是便貼出「懸賞告示」：「有知情者請舉報，給獎金 2 萬元。」他人見這「告示」後，當面問老漢所說懸賞是否是真，得到了肯定，便提供了目擊線索，破了案，但是，老漢卻因自己家境實在貧窮而無法兌現承諾，於是被告上了法庭，並打輸了這場官司。這個案例告訴人們，自己對他人作出的承諾必須審慎，一定要留有餘地，應是自己有能力實現的，是可行的，而不是心血來潮的一時衝動，不能只顧眼前不顧將來，只顧一時利益而不顧長遠利益，一旦作出允諾，就必須要實踐自己的諾言。

✧ 在與他人交往時要避免受功利的誘惑。狡詐、欺騙他人是人不講誠信的很重要原因，而受功利的誘惑則是導致人產生狡詐、欺騙行為的最主要原因。為此，做人一定要注意自己的行為不受功利的誘惑，不要太實用主義，不要因蠅頭小利去算計他人，不要只看到自己鼻子下的一點事，眼光要放得遠一點，只有這樣人才能變得誠實，才能談得上誠信兩字。

> > > **第一章　痛定思痛，為什麼受傷的總是我**

✧　要從小事做起，將守信用、講誠信培養成一個習慣。守不守信用，講不講誠信，是一個人具不具備良好人品的表現，而它的形成不是隨隨便便的，而是在生活實踐中慢慢形成的。百尺之臺，始於壘土。為此，一定要注意從一點一滴的小事做起，當一個人從小就養成一種一撒謊騙人就會在內心感到恥辱、不安、難為情時，他就會成為一個守信用、講誠信的人。

　　有一個日本小孩，其父親生前是個生意人，一生非常講究信譽，在他生命中的最後幾年運氣糟透了，留下一大筆債務便駕鶴歸西了。父親去世的時候，小孩只有 12 歲。按法律規定，小孩完全可以不承擔這筆債務，正當父親的債權人懊惱不已的時候，小孩卻一一上門拜訪，許下諾言說給他 20 年時間，他會還清父親全部的債務。20 年！一生中有幾個 20 年，小孩卻要用自己的青春時光去償還一筆不應自己承擔的債務，這需要多大勇氣呀！債權人沒有幾個人對此抱有希望，但事已至此並無辦法可言，只有聽之任之了。小孩子是開始了他的還債生涯，到了 27 歲那年，他還清了所有債款，提前了 5 年！小孩縮短了還債時間，原因很簡單，一是自己許下的諾言產生一股強大的動力，促使他不斷朝著目標奮鬥；二是隨著自己不斷兌現諾言，債權人對他產生了極大的信任（如果小孩不兌現諾言的話，他一輩子也許得不到這筆債權），而比以前更加願意與他合作了，並且由於他的誠信名聲在外，與他合作的人越來越多，生意也越做越大，因而錢也越賺越多。

　　這個小孩自己也許沒意識到，這筆財富讓他獲益終生。由於他花了 15 年時間去還一筆本來不屬於他的債務，他的信譽在生意圈中產生一股巨大的力量，幾乎所有的人都願意與他擴大生意往來，誠信使他成為了富翁。

　　做被狼吃了的小孩，還是成為富翁的小孩，一切都在於你的選擇。

貪欲太盛，引火焚身

一個財主不慎掉進水裡，在水中一邊掙扎一邊喊救命。然而岸上並沒有人。上帝見了，對財主說：「你若解下腰上包袱裡的黃金，不就可以游上岸嗎？」財主聽了，生怕水浪將他的包袱沖走，反而用雙手更緊地抓住包袱 —— 就這樣，他沉入水底，再也沒有機會浮到水面上來了。

貪婪是災禍的根源。對於貪婪的人，上帝也救不了他。為人處事，若好占便宜，必將受到唾棄；經營事業若好高騖遠過於貪婪，則事業難以長久。

古時候，一個放羊的男孩在一個偶然的機會發現了一個深不可測的山洞，這個地方很隱蔽，他從未涉足過。好奇心促使他一步步地往山洞深處走去。突然，就在洞的深處，他發現了一座金光閃閃的寶庫。天啊！這是不是人們常說的天下第一寶藏呢？放羊的男孩非常好奇，他從來沒有見到過這麼多的金子，他很高興，於是小心地從幾萬噸的金山拿了小小的一條，他自言自語道：「要是財主不再讓我幫他放羊的話，這幾十兩金子也夠我生活一段時間了。」他邊說邊從金庫回到放羊的山上，「夠用了、夠用了。」然後不慌不忙地將羊趕回老財主家，又如實地將這一天的發現告訴了財主。還把自己撿到的那塊金子拿出來給財主看，讓他辨別其真假。財主一看、二摸、三咬之後，一把將放羊的男孩拉到身邊，急切地問藏金子的洞在哪裡。男孩把藏金子的山洞的大概位置告訴了他，老財主馬上命令管家與手下們直奔男孩放羊的那座山，還擔心男孩說謊，讓男孩為他們帶路。

財主見到了真的金山，高興得不得了。他想：這下我發大財了，他趕忙將金子裝進自己的衣袋，還讓一起進來的手下拚命地裝。就在他們把小

男孩支走，準備帶走所有的金子的時候，洞裡的神仙發話了：「人啊！別讓欲望負重太多，天一黑，山門就要關了，到時候，你不僅得不到半兩金子，連老命也會在這裡丟掉，別太貪婪了。」

可是財主聽不進去，他想山洞這麼空闊，且又那麼堅硬，就是天大的石頭砸下來，也砸不到自己的頭上，何況這裡有這麼多的金子呀！不拿白不拿，負重一點有什麼好怕的，擁有這些金子，出去後我不就是大富翁了嗎？於是財主還是不停地搬運，非要把金山搬空不可。忽然，一陣轟隆隆的雷聲響起後，山洞全被地下冒出的岩漿吞沒掉，財主別說是當富翁，連自己性命也丟在了火山的岩漿之中了。

人是感情動物，無論是什麼人，只要進入社會，接觸到物質社會的利益，都會在心裡產生種種欲望。誠然，生物學家都知道，動物的基因本質都是自私的，惡劣的生存環境和動物之間的競爭決定了它們必須自私，為了爭取生存。在你死我活的競爭中，只有擊敗對手，犧牲對手才有自己生存的權利。人類是由動物的遺傳基因逐漸發展形成，人之自私大抵發源於此。但是，如果僅僅以基因的本質是自私的心安理得，而丟棄人類文化這種「全新的非生物學」的力量，你把自己更重要的一部分 —— 你的血肉，從你的軀體上剝去了，剩下的只是一副骷髏。你會變得毫無人的力量，即使血肉仍附在你的身軀上，那麼整個的你又與動物有什麼區別呢？

不論在什麼社會，什麼國家，貪婪者、自私者都是卑鄙的、遭人唾棄的，都會受到社會的譴責，遭到大眾的鄙視。試想，一個人在得不到周圍的人的幫助、甚至經常受到周圍的人的排擠與打擊，他的人生之路怎麼可能會一路順暢呢？

人的貪婪與否，欲望的多少直接關係到人品和事業的成敗。「人有時會因一念私欲，便銷剛為柔，利令智昏，變恩為殘，玷汙清白身，敗毀了

一生人品，故古人以不貪為寶，所以度越一世。」這就是說，一個人只要心中出現一點貪婪和私心雜念，他本來的剛直性格就會變得懦弱，聰明就會變得昏庸，慈悲就會變得殘酷。

人在進入社會後有各式各樣的欲望，有欲望本無可厚非，有的人的欲望是客觀的、有節制的，這樣的欲望會是一種目標，一股動力，他可以使人具有遠大的目標和鬥志；有的人的欲望則是主觀的、無限制的，甚至連他自己也說不清楚需要多少才能得到滿足。這樣的欲望則會給自己增加壓力，超負荷的欲望會羈絆人前進的腳步，有的甚至會將其引向歧路。

欲望太多、太重，會讓負重的人因此在一個坎上跌倒。人有七情，也有六欲，這本屬正常，也是一個人在物質社會裡不能或缺的東西。可是六欲不能太重，七情亦不能太多，只有這樣，一個人才能在社會上立足，也才能夠不被欲望所左右，否則就會成為自己利益的馬前卒，或是非法財富的掠奪者，那麼總有一天人生的金礦也會冒出無情的地火，美好的生活也會在欲望的世界裡焚毀。

在大多數時候是否能節制貪欲，直接關係到一個人的人品和事業的成敗。

周宣帝的皇后是楊堅的女兒，宣帝便拜楊堅為上柱國、大司馬等重要官職，地位顯赫。宇文氏家族的成員對楊堅的猜忌很大，欲謀害楊堅的陰謀一個個接踵而來。後來，宣帝本人聽到傳言後對楊堅也產生了疑忌之心，想找個藉口把楊堅殺掉。

宣帝有四個美姬，她們為了爭寵，互相辱罵，經常鬧得不可開交。一天，宣帝說：「你們再鬧，我就把你們全殺掉。」於是宣帝想出一計，他讓四個寵姬打扮得妖豔嫵媚，站在他的兩側，又派人去召喚楊堅。宣帝對左右武士說：「如果楊堅進來神色有什麼變化，你們就立即把他殺掉。」

27

不料楊堅上殿，臉上始終一股正氣，目不斜視。宣帝只好讓他離開。

後來宣帝因荒淫過度而死，他9歲的兒子宇文衍即位，楊堅入朝主政，宣帝的弟弟漢王宇文贊早就想當皇帝，上朝聽政時常與楊堅同帳而坐。楊堅對此非常惱火。楊堅知道宇文贊是個酒色之徒，就選了幾個漂亮的女孩送給了宇文贊，宇文贊滿心歡喜地接受了，他的權力欲望從此減退了，從此搬回王府，天天與美女銷魂，不問政事，楊堅遂於西元581年7月14日稱帝，建立了隋朝。

宇文贊由於一念貪欲，良知就自然泯滅，即使有點剛毅之氣也化為烏有，只有任行賄者擺布，落得個可憐的下場。

明代《菜根譚》又言：「富貴是無情之物，看得至重，它害你越大；貧賤是耐久之交，處理至好，它益你反深。故貪商於而戀金穀蘊者，竟被一時之顯戮；樂簞瓢而甘敝蘊者，終享千載之令名。」這段話的意思很明顯，不節制貪欲，過於貪心，必然為貪欲所害。

古代因貪小利失掉國家的事例很多。

智伯請求韓康子割地給他，韓康子不答應。

段規說：「智伯好利而剛愎，不給他地其必出兵討伐我國，不如給他地算了。他因貪得成性，必定還要請地他國，他國若不給他地，他就會出兵攻打，我國則可以免於憂患，而且還可以伺機而動。」韓康子答應了智伯的要求。

不久，智伯又求地於魏桓子，魏桓子也不想給他。

任章說：「不如割地給他，使他驕傲，君王您可以團結所有天下人來圖謀智伯。」

魏桓子說：「好。」也割地給智伯。

智伯接著又向趙襄子求蔡、皋狼附近的地，趙襄子不給，智伯非常憤

怒，就出兵圍困晉陽城。這時，韓國、魏國在周邊打擊智伯，趙國在內中呼應，智伯於是敗亡。

而西漢開國丞相蕭何卻是能自覺節制貪欲。他受封食邑 13,000 戶，足能在京城地面廣治田宅，但他偏在終南山下買了幾間沒有院牆的茅屋。臣僚們問他何故如此，他回答說：「如果我的子孫賢良，可傳我的儉樸家風；如果我的子孫不賢良，也不致被勢利者所侵奪。」他的話果然切中要害，其心地之寬豁，宛然悟透了人生的天機。

貪欲過盛之人，沒人願與之共事，因而永遠難成大器。世間小人，個個蠅營狗苟，皆同貪欲所惑也。

儀表粗俗，遭人鄙視

三國時期，有一位才智和孔明齊名的鳳雛先生龐統。可惜的是，這位先生不修邊幅，非常令人生厭，先後曾被孫權、劉備所拒絕，一身的學問和才智，險些付之東流了。所以，要想事業有成的人，都應該注意裝扮自己，在周圍的人群中建立一個良好的形象。同時，我們也應該注重自己的修養，提高自己的內涵，保證所樹形象的持久性和豐滿性。

在我們的現實生活之中，有許多的年輕人學識淵博、精明能幹，但常常因為不注意自己的外表和儀態，給他人留下惡劣的第一印象，以致在求職面試過程中被淘汰。

佛靠金裝，人靠衣裝。人類都有以貌取人的勢利天性，你的外在形象直接影響著別人對你的印象。你與他人的生意交往中，你穿得氣派，無形中就抬高了自己的身價，別人會看高你，覺得有利可圖，就容易答應你的請求；你衣著寒酸窩囊，別人認為從你那裡無油水可撈，可能一口回絕你的請求。

　　一個人的外貌的確對你有一定的影響，穿著得體的人給人的第一印象就很好，它等於在告訴大家：　「這是一個重要的人物，聰明、成功、可靠。大家可以尊敬、仰慕、信賴他。他自重，我們也會尊重他。」

　　反之，一個穿著邋遢的人給人的印象就差，它等於在告訴大家：「這是個沒什麼作為的人，他粗心、沒有效率、不重要，他只是一個普通人，不值得特別尊敬他，他已習慣不被重視。」

　　譬如面容方面。一臉倦容、憔悴或沒刮乾淨的鬍鬚都會帶來嚴重的負面影響；頭髮太長或凌亂不堪亦然；不合體的襯衫領或土裡土氣的領帶，足以損害到你的形象。

　　不合身分的穿著，會令對方對你產生輕浮的印象。如果一位學生開著名貴汽車，或者使用價格昂貴的打火機，就難免讓人覺得年紀輕輕的就如此輕浮，因為這種不合身分的穿著及舉動極易令人產生不舒服的感覺。

　　身上的服飾一般都具有「展現自我」的特徵。如果一個人的形象和外表與能夠「展現自我」的服飾差距過大，就會令人有「不完整人格」的印象。比如，衣服和褲子都是高級名牌的正裝，而腳上卻是廉價的休閒鞋，就會令人產生很不協調的感覺。

　　此外，體型臃腫、衣著缺乏品味和姿勢不雅等，同樣是造成負面形象的主要因素。除了經常檢查自己的儀表之外，尚需注重整體的協調感。

　　一個人的外表經常被認為是其內在氣質的反映。如果一個人的外表醜陋粗俗、不修邊幅，那麼他在社會上不受歡迎的程度也就可想而知了。

　　高尚的思想、活潑健康的生活和工作本身，與個人衛生的不整潔勢不兩立。一個不勤洗澡換衣的人也常常會忽視他人感觀上的排斥；一個不注意儀表的女人是很難取悅於人的，她也會一步一步地放任自己，成為一個不思上進的邋遢女人。

清潔的外表及其自身形象與他的個性息息相關。一個人如果生活上放任自己，工作上又粗枝大葉不思進取，那麼，他很快就會身不由己地變得墮落起來。

即使是出於審美和道德的考慮，而注意自己整潔幹練的形象，也只會對維護自己的利益帶來幫助。我有一個熟人，他誠實聰明，才能出眾，在一家大出版社工作，但因為他外表不修邊幅，生活隨隨便便，後來竟然連工作也沒保住。

愛護牙齒，注意口腔衛生是最基本的生活常識。然而，人們在這方面犯的錯誤可能要比其他方面犯的錯誤多得多。我們周圍的許多年輕人，他們衣著考究，對自己的儀表也非常得意，但他們卻往往忽視了自己的牙齒。他們沒有意識到，沒有什麼比一口黃牙、蛀牙或是缺了一兩顆門牙更糟糕的事情了，而那些不注意口腔衛生，呼吸、談話時散發出惡臭的人更是讓人無法忍受。

對於那些在社會和商界謀生的人來說，關於衣著的最佳建議可以概括為一句話：「讓你的衣著得體大方，但絕不需要多麼昂貴。」

一個人不管多窮困，你都應該穿得得體。應該有意識地注意外表的乾淨整潔，盡力保持真誠和自尊，這樣才能給你帶來尊嚴、力量和魅力，使你贏得別人的尊敬和欽佩。

法蘭克‧赫伯特（Frank Herbert）說：「衣服不能造就一個人，但好衣服能使一個人找到一份好工作。如果你有25美元，又需要一份工作的話，最好花15美元買一件衣服，花4美元買一雙鞋，花6美元買剃鬚刀和理髮剪，然後再去找工作。千萬不要口袋裡裝著錢，卻穿一身破舊的衣服去應聘。」

一個應聘者具備多少優點和缺點，這並不要緊，但他首先必須注意自

己的外表和形象。許多應聘者憑著良好的儀表獲得了一份工作。這一點，對那些被拒之門外的人來說，要比他們體會的要深刻得多。

　　一家大公司的人事部經理這樣說：越是注意個人衛生和衣著整潔的人，就越能仔細地完成工作；而生活邋遢的人，一般在工作上也會馬馬虎虎。注意儀表的人，他同樣會注意工作的效果，櫃檯後面是什麼樣子，工廠裡很可能就是什麼樣子。時髦的女售貨員一定要講究衣著，她也會厭惡骯髒的衣領，磨破的袖口和領帶皺皺巴巴的男士。難道不是這樣嗎？

　　事實上，一個人開始關注個人的習慣和衣著儀表時，他的境遇也就開始改觀。

自暴自棄，厄運難逃

　　這種人在生活中似乎從未有過成功。在他們看來，從來沒有人關心過他們；問題、衝突和困難似乎總是壓得他們喘不過氣來，每做一件事情，他們想到的就是各式各樣的失敗因素。他們總是覺得自己不行，不如別人，無法接受生活的挑戰。他們老是覺得自己處處「不走運」，是生活中的犧牲品。

　　他們杯子裡的水要麼只有半杯，要麼已經蒸發殆盡。一遇到困難，他們只會唉聲嘆氣：「我總是這麼倒楣的」、「瞧，我早知道事情會是這個樣子」、「我無論做什麼都不會成功」、「為什麼生活總是和我作對？」他們往往不願意再作進一步的努力去解決困難和問題，而認為：「這有什麼用呢？結果肯定還是一樣。」

　　他們遇事常常缺乏活力、熱情和動力，一味尋找放棄的藉口。他們經歷了太多的挫折和失敗，所以便形成了一種灰色的生活態度，視生活為自

己的敵人，認為自己生來就注定會被阻撓和擊垮。

　　與自暴自棄的宿命論者相反的是滿懷希望的積極進取者。這種人身上的每一個細胞都散發著樂觀的氣息和充沛的活力。他們希望每一件事情都能如他們所願，自然而然地取得一個完滿的結果。一旦出現了困難或衝突，他們只是將其視作需要自己處理的一個問題 —— 一個學習和成長的機會，並更加努力地去繼續爭取實現自己理想的目標。他們自我感覺到精力充沛、目標明確、充滿活力而且生氣勃勃！他們憧憬未來、熱愛生活，將生活視為自己的朋友，認為這個朋友會始終帶著愛心、理解和關懷去滿足他們的種種需求。他們深知並熱愛生活的目標，他們意識到生活具有一種不斷進步和發展的自然傾向，並懂得與這種自然傾向相統一。在健康方面，他們相信生活的目的本來就是要保持、增強並維護他們體內的每一分活力。在他們看來，生理上的「疾病」只是暫時的，並且很可能由他們思想上的憂慮所引起的。但是他們從不允許自己的生活中出現這種憂慮。在思想上，他們嚴格防範那些與健康、力量和成就相抵觸的觀念。此外，他們懂得人類最強烈的本能是自我保護和延續生命，他們深信這些想法和信念就代表了最基本的真理。無論在哪一方面，他們都與不斷向上的生命動力保持一致。

　　對那些滿懷希望、積極向上的人而言，逆境算不了什麼。他們只將其視為生活和工作中「需要處理的一個問題」。他們充滿信心地去克服它，他們堅信而且深知每一件事情多少都會給他們帶來一些好處。因為他們尋找並期待成功，所以他們往往能夠找到成功。他們對成功和收穫抱有堅定的理想，並始終把對成功的憧憬和期待深藏在心底。正因為有了這種宏偉的憧憬和期待，他們才會在生活中努力去實現他們的理想。

　　他們展望成功，擁抱成功並夢想成功 —— 成功在他們看來是如此清

晰而真切，於是成功便成了他們生活中唯一的事實。他們讓自己的每一種想法都為自己所用，於是他們便能夠獲得豐厚的收成。他們並不胡思亂想或做白日夢。實際上，他們之所以能夠創造成功，是因為他們堅信他們內心對理想的憧憬和期待並非空想，而是一種創造力，而這種創造力必然會使理想化為現實。他們嚴格規定自己的所思所想必須是最美的、最崇高的內容（包括感情、意象和理想）他們已經目睹了別人取得的成就、進步和收穫，而且他們知道自己具有和別人一樣的生命力，所以他們相信自己也能成功。他們清楚地了解到成功並不僅僅屬於上天指派的少數幾個人；他們知道只要他們在思想上建立起不斷進步、不斷發展的生活目標，並把這種追求化為實踐，那麼成功就是他們應得的回報。

因此，他們杯子裡裝的水總是滿的，而且會越來越滿。當他們杯子裡的水滿到杯口，快要溢出時，他們並不擔心水會外流或浪費，因為他們會本能地換一個更大的杯子。無論遇到什麼樣的難題、困境或煩惱，他們總是相信會找到解決問題的方法。所以，他們帶著對美好前景的憧憬和堅定的信念不懈地奮鬥，對周圍那些與他們的思想相衝突的觀念和看法不屑一顧，努力去體驗更多美好的人生。結果呢？生活不斷地證明他們的思考方式是人們應有的思考方式 —— 是實現生活的目標所必須具備的思考方式。他們對生活的真理有一種本能的認知：它們與一種往往超越其自身的力量和智慧緊緊相連。他們的生活方式反映了這樣一種思想：「如果生活本來就是屬於我的，那麼又有什麼人和什麼東西能阻止我追求和擁有幸福的生活呢？」

不懂禮讓，頭破血流

禮是什麼？禮就是協調強者與弱者的尺度。強者會遇到更強者，弱者會遇到更弱者，因此，每個人都需要用禮來裁判！

不會禮讓的人不懂禮的重要，更不懂禮讓的深奧，他們也許自認為是強者，要將禮貌這個裁判一腳踢開。那麼，好吧！一個更強者上場了，不懂禮讓者等待的只能是頭破血流！

歷史上的道德標準講究禮義廉恥，而在待人接物中特別強調「禮義」兩字。它要求人們待人恭敬熱情，懂得尊重人、關心人，待人寬容，以和為貴，與人為善，要求懂得禮尚往來，懂得知恩必報，以德報怨，以直報怨。

而在禮義之中又特別強調「讓」這個字。古人曰：「讓，禮之主也。」（《左傳·襄公十三年》）意思是要求對他人恭敬、謙讓、禮貌、有禮節。以保持人際關係的和諧。

正如古人所說的：「恭而無禮則勞，慎而無引則葸，勇而無禮則亂，直而無禮則絞。」意思是說，恭敬而不懂禮義就會徒勞，謹慎而不懂禮義就會膽怯，勇敢而不懂禮義就會混亂，直率而不懂禮義就會刻薄。的確，禮義在人與人之間的交往、處理人與人之間的矛盾衝突及

個人的修身養性方面有著很重要的作用。

其實，講究禮讓並非「特產」。凡社會的文明發展到了一定的程度，它就必然會出現。從某種意義上說，禮讓是一個國家或社會文明程度的標幟。

然而，在現實生活中，禮讓卻成了一個不大不小的問題，生活中也有有許多人都不懂禮讓，不會禮讓。

譬如，因為不會禮讓，每當人們的利益重新調整或分配時，一個個都爭得臉紅脖子粗，不僅要將屬於自己的一塊蛋糕儘快地切到自己的盤子中

來，還想將他人的蛋糕切到自己的盤中，合法的手段用之，不合法甚至是違法的手段也用之。於是，公開大吵大鬧的有之；背後暗算、陷害他人的有之，為了個人的利益，人性都變得赤裸，人際矛盾和衝突也就因此而擴大、激化，對這些人來說，沒有什麼禮不禮的，更無所謂這個讓字，只要個人利益能到手，什麼都不顧忌，文明禮貌早就被這些人拋諸腦後了。

因為不會禮讓，人們也就不會講文明、講道德。譬如，在公車上，「老弱婦孺博愛座」這幾個大字寫得又大又黑，然而現實是：儘管七八十歲的老人在一旁站著，一些年輕人仍然佯裝不見地坐在那裡，有的假裝睡覺，一副愛莫能助的樣子。如果人們都能忍讓一點，禮貌一點，相互關照一點，精神上緊張程度則是可以減輕的。但是，有的人偏不這樣，在公車稍被他人碰了一下，就跳起來，爭個臉紅脖子粗，甚至還拳腳相加……彼此之間似乎有什麼深仇大恨，此時的人們也就更談不上什麼禮讓不禮讓的了。

因為不會禮讓，所以現在只要人們心中有氣、有不滿、有牢騷、有不平、有煩惱……都要找一切可能、尋一切機會將它宣洩出來，而不去管它是以什麼方式。更有意思的是，不少人還相信這樣的歪理：「人善被人欺，馬善被人騎。」於是，不僅工作成了一些人的出氣筒、宣洩口，而且都表現得十分蠻橫，一個個將臉都拉得長長的，動不動挖苦諷刺他人，好像人家都欠了你多年的債不還似的。為何現在有些服務業的名聲不佳？為何一些政府機關「門難進」、其工作人員「臉難看」？一個重要的原因就是：有不少工作人員不僅不懂禮讓、不講禮節、沒有禮貌，而且將工作當作宣洩自己心中不平的地方。

因為不會禮讓，現在人們居然不願意做一個正直的人、高雅的人、文質彬彬的人、有修養的人、循規蹈矩的人、做一個安分守己的人，總之，人們不敢堂堂正正的、老老實實地做人了，而是被「逼」著「入鄉

隨俗」：說粗話、做粗事、辦俗事，人們所認同的、所流行的，是一種粗俗、庸俗、媚俗和惡俗。在這些陳俗陋習中，其實質是赤裸裸的人欲、物欲、金錢欲，是一種人性的放縱和尋求刺激。

一般來說，以下這些人是絕不會禮讓的。

私心太強的人是不會禮讓的。這些人一天到晚考慮的盡是自己的利益，怎能對他人禮讓？

愚昧無知的人是不會禮讓的。這類人不懂規矩，自然也就不懂方圓，也就不會有什麼修養了。

缺乏同情心的人是不會禮讓的。這類人對什麼都很冷漠，要讓他們待人熱情，比登天還難。

驕傲狂妄者是不會禮讓的。這類人目空一切，什麼人都不懈一顧，怎麼能以禮待人？

好報復者是不會禮讓的。這類人心胸狹窄，吃了一點虧就想報復，根本不可能以德報怨。

總之，這些人修養程度極差，是絕不會禮讓的。

禮讓說起來容易，做起來卻有一定的難度。那麼，應該怎樣做到禮讓呢？有以下幾條可參考：

✧ 要求每個人從一點一滴的事情做起，不要空談。

✧ 要求人們在個人的利益上還是要強調謙讓，不要斤斤計較。

✧ 要注意個人的修養。

✧ 要用制度來保證禮讓的實施。

✧ 要形成一種社會氛圍，使人感到不這樣做就有一種壓力，不禮讓就不行。

最後，一定要記住：禮讓要注意從小培養，從小事中逐漸養成。

無舵之船，原地打轉

　　人生海洋中，大部分的船是無舵船。他們漫無目的地漂泊，任風浪擺布，隨海潮漂流，最終只能擱淺。只有小部分的人，有明確方向和最佳航線，又學習了航海技術，到達夢想的彼岸。

　　愛迪生是著名的科學家、發明家，他的全部發明多得叫人簡直難以相信。1928 年，美國國會頒發給他一枚金質獎章，估計他的發明對人類的貢獻約值 56 億美元。這些發明對我們今天的價值實在太大了，幾乎是無法估計。

　　愛迪生受過的全部學校教育總共只有三個月的時間，在校期間，他的老師曾說他是一個只會做白日夢的少年，斷言他的一生絕不會有什麼成就。

　　然而 —— 愛迪生終於成功了，他的祕訣是什麼？

　　其中之一是，他具有設定目標的能力和追求目標的熱情。一旦設定一個目標之後，他便使自己的生活去配合那個目標，使它成為他的生命。因此，他把生命獻給自己心中的目標，並從目標獲得生命，直到 —— 假如可以搬弄文字來形容的話 ——「空氣中發出了電的火花」。

　　他竭盡全力去閱讀跟計畫有關的書 —— 讀了一本又一本，讀完了再買。

　　等他讀夠了書，知識足以從事實驗之後，才在實驗室開始不分晝夜地工作，往往在清晨 8 點鐘進入實驗室，不到次日凌晨兩三點鐘不肯罷手。他的注意力總是十分敏銳準確，連一個動作也不會浪費。他從事過數以百計的各種實驗工作，選取和拋棄實驗模型，忍受不可避免的失敗，但仍矢志不渝地勇往直前，不達目標絕不甘休。

　　愛迪生有明確的目標，並且是經過審慎的選擇。他對自己的目標十分專注並傾以全部熱情，加上豐富的想像和智慧，使他變成人類歷史上最偉大的發明家之一。

　　維克多·弗蘭克（Viktor Frankl）用事實最貼切地說明了「人不能沒有目標地活著」的道理。

　　第二次世界大戰期間，在越南行醫的精神醫科專家弗蘭克不幸被俘，後來被帶到了納粹集中營。三年中經歷的極其可怕的集中營生活使他悟出了一個道理──人是為尋求意義而活著。在集中營裡他與他的同伴們被剝奪了一切──家庭、職業、財產、衣服、健康甚至人格。但弗蘭克卻不斷地觀察著喪失了一切的人們，同時思索著「人活著的目的」這個老生常談的最透澈的意義。在此期間他曾幾次險遭毒氣和其他殘害，然而他仍然不懈地客觀地觀察著、研究著集中營的看守者與囚徒雙方的行為。最終他完成《夜與霧》一書。

　　在此書中，弗蘭克用極其真實、有力、生動的論據和論點簡述了人活著的目的。此書對於世界上所有研究人類行為的學者來說，都是極有價值的。弗蘭克的理論是在長期的客觀觀察中產生的，他觀察的對象是那些每日每時都可能面臨死亡，即所謂失去生命的人們。在親身體驗的囚徒生活中，他還發覺了佛洛伊德的錯誤，並且反駁了他。

　　佛洛伊德說：「人只有在健康的時候，態度和行為才能有所差別。而當人們爭奪食物的時候，他們就露出了動物的本能，所以行為變得幾乎無以區別。」而弗蘭克卻說：「在集中營中我所見到的人，卻完全與之相反。雖然所有的囚徒被拋入完全相同的環境中，有的人消沉頹廢下去，有的人卻如同聖人一般越站越高。」他還從實際中悟到，「當一個人確信自己存在的價值時，什麼樣的飢餓和拷打都能忍受。」而那些沒有目的活著的

人，都早已毫無抵抗地死掉了。

據說，從奧斯維辛集中營活下來的人不到1/20，他們差不多毫無例外都是深知生命的積極意義的人。他們頑強地活下來的原因就是因為心裡埋著明確的目的 ——「要做的事情還沒有做完」；期待著和「活著與愛著的人重逢」。

在那瀰漫死亡氣息的集中營裡，弗蘭克的一位好友曾對他說：「我對人生沒有什麼期待了。」弗蘭克否定了這位朋友的悲觀人生態度，鼓勵他說：「不是你向人生期待什麼，是生命期待著你！什麼是生命？它對每個人來說，是一種追求，是對自己生命的貢獻。當然，怎樣做才能有貢獻？自己的追求是什麼？每個人都不一樣。而怎麼回答這些問題是我們每個人自己的事情。」

人生的目標 —— 應戰的擂臺，這是能給你擺脫逆境和鬥爭力量的特效藥。

「有生命的地方就有希望。」

「有希望的地方就有夢想。」

「有了清楚的夢想，加上反覆地充實與描畫，夢想就能變成目標。」目標經過細緻認真的研究，對勝者來說，就可看成行動的計畫。勝者認為，當目標完全融於自己的人生時，目標的達成就只剩下時間問題了。

你為自己的人生設立了什麼目標呢？

平平安安地過日子是大部分人生活的目標。對此，只須付出每天過日子的必要精力就足以了。這種沒目標的生活，不過是以看看電視而打發光陰。每晚在悲喜劇、推理偵探故事、離奇怪誕影片等電視世界中遊逛。夜幕一降，他們就習慣地坐到電視機旁，無動於衷地望著一個個畫面。孰不知電視明星們正是瞄準了這些人而實現了自己的人生目標。

你有目標嗎？如果沒有，請靜下心，根據自己的興趣、特長以及客觀情況，為自己量身訂做一個吧！在設定目標時，需要注意以下四點事項。

◇ **寫下你的目標**：當你書寫時，你的思考活動會自然而然地使目標在你的記憶中產生一種不可磨滅的印象。

◇ **給你自己確切時限，安排達到目標的時間**：這一點的重要性在於激勵你不斷地向目標邁進。

◇ **把你的目標訂得高一些**：達到目標的難易程度與你付出努力之間似乎有著直接的關係。一般說來，你把自己的主要目標訂得愈高，你為達到這個目標的所付出的努力也就愈大。

◇ **胸懷壯志**：建立人生更高的目標，不斷地向自己提出更高的要求。因為很明顯的事實是：更高的目標將激勵人們發揚更高昂的戰鬥精神。

此外，你若能為你的目標規劃出詳細的藍圖，筆筆有宗，步步為營那就更好了。

不善合作，孤掌難鳴

現代社會裡，誰孤立誰就會失敗；失敗了還要堅持孤立，那這個人就是個徹底的失敗者了。在這個現代社會的大舞臺中，個人的力量是渺小的，是微不足道的，而善於合作，則是你不可或缺的重要途經。

喬治‧馬修（Georges Mathieu）說：「幫助別人往上爬的人，會爬得最高。」這句格言的意思是再明白不過了，能幫助別人往上爬的人，肯定有幾點能力。一是他站得比受幫助的人要穩，要高，說明其自身素養很好；二是一直幫助別人往上爬的人定會善於與人合作，而沒有人不願意和幫助自己的人合作；三是他有領袖能力，他要一直幫助別人往上爬，至少他能

第一章　痛定思痛，為什麼受傷的總是我

為別人指明方向，引導別人向前，向更高一步發展，否則那就會幫倒忙了。再往深處想一想，人人都願意和他合作，團結合作的力量肯定比自己單打獨鬥強，加上他自己較強的自身素養，這人肯定是能夠成功的。

1＋1＞2的道理許多人都懂，可一旦具體實施，就不一定做得到了，要麼不努力去找人合作，要麼不善於與人合作。總之，真正理解並很好地運用這個公式並能深刻理解這道題的人不常見。你沒必要獨自一個人去實現你的夢想，也不應該這樣。

一個叫瑞凡的小孩子跟朋友在廢棄的鐵軌上單獨行走，看誰走得最遠。結果瑞凡和朋友只走了幾步就都跌了下來。

後來，瑞凡跟他的朋友分別在兩條鐵軌上手牽著手一起走，他們便可以不停地走下去而不會跌倒。這就是互幫互助的「合作精神」。如果你說明其他人獲得他們需要的事物，你也能因而得到想要的事物，而且幫助得愈多，得到的愈多。

每個人都不是三頭六臂，你個人不可能有太多的精力；你在此方面是天才，可能在彼方向卻近於弱智；你在此領域呼風喚雨，卻可能在彼領域寸步難行。

一個巴掌拍不響，眾人拾柴火焰高。

一般而言，大凡古今中外的事業有成者，往往都是團結合作的好手；都是能將他人的聰明才智「集合」起來的高手；都是能將合作者的潛能充分調動、發揮的能手。漢高祖劉邦在平定天下、設宴款待群臣時很有感慨地說：「運籌帷幄，決勝千里之外，朕不如張良。治國、愛民，蕭何能有萬全計策，朕不如蕭何。統帥百萬大軍，百戰百勝，是韓信的專長，朕也甘拜下風。但是，朕懂得與這三位天下人傑合作，所以朕能得到天下。反觀項羽，連唯一的賢臣范增都團結不了，這才是他步入垓下逆境的根本原因。」

有人問：「我也想與人合作，但就是合作不了，什麼原因呢？」

✧ **與自己的私心太強有關**：合作需要人的無私，需要利益共用。有些人的私心太強，什麼利益都想自己獨吞，凡涉及名利之事都想自己優先，都想將他人排斥在外，自己一點小虧都不肯吃；有些人的功利主義色彩太強，對合作者採取實用主義的態度，用到他人時，什麼都好商量，不用他人時，則採取將人一腳踢開、理都不理的態度。一個人若是對合作者採取這樣的態度，那麼是永遠合作不好的，而且合作不久也會馬上散夥的。

✧ **與自己不能平等待人有關**：合作需要人與人之間的平等，需要人與人之間的尊重。但是，有的人卻不是這樣，總是將自己看作是主人，將自己的合作者看作是「被恩賜者」，因而有意無意地露出一副優越感的樣子來，不懂得尊重人，缺少一點民主精神，在合作者面前他永遠是個指揮者、命令者，讓合作者感到很不稱心，時間一長，這種合作也將是不歡而散的。

✧ **與自己對他人的苛求有關**：有的人雖然很有能力，私心也不多，對自己的要求也很嚴格，但是就是別人不願意在他手下工作。什麼原因呢？就是因為這類人不太懂得「人非聖賢，孰能無過」的道理，往往將對自己的要求也強加到合作者的身上，自己在節假日加班加點，也不讓其他人休息，誰要休息，就是想偷懶，就是不好好工作，就批評指責他人。這類人還有一個毛病，即總是要將自己的意志強加於人，什麼事情都得聽他的，都必須按他的意見處理事情，時間一長，誰能受得了？最後，一定是以合作的失敗而結束。

✧ **與自己感情用事有關**：有的人什麼都好，就是自己太偏執，太怪僻，太憑印象處理事情。對自己認為是「中意的人」，就一好百好，什麼

事情都好說，而對那些自己感到「彆扭的人」，整天板著臉，總是持一種懷疑、偏見和對抗心理去審視對方的一切，只要是這些人提出的意見，他從內心就反感，更談不上去共同完成，有時甚至故意找茬發難，在這種狀態下彼此怎能合作得好呢？

那麼，我們應該怎樣加強合作精神呢？

要與他人合作得好，就必須克服自己的私心，不能只顧自己，不顧別人，而是要做到「寧人負我，我不負人」，最起碼要做到「利益共用」，人家該得到的就要讓人得到，甚至得到的還要多一些。

要與他人合作得持久，就要像唐代大詩人李白所說的那樣：「不以富貴而驕之，寒賤而忽之」，讓他人感到自己也是合作項目的主人，感到很順心。

要與他人合作得好，就必須做到不苛求合作者（當然，這並不是說對合作者一味地無原則的遷就），不吹毛求疵，多一點寬容忍讓，做到「勿以小惡棄人大美，勿以小惡忘人大恩」，讓合作者感到他工作的環境和諧、融洽，這樣的合作能牢固、長久。

要與他人合作得好，必須要多為他人想一想，多多幫助對方，尤其是當合作者有困難時，更需關心他人，及時地伸出幫助之手，讓對方真切地感到你在同情他、幫助他，在替他分憂解愁。

要與他人合作得好，必須經常認真對自，己反思，想一想最近的合作狀況。想一想自己有哪些過錯，還有哪些地方可以改進……多一點反思肯定會使與他人的合作得更愉快。

行事草率，自討苦吃

一個草率行事的人只能讓自己吃盡苦頭 —— 凡事都毫無頭緒、混亂不堪、漏洞百出。行事草率，逆境會不請自來。

「先了解你要做什麼，心中有數後再去做。」對行事容易草率的人來說，這是很好的座右銘，尤其是前半段。假如決斷和行動力是邁向成熟的必要條件，則表示我們所採取的行動，必須依據良好的分析與判斷。

「行進之前先仔細看」或「投資之前先仔細研究」均不表示我們做事猶豫沒有決斷力。這些話的意思是要警告我們：採取行動之前千萬不可魯莽、倉促，要認清事實的真相，再做出相應的行動。

假如醫生在急救病人的時候，沒有事先把病情弄清楚，則極有可能給病人帶來不幸。的確，在某些情況之下，立即行動是必要的，但其成功的比例往往視其對問題判斷的正確度而定。

卡內基（Dale Carnegie）先生曾訪問過哥倫比亞大學的已故院長赫伯・郝克先生。在訪問過程中，卡內基特別提到郝克院長的書桌是多麼整潔 —— 因為像他這麼一個大忙人，桌上通常會堆滿許多資料或檔。

「要處理這麼多學生的問題，您一定要隨時作許多決定。」卡內基先生說道：「但是，看起來您十分冷靜、從容，一點都沒有顯出焦慮的樣子。請問，您是如何做到這一點的？」

郝克院長回答道：「我的方法是這樣的 —— 假如我必須在某一天作某一項決定，通常我都事先收集好各種相關資料，並認定自己是『發掘事實的人』。我並不會浪費時間去設想該如何作決定，只是盡可能去研究與問題有關的所有資料。等研究完畢，決定便自然產生了，因為這都是根據事實而來的。聽起來十分簡單，是嗎？」

不錯，方法是十分簡單，卻常常被人們忽視了。我們的行動通常受情緒、成見、急躁心理或其他非分析性做法的影響，這都是不成熟的表現。就好像小孩子喜歡凡事「馬上去做」，或過馬路的時候沒有注意兩旁的來車，或在大太陽下跑到海邊遊玩，結果卻中了暑等等，都是沒有顧及到事實，只憑衝動便糊塗行事的幼稚行為。

有名婦女向專家訴說她的丈夫似乎有不忠的行為。她不知自己該對丈夫採取什麼行動。

「是什麼讓你懷疑到他有不忠的行為？」專家問道。

「是他的行為方式。」她回答道，「他一向是個很好相處的人，現在卻變得脾氣暴躁，凡事挑剔。近來他時常工作到很晚才回家，並表示由於太累，不能陪我到任何地方去。這些都是芝麻綠豆的小事，但多了也會讓人受不了。他甚至忘了我們的結婚紀念日，完全不像他以前的樣子了！」

聽起來的確是有些問題。但專家仍然要她在採取任何激烈的行動之前，再多找些事實來印證。

專家建議她做的第一件事，便是去找她丈夫的醫生談談，並要丈夫好好檢查一下身體。此外，也要看看他的工作是否有什麼問題。

結果是第一個建議有了效果。醫生發現她丈夫身體的某個器官出了毛病，急需動一項手術。動了手術之後，她丈夫便恢復正常，而這位太太也完全去除了自己的疑心。

像這種瀕臨破裂的婚姻，其原因通常只是某一方面的疑心。假如這名婦女不顧一切採取草率的行動，則後果便完全不一樣了。

凡事拖延，盡失良機

查斯特・菲爾德爵士（4th Earl of Chesterfield）經常講述一個古老的寓言，說到一個寒號鳥的故事。

在古老的原始森林，陽光明媚，小鳥歡快地歌唱，辛勤地工作。其中有一隻寒號鳥，長著一身漂亮的羽毛和嘹亮的歌喉，更是喜歡到處遊蕩賣弄自己的羽毛和嗓子。看到別人辛勤地工作，反而嘲笑不已，好心的鳥提醒牠說：「寒號鳥，快築個巢吧！不然冬天來了怎麼過呢？」

寒號鳥輕蔑地說：「冬天還早吧？急什麼呢！趁著今天大好時光，快快樂樂地玩吧！」

就這樣，日復一日，冬天眨眼就到來了。小鳥們晚上都在自己暖和的窩裡安詳地休息，而寒號鳥卻在夜間的寒風裡，凍得瑟瑟發抖，用顫抖的歌喉悔恨過去，哀叫未來：「抖落落，抖落落，寒風凍死我，明天就築巢。」

第二天，太陽出來了，萬物甦醒了。大地沐浴在陽光中，寒號鳥好不得意，完全忘記了昨天晚上的痛苦，又快樂地歌唱起來。

有小鳥勸他：「快築巢吧！不然晚上又要發抖了。」

寒號鳥嘲笑地說：「不懂享受的傢伙。」

晚上又來臨了，寒號鳥又重複著昨天晚上一樣的故事。就這樣重複了幾個晚上，大雪忽然降臨，小鳥們奇怪寒號鳥怎麼不發出叫聲了呢？太陽一出來，大家尋找一看，寒號鳥早已被凍死了。

《寒號鳥》雖是一則寓言，但它的確講明瞭在人的一生中，「今天」是多麼重要，是你最有權力發揮或揮霍的。總寄希望於明天的人，是一事無成的人，到了明天，後天也就成了明天。正如古代的〈明日歌〉：「明

日復明日，明日何其多，日日待明日，萬事成磋跎。」你把今天的事情推到明天，明天你又把事情推到後天，一而再，再而三，事情永遠沒個完。只有那些懂得如何利用「今天」的人，才會在「今天」創造成功事業的奠基石，孕育明天的希望。

　　時間包括三個部分，「過去」是已經逝去的時間；「未來」是尚未到來的時間；「現在」是現實的時間，存在的時間。應該說，「現在」這個部分的時間最寶貴、最重要。因為「無限的『過去』都以『現在』為歸宿，無限的『未來』都以『現在』為淵源」。「過去」是「現在」發展的基礎，「現在」又是向「將來」發展的起點，如果掌握不住現在，將來更無從談起。誰放棄了現在，便為葬送將來開了先例。「現在」的重要性還在於它最容易喪失，所以倍覺它的可貴。俄國文學家赫爾岑（Alexander Herzen）認為，時間中沒有過去和將來，只有現實的現在。一個現在過去了，另一個現在立即來到。時間也可以說是許多個現在的整體集合。只有抓住了一個一個的現在，才可以積成一天、一月、一年……所以，從這個意義上說，「現在」是成就萬事的里程碑。人，只有抓住現在，才能有輝煌的過去和燦爛的未來。

　　「拖延帶來致命的後果」，由於沒有來得及早一點看到一個消息，一位將軍丟了自己的性命。美國南北戰爭期間，駐紮在特倫頓的雇傭軍總指揮拉爾將軍正在打牌時收到一份情報，情報的內容是說華盛頓的軍隊正在穿越德勒華，要向這裡進攻。但他沒有認真看就隨手把情報塞到口袋裡，直到牌打完了才拿出來看。結果，等他倉促地把隊伍集合起來已是為時已晚，部隊已經全軍覆沒了。僅僅幾分鐘的耽擱使他喪失了尊嚴、自由和生命！

　　成功有一對相貌平平的雙親 —— 守時與精確。每個人的成功故事都

取決於某個關鍵時刻，在這個時刻一旦表現出猶豫不決或退縮不前，機遇瞬間就會失之交臂，再也不會重新出現。

拿破崙非常重視「黃金時間」，他知道，每場戰役都有「關鍵時刻」，掌握住這一時刻意味著戰爭的勝利，稍有拖延就會導致災難性的結局。據說，在滑鐵盧擊敗拿破崙的戰役中，在那個性命攸關的上午，他自己和埃馬紐埃爾·德·格魯希（Marquis of Grouchy）就因為晚了 5 分鐘而慘遭失敗。布呂歇爾按時到達，而格魯希只晚了一點點。就因為這關鍵的一小段時間，拿破崙被送到了聖赫勒拿島上，從而使成千上萬人的命運發生了改變。

有一句俗語應被所有人銘記，那就是：任何時候都可以做的事情，往往永遠都不會有時間去做。

與其費盡心思地把今天可以完成的任務拖到明天，還不如在今天就想辦法把工作做完。而任務拖得越後就越難以完成，做事的態度也就越是勉強。在心情愉快或熱情高漲時可以完成的工作，被推遲幾天或幾個星期後，就會變成苦不堪言的負擔。在收到信件時沒有馬上回復，以後再揀起來回信就不那麼容易。

當機立斷常常可以避免做事情的乏味和無趣。拖延則通常意味著逃避，其結果往往就是不了了之。做事情就像春天播種一樣，如果沒有及時地把種子播下去而誤了農時，以後就沒有合適播種的時間了。無論夏天澆水多麼努力，也無法使春天被耽擱的莊稼獲得好收成。某顆人造衛星的運轉指令即使僅僅晚了一秒發出，也會使整個衛星運行陷入混亂，後果不可收拾。

「沒有任何一個時刻像現在這樣重要，」愛爾蘭女作家瑪利亞·埃奇沃思（Maria Edgeworth）說，「不僅如此，沒有現在這一刻，任何時間都不會存在。如果一個人沒有趁著熱情高漲的時候採取果斷的行動，以後他就

再也沒有實現這些願望的機會了。所有的希望都會被淹沒在日常瑣碎忙碌的生活中，或者會在懶散消沉中流逝。」

後來成為企業家的轉業軍人呂先生說，他的成功可以歸結為「隨時做好準備」的積極踏實態度。如果不是這一點，即使把他所有的天賦加起來也不會有太大的作為。

「正是因為這種個性，我才會在部隊裡得到提升，」呂先生說，「如果我要在十點鐘上陣，九點鐘我就做好了準備；從來沒有一個人或一件事因為我而耽擱一分鐘。」

有人問呂先生，怎麼在這麼短的時間取得這麼大的成就呢，「如果我需要做什麼事情，就馬上去做。」這就是他的全部答案。習慣於採取雷厲風行果斷行動的人，即使偶爾犯錯誤，也比一個頭腦聰明卻總是磨蹭拖延的人更可能獲得成功。

當有人問一名頗有名望的女企業家，你怎麼能夠在事業上取得巨大成就的同時還承擔多種社會職務，她回答說：「我只是從不把今天可以做的事情拖到明天，僅此而已。」

「明天？你是說明天？」很多老闆都會這樣說，「明天？我不要聽。明天只是個一毛不拔的吝嗇鬼，它用虛假的承諾、期待和希望大量地剝削你的財富，它開給你的是永遠無法兌現的空頭支票。明天！在亙古不變的時間長河中，明天是個永遠都找他不到的狡猾傢伙，只有傻瓜才會對它念念不忘、情有獨鍾。智者從來不會相信所謂的明天，也從來不屑於與那些津津樂道於明天的人們為伍。」許多一事無成的人這樣說：「我花了一輩子的時間來追求明天，一直都以為明天會給我帶來無窮無盡的好處和利益。」

「明天」是魔鬼的座右銘。歷史中不乏這樣的例子，很多本來智慧超群的人留在他身後的僅僅是沒有實現的計畫和半途而廢的方案。對懶散而

無能的人來說，明天是他們最好的搪塞之詞。有兩句充滿智慧的俗語說得很深刻，一句是東方的「趁熱打鐵」；另一句是西方的「趁陽光燦爛的時候晒乾草」。

美國的華盛頓總統習慣在 4 點鐘吃飯，有時候應邀到白宮吃飯的國會新成員遲到了，這個時候華盛頓就會自顧自地吃飯而不理睬他們，這使他們感到很尷尬。華盛頓經常這樣說：「我的手錶從來不問客人有沒有到，它只問時間有沒有到。」

有一次他的祕書找藉口說，自己遲到的原因是錶慢了。華盛頓回答說：「那麼，或者你換塊新錶，或者我換個新祕書。」

而富蘭克林對總是遲到卻總是有藉口的傭人說：「我發現，擅長找藉口的人通常除此之外什麼都不擅長。」

有一次拿破崙請他的將軍們和他共進晚餐，他們沒有在約定的時間到達，他就旁若無人地先吃起來。他吃完剛剛站起來時，那些人來了。拿破崙說：「先生們，現在就餐時間已經結束，我們開始下一步工作吧！」

亞當斯（John Quincy Adams）也從不拖延。議院開會時，看到亞當斯先生入坐，主持人就知道該宣布各就各位，開始會議了。有一次發生了這樣一件事，主持人宣布就座時，有人說：「時間還沒到，因為亞當斯先生還沒來呢。」結果發現是議會的時鐘快了 3 分，3 分鐘後，亞當斯先生像往常一樣準時到達。

恪守時間是工作的靈魂和精髓所在，同時也代表了一個人的智慧與信用。

在著名商人阿蒙斯·勞倫斯從事商業生涯的最初 7 年裡，他從不允許任何一張單據到週末還沒有處理完。守時，還展現了一種禮節和溫文爾雅的風範。有些人總是手忙腳亂地完成工作，他們總是急匆匆的樣子，給你

51

的印象就好像他們總是在趕一趟馬上就要開動的火車。他們沒有掌握適當的做事方法，所以很難會有什麼大的成就。商界的人士都懂得，商業活動中某些重大時刻會決定以後幾年的業務發展狀況。如果你到銀行晚了幾個小時，票據就可能被拒收，而你借貸的信用就會隨之變得蕩然無存。

學校生活最大的優點之一就是有鈴聲催你按時起床、告訴你什麼時間該去晨讀或者上課，教你養成守時間、從不拖延的習慣。每個年輕人都應該有一個手錶可以隨時看時間。事事習慣「差不多」是個壞毛病，從長遠來看更是得不償失。

「哦，我多麼喜歡那個任何事情都按時完成的年輕人！」很多私企老闆們常常這樣說，「你很快就會發現，自己可以信賴他，並且很快就會讓他來處理越來越重要的事情。」一貫準時、從不拖延的好名聲，往往是累積成功資本的第一步。有了這第一步，成功自然就會水到渠成。做事情從不拖延是使人信任的前提，會為你帶來良好的聲譽。這表示你的生活和工作是按部就班、有條不紊的，使別人可以相信你能出色地完成手中的事情。遵守時間的人一般都不會失言或違約，都是可靠和值得信賴的。

我們從小就知道，火車司機的錶稍微慢一點就會發生嚴重的撞車事件。曾經有一家在本行遙遙領先、資金雄厚的公司破產了，就是因為代理機構在得到命令後沒有把必要的資金及時轉移過來。一個本可免死的人被處死了，僅僅因為赦免令晚到了 5 分鐘。一個人停下來聽了 5 分鐘無關緊要的閒話，使他坐車或乘船旅行的計畫就因為晚了 1 分鐘而泡湯。

許多在逆境中苦苦掙扎的人，僅僅是因為沒有掌握好自己人生中關鍵的 5 分鐘。失敗者的墓碑上字裡行間都充滿了這樣的警示：「太晚了！」往往就在幾分鐘之間，勝利與潰敗、成功與失敗、順境與逆境就會發生轉換，其結局也會大相徑庭。

剛愎自用，自掘墳墓

　　應該說沒有一點「資格」、「本領」是不可能擁有剛愎自用這個「稱號」的。這類人，有一定的能耐，在自己的工作、事業上還做出過一定的成績，因而自信到了極點，自大自傲，自我感覺一直良好，達到了自我陶醉，不可一世的地步。有的剛愎自用的人還是典型的自我崇拜狂，看他人是「一覽眾山小」，自己什麼都是對的，別人統統都是錯的，這類人個性孤傲，對人冷若冰霜。儘管他沒有跑到大街上宣布：「上帝已經死了，我就是上帝」，但是，他的所作所為卻是無聲地宣布自己就是上帝。

　　剛愎自用的人都是頑固、守舊、偏執。對於某種理念，過於專注，他認定了事情，就堅持到底，死不回頭，甚至認為自己是在堅守原則，堅持真理。實際上他們認的過時的教條，或是不符合現實的固持己見，缺乏彈性。這類人面對世界的發展進步，總覺得不可思議；自己的想法，明明是與時代潮流相違背，卻反過來認為是時代在倒退，一代不如一代。這類人對新事物、新人物、新現象、新趨勢總是看不慣，視作為洪水猛獸。有時，他們的言行比保守派還保守，比頑固派還頑固。

　　剛愎自用的人自尊心超強，一點都冒犯不得，誰若是當面頂撞了他，尤其是在大庭廣眾之中頂撞了他，他就會火冒三丈，認為這是故意和他過不去，故意讓他下不了臺，是故意在尋釁，他就會從此記在心上，這個「傷口」就很難癒合，往往是一輩子都難以忘掉，以後一有機會就會對「發難者」進行打擊報復，以報這個「宿怨」。若是「發難者」是在他手下工作的，就會因此而失去信任，就會很隨便地找個「理由」就給他穿小鞋，這個人便很難再會有發展晉升的機會。

　　剛愎自用的人大都是從來不認錯的人。這種人對自己的眼光和能力從

來都不懷疑，有時明明是自己錯了，卻就是不承認；明明是自己將事物搞砸，但就是死不認錯；明明是自己的指導思想出了問題，卻偏偏說是他人將他的思想理解錯了……總之，黑的說成是白的，錯誤變成了真理，成績永遠是自己的，錯誤永遠是他人的，即便是他有錯，也是「一個指頭和九個指頭」，是「七分成績和三分缺點」，因而經常是倒打一耙，反誣批評者不懷好心，不僅如此，為了徹底杜絕批評者的反對聲音，還會利用權勢大整特整那些批評者。這類剛愎自用者不肯悔改，又不聽他人的勸告的特點，往往會使他們在錯誤的道上越走越遠，其結果就會與自己原來美好的奮鬥目標南轅北轍。

剛愎自用的人一般都是好大喜功的人。這類人喜歡自我肯定、自我表彰，做了一點點有益的事，就沾沾自喜，到處表功，唯恐他人不知道。這類人也只喜歡聽好話，聽吹捧的話，不喜歡聽不同的意見，更不喜歡聽反對的話，因而在他的周圍聚集著一群獻媚於他的小人，這些小人會投其所好，在他的面前搬弄是非，結果呢，這類有權勢的剛愎自用者離「正派忠良」就會越來越遠。

剛愎自用是一種非常可怕的壞毛病。它可以使人越來越不知道天高地厚，離真理越來越遠，離逆境越來越近。那麼，怎麼糾正或消除剛愎自用這一壞毛病呢？

◇ **要謙虛謹慎，虛榮心不要太強，應盡量聽取別人的意見**：心太滿，就什麼東西都裝不進來；心不滿，才能有足夠裝填的空間。古人說得好：「滿招損，謙受益。」做人應該虛懷若谷，讓胸懷像山谷那樣空闊深廣，這樣就能吸收無盡的知識，容納各種有益的意見，從而使自己充實豐富起來，不犯文過飾非的毛病。

◇ **不要輕易否定別人的意見**：要理解別人，體貼別人，這樣就能少一分

盲目和偏執。要善於發現別人見解的獨到性，只有這樣才能多角度、多方位、多層次地觀察問題，這是一個現代人必須具備的素養。無論如何，不能一聽到不同意見就勃然大怒，更不能利用權勢將他人的意見壓下去、頂回去。這樣做是缺乏理智的表現，是無能的反應，只能是有百害而無一益。

◇ **有平等、民主的精神**：而這種精神形成的前提條件是有一種寬容的心態。只有互相寬容，才能做到彼此之間的平等和民主。學會寬容，就必須學會尊重別人。尊重主管，人們一般都容易做到，而尊重比自己「低得多」的人，尊重普通人，尊重被自己領導的人，卻很難很難，尊重（民主）就必須從這一點開始，什麼叫尊重？就是認真地聽，認真地分析，對的要吸收，並要在行動上改正，即便是不對的，也要耐心聽，耐心地解釋，做到不小氣、不狹隘、不尖刻、不勢利、不嫉妒，從而將自己推到一個新的思想修養高度。

◇ **建立正確的思想方法**：一個人為什麼會剛愎自用？重要原因之一，就在於他的思想方法成了問題，經常是一孔之見還要沾沾自喜，經常是一葉障目還要自得其樂。這類人不懂天外有天，不懂世界的廣闊，因而夜郎自大，所以必須在思想方法上來一個徹底的脫胎換骨。

◇ **多做調查研究**：剛愎自用者的最大毛病就是自以為是，就是想當然，認為自己在書房裡想的一切都是千真萬確，明明是脫離實踐的，卻還硬要堅持下去。為什麼？就是因為他們書本知識太多，實踐知識太少。所以建議這類人多多深入到火熱的實踐生活中去，進行實地的調查研究，看一看實踐是怎麼回事，這樣就很容易避免剛愎自用的產生。

總之，一個剛愎自用的人若不能克服了這種壞毛病，那麼，他終有一天會碰得頭破血流，飽嘗逆境的滋味。

處世無方，惡果暗藏

佛家好講：「善有善報，惡有惡報」，並且強調「不是不報，時辰未到；時辰一到，一切都報。」

所謂「善有善報，惡有惡報」，聽來玄虛，其實是一句有關人性人情的至理名言。一個「報」字，表現了人性中類似「反作用力」的深刻含義。給予善待，則尋求報償，結果是「多個朋友多條路」；施以惡毒，則伺機報復，結果是「多個仇人多堵牆」。人生在世，有如旅行，是暢通無阻還是寸步難行，全在自己怎樣待人。

處世無方，最易得罪他人而招來橫禍。有一天，一位旅客在飛機場上看見一位衣冠楚楚的商人在大聲斥罵搬運工沒有處理好他的行李。商人罵得越凶，搬運工越顯得若無其事。商人走後，那位旅客稱讚搬運工有涵養。「噢，是嗎？」搬運工笑著說，「你明白嗎，那傢伙是到佛羅里達去的，可是他的行李嘛，將會運到密西根去了。」與你共事的人即便是下屬，只要受了你的氣，就會跟你搞蛋。

相反，只要你精於處世之道，即使犯了嚴重的錯誤也沒關係，很多能力平平的管理人員都能安然無恙地度過公司的人事變動，其原因就在這裡。他們處世待人通情達理，討人喜歡，一旦犯錯誤，支援他們的人總會幫助他們通融補過。他們偶爾犯了一次錯誤之後，如果老闆覺得他們能以負責積極的態度來糾正錯誤，說不定會提攜他們。

處世之道是後天培養的技巧，可以越練越精，就像禮貌一樣，人人都可以學會。

飛蛾撲火，自取滅亡，其招惹禍因的根源在自身；果實的種子播種後發芽開花，花又結出豐碩的果實，其福報的由來仍然在自身。種瓜得瓜，

種豆得豆，因果報應是一種客觀規律，既不玄虛，也非迷信。

　　既然因果報應既不玄虛，也非迷信，人們在社會生活中就應該盡可能多做有益於他人和社會之事，而杜絕一切於他人和社會有害之事。這既是一個必然的結論，也是人們事事順風的必然要求。

　　俗話說「要想人愛己，先須己愛人」，「我為人人，人人為我」，一個人應該時刻存有樂善好施、助人為樂、成人之美的心態。這在某種意義上很像在銀行的儲蓄，一個人只有養成平時儲蓄的習慣，遇到不測時才不至於手忙腳亂，儲蓄越多。他的未來就越有保障，越可能幸福。同樣的道理，人們也只有在平時努力地去做有益於他人和社會之事，才能使生活的道路越走越寬，事業越做越大，最終實現自己錦繡前程般的遠大目標。

整天幻想，成功何來

　　常常聽到一些人哀嘆著「要是」：

　　要是我和 ×× 結婚……

　　要是我做的不是這行……

　　要是我學的不是這種專業……

　　要是我長得漂亮些……

　　要是我出生在富裕家庭中……

　　要是我有個好父母……

　　這些人將自己的平庸都歸罪於不可改變的過去，或歸罪於不可控制的命運。整天沉浸在夢中，卻不知道成功要靠自己 —— 即使是要透過他人的幫助 —— 也需自己去說服他人。

　　從上大學時，西維亞最大的夢想便是當個電視節目主持人，她出身高

貴，由於她具有中上層社會關係和事業上成功的父母而備受青睞。借助家庭的幫助和支持，她完全有實現自己理想的一切機會。

她認為自己有善於與人交談的能力，容易獲得他人的信任和親近。她常說：「要是誰給我一次上電視的機會就好了。」

她的確在這方面有才能。可是，她為這個理想做了些什麼呢？沒有！她等待著某個人像神仙一樣突然出現在她面前，成全她的願望。她期待自己很快就能取得成功，一下子就能成為一個電視節目的主持人。一位業內人士聽了她的想法，感到極為不安，幾乎從椅子上跳起來，勸她道：「那不是一條符合現實的道路！」「你要想得到某個工作，就必須去主動地做些什麼，必須投身到那裡面去，去獲得必要的專業訓練和知識背景。」「沒人會去請一個毫無經驗的人擔任電視節目主持人那樣的明星角色！再說，電視臺經理對主動到外面去搜尋天才的主持人沒那麼感興趣，而是人們爭先恐後地到電視臺去報考或應聘。」

我們再看看辛蒂。辛蒂和西維亞一樣，夢想成為一名電視節目主持人。她不像西維亞那樣有經濟保障，她每天都必須去工作，晚上到加州大學分校的藝術夜校去學習。畢業後；她到處找工作，跑遍了洛杉磯的每個廣播電臺和電視臺。但每位經理都給了她大致相同的回答：「除了在攝影機前有幾年工作經驗的人，我們誰都不會雇用。」她並沒有因此而氣餒，也沒有坐等機會，而是走出去尋找機會。她仔細翻閱各種相關報刊，終於，她看到這樣一則廣告：北達科他州一家很小的電視臺招聘一名氣象預報的女播音員。

辛蒂是在加利福尼亞長大的，她討厭冰天雪地的嚴寒氣候，開始時對自己說：「我會凍死在北達科他的！」但她想要得到的是一個與電視臺有關的工作，別的就全不在乎了。她抓住這個機會，動身去北達科他州了。

辛蒂在那裡做了兩年後，有幸在洛杉磯的電視臺找到了一個職位。又過了5年，她累積了豐富的工作經驗並得到提拔，終於得到了她夢寐以求的電視節目主持人工作。

西維亞的思想方法和辛蒂的觀點，真是南轅北轍，大不相同：十年來西維亞始終停留在幻想中，坐等機會，期望著機會忽然降臨……然而，時光卻已悄然流逝了。而辛蒂積極採取行動，首先，她使自己受到專業教育；然後，在北達科他州受到訓練；接著在洛杉磯取得更多的工作經驗；最後，才如願以償地得到了自己十分看重的電視節目主持人工作。

驕狂自大，墜入深淵

人生在世有各式各樣的險境，驕傲自大可能是其中最可怕的一種。處境卑微自然不幸，但卻沒有太大的危險，趴在地上的人是不會被摔死的。最可怕的情境是身處險峰而高視闊步，只謂天高風爽，不見峽谷深邃。這正是人們驕傲時的典型情境。

其實，只要腳下的某塊石頭一鬆動，就有墜入深淵的危險，而那些不可一世的英雄卻全然不覺，兀自陶醉於「一覽眾山小」的壯景豪情中。殊不知正是這種時候，腳下的石頭是最容易鬆動的。

古往今來，驕狂自大毀了多少蓋世英雄！

三國時候，禰衡很有文才，在社會上很有名氣，但是，他恃才傲物，除了自己，任何人都不放在眼裡。他容不得別人，別人自然也容不得他。所以，禰衡最終「以傲殺身」，被殺於黃祖。

在古典小說《三國演義》中，塑造了為數眾多的英雄好漢式的人物形象。其中有兩個人物則是驕狂自大的典範。

► ► ►　第一章　痛定思痛，為什麼受傷的總是我

　　一個是關羽。此人曾經「過五關斬六將」，自以為「威震華夏」，「天下無敵」，非常驕狂。劉備自立為漢中王后，封「關（羽）、張（飛）、趙（雲）、馬（超）、黃（忠）」為「五虎大將」，關羽居首，關羽聽說黃忠也被封為「五虎大將」之一，大為惱火，怒氣衝衝地說：「黃忠何等人，敢與吾同列。大丈夫終不與老卒為伍！」關羽駐守荊州的時候，孫權派諸葛瑾到他那裡，替孫權的兒子向關羽女兒求婚，「求結兩家之好」，「並力破曹」，關羽竟勃然大怒，對諸葛瑾言道：「吾虎女安肯嫁犬子乎！」孫權派陸遜鎮守陸口。陸遜派人給關羽送禮。關羽竟當著來使的面說道：「孫權見識短淺，焉用此孺子為將。」這個關羽，自稱「大丈夫」，又稱自己的女兒為「虎女」，把有「百步穿楊之能」的老將黃忠叫做「老卒」，把東吳首領的兒子罵做「犬子」，又把東吳的大將陸遜看作「孺子」，真是狂妄透頂！關羽如此狂妄自大，結局如何呢？到頭來落個：失荊州，走麥城，人頭落地，嗚呼哀哉。

　　另一個是馬謖。此人自命不凡，十分驕狂。司馬懿的大隊人馬向街亭進軍，馬謖自告奮勇請求領兵去守街亭。諸葛亮對他說：「街亭雖小，干係甚重。倘街亭有失，吾大軍皆休矣。汝雖通謀略，此地奈無城郭，又無險阻，守之極難。」馬謖自吹自擂，誇下海口：「某自幼熟讀兵書，頗知兵法。豈一街亭不能守耶？」馬謖一到街亭，看了地勢，就笑道：「丞相何故多心也？量此山僻之處，魏兵如何敢來！」馬上下命令「山上屯軍。」王平不同意他的意見，認為屯兵山上有危險。馬謖大笑：「汝真女子之見。兵法云：『憑高視下，勢如破竹』。若魏兵到來，吾教他片甲不回！」還說：「吾素讀兵書，丞相諸事尚問於我，汝奈何相阻耶！」這個「徒有虛名」的庸才，驕狂輕敵，結果街亭失守，一敗塗地，害得諸葛亮無奈何唱了一出「空城計」，而他自己也因此喪失了性命。

　　《阿Q正傳》中的主角阿Q是一個「精神勝利」的典型，此人有時也頗為驕狂自大。阿Q很自尊，「所有未莊的居民，全不在他眼睛裡，甚至對於兩位『文童』也有以為不值一笑的神情。」他和別人吵架的時候，時不時瞪著眼睛道：「我們先前 ── 比你闊的多啦！」一個老頭說了聲「阿Q真能做」，他就洋洋得意起來。進了幾回城，他就「更自負」了。

　　上述幾個人物，都自以為了不起，都瞧不起別人，這是他們成為失敗者的共同點。但是，他們的驕狂又各有特點。禰衡憑藉「天文地理，無所不通」而目中無人。關羽憑著他是「桃園三結義」中的老二，憑著他曾經「過五關斬六將」，所以狂妄自大。馬謖因為「自幼熟讀兵書，頗知兵法」，因為平時「丞相諸事尚問於我」，才那麼驕狂自大。阿Q驕狂的資本，不過是「先前闊」（還不知是真是假）、「真能做」和進過幾回城，比之關羽、馬謖就可憐多了。這三個人的驕狂在程度上是有區別的，最屬害的要數禰衡，其次是關羽，再次是馬謖，阿Q就待而下之了。

　　然而，驕狂的程度等於失敗的程度，所謂「驕兵必敗」，驕狂者最終在逆境中毀滅。

　　托爾斯泰曾經有一個巧妙的比喻，用來說明驕傲的原因。他說：「一個人對自己的評價像分母，他的實際才能像分數值，自我評價越高，實際能力就越低。」

　　托爾斯泰的比喻，生動地說明了一個人的自我評價與其真才實學之間的關係。願這個比喻能牢記在讀者心中，並時時產生警鐘長鳴的作用。

惰性成災，黑暗到來

縱觀古今，還沒有聽說過有哪一個懶惰成性的人取得過什麼成功。只有那些在困難和挫折面前全力奮鬥的人，才有可能達到成功的巔峰，才有可能走在時代的最前列。對於那些從來不願接受新的挑戰，不敢正視困難與挫折和不願去從事艱辛繁重的工作的人來說，他們是永遠不可能有太大成就的。

所以，我們應該嚴格要求自己，不要放任自己無所事事地打發時光；不要讓惰性爬出來咬噬我們的鬥志，我們要學會調節自己的情緒；不管是處於一種什麼樣的心境，都要迫使自己去努力工作。

絕大多數的失敗者之所以在逆境中苦苦掙扎，是因為他們內心深處滋長出了的惰性。他們不能獲得最後的成功，是因為他們不肯從事辛苦的工作，不願付出辛勞，不願意做出必要的努力。他們所希望的只是一種安逸的生活，他們陶醉於現有的一切。身體上的懶惰懈怠、精神上的彷徨冷漠，對一切放任自流，總想逃避挑戰，去過一勞永逸的生活 —— 長此以往，他們慢慢地變得碌碌無為、一事無成。

一個人在工作上生活上的惰性，最初的症狀之一就是他理想與抱負在不知不覺中日漸淡漠和萎縮。對於每一個渴望成功的人來說，養成時刻檢查自己的抱負，並永遠保持高昂的鬥志是至關重要的。要知道，一切成功取決於我們的遠大志向，一個人如果胸無大志，遊戲人生，那就是非常危險的。更危險的是，一旦我們停止使用我們的肌肉和大腦的話，一些本來具備的生理優勢和能力也會在日積月累之後開始生疏、退化，最終離我們而去。如果我們不能不斷地給自己的抱負加油，如果你不透過反覆的實踐來強化自己的能力，不徹底剷除隱藏在心底的惰性，那麼，成功就會變得

離我們異常遙遠。

在我們周圍的人群中，由於沒有克服惰性，最後理想破滅，喪失鬥志的人多得數不勝數。儘管他們外表看來與常人無異，但實際上曾經一度在他們心中燃燒的熱情之火已經漸漸地熄滅，取而代之的是無邊無際的黑暗人生。

對於任何人來說，不管他現在的處境是多麼惡劣，或者是先天條件多麼糟糕，只要有耐心和毅力，只要他能夠保持高昂的鬥志，熱情之火不滅，那麼他就大有希望。但是，如果他任由惰性蔓延，變得頹廢消極，心如死灰，那麼，人生的鋒芒和銳氣也就消失殆盡了。在我們生活中，最大的挑戰就是如何克服自己心底的惰性，持久地保持高昂的鬥志，讓渴望成功的熾熱火焰永遠燃燒。

這是一個山區老人的故事，說的是有一次幾頭豬逃跑到山裡去了。經過幾代以後，這些野豬變得越來越凶悍，經常下山來踐踏莊稼，甚至威脅經過那裡的人。幾位經驗豐富的獵人很想捕獲它們，但這些野豬卻狡猾得很，從不上當。

一天，一位老人趕著一匹拖著兩輪車的毛驢，走進野豬經常出沒的村莊，車上裝滿了木料和穀物。老人告訴當地的居民說要幫助他們捉野豬。大家都嘲笑他，因為沒有人相信老人能做那些獵人做不到的事情。但是，兩個月以後，老人從山上回到村莊，告訴居民，野豬已經被他關在山頂的圍欄裡。

村民們很驚訝，問那個老人：「是嗎？真不可思議，你是怎麼抓住牠們的？」

老人解釋說：「第一天，我找到野豬經常出沒的地方，挖了一小塊低窪地，在空地中間放了一些新鮮的玉米，那些豬起初嚇了一跳，最後還是

好奇地跑過來，聞玉米的味道。很快一頭老野豬吃了第一口，其他野豬也跟著吃起來。這時我知道，我肯定能抓到牠們了。」

「第二天，我又多加了一點糧食，並在幾尺遠的地方樹起一塊木板。那塊木板像幽靈般暫時嚇退了牠們，但是那『白吃的午餐』很有吸引力，所以不久牠們又跑回來繼續大吃。當時野豬並不知道牠們已經是甕中之鱉了。此後我要做的只是每天在低窪地的糧食周圍多樹起幾塊木板，直到我的陷阱完成為止。」

「然後，我挖了一個坑立起了第一根角樁。每次我加進一些角樁，牠們就會遠離一段時間，但最後都會再來吃『免費的午餐』。圍欄造好了，陷阱的門也準備好了，而不勞而獲的習慣使野豬毫無顧慮地走進圍欄。這時我就出其不意地關緊陷阱的門，那些『白吃午餐』的豬就被我輕而易舉地抓到了。」

這個故事的寓意很簡單：一隻動物要靠人類供給食物時，它就會遇到麻煩。人也一樣，如果你想使一個人殘廢，成為一個十足的失敗者，只要在足夠長的時間裡給他「免費的午餐」，讓他養成不勞而獲的懶惰習慣就行了。

許多失敗者就像這群懶惰的野豬一樣，他們總想不勞而獲，心甘情願地去當「白吃」。他們時常故作輕鬆地說：「這對我沒有什麼兩樣」，許多失敗者就是這種調子。

還有一則笑話，反映了懶惰者的不光彩結局。

古時有個懶女人，洗衣燒飯一點都不會，整天過著茶來伸手，飯來張口的生活。一天，丈夫要出去辦事。他怕自己走後，妻子自己不願動手會餓死，所以臨走之前特地為她做了一張烙餅，又擔心對方太懶，連自己動手拿一下都不願，所以拿了根繩子串起那張烙餅，然後把餅掛在妻子的脖子上，只要她張嘴就能咬到烙餅。

過了十多天，丈夫回到家，推門進屋一看，妻子已餓死了。再看那張烙餅，嘴邊附近的地方被咬了幾口，其餘的地方連動都沒動一下。原來妻子連用手轉動一下烙餅都懶得做，所以烙餅就在嘴邊卻活活餓死了。

事實上，懶惰會造成畏縮，畏縮會導致進取心及自信心的喪失，一個人缺乏這些基本的優點，終其一生都要在逆境中生活。

玩物喪志，必誤大事

玩物的嗜好，是華人幾千年的陋習。觀魚賞花，鬥雞跑馬，凡此種種，無非愛好一物，以至痴迷，詳察細品，多覺妙趣。以求修身養性，原本無可厚非。不幸的是，玩物往往導致喪志。少年喪志則難成大事，老來喪志則難保晚節。而身處人生事業順境者，一旦喪志，將有墜落逆境的危險。

周惠王九年，衛惠公的兒子姬赤繼位，當上了衛國國君，後人稱他為衛懿公。

衛國是個小國，在諸侯爭霸中，靠齊國幫助才得以生存下來，成為齊國的附庸國。衛懿公當上國君後，不圖富國強兵，不理朝政，而是天天吃喝玩樂。他酷愛養鶴，在宮中建造豪華的鶴舍，派人精心飼養，凡是獻鶴的人都重獎封官，還給鶴官吏般的待遇 —— 戴官帽，坐官車，享官祿。而對百姓的飢寒，卻不聞不問。

同理朝政的衛國大臣石祁子和寧速，見懿公一心玩鶴，置朝政於不顧，非常著急，曾多次勸諫，均遭拒絕。懿公的大哥公子毀，料到國將衰亡，就借機離開衛國出走了。國中百姓怨聲載道。

當時有一個部族山戎，經常派兵騷擾齊國邊界，齊國準備討伐山戎。

此事被強大的狄國得知，其君主廋瞞雄心勃勃，想侵略中原，他認為齊國討伐山戎，絕不會放過狄國，不如先發制人，發兵進軍齊國。而攻打齊國，必須首先消滅衛國。

一天，懿公駕著豪華的馬車，前呼後擁，準備載鶴出外遊玩。宮中侍衛慌忙送來狄國入侵的情報。懿公聽了大吃一驚，立即招集人馬，準備迎敵。可是，老百姓沒有一個肯應徵，青壯年紛紛逃跑。懿公派兵捉回百餘人，責問道：「大敵當前，你們為什麼逃跑？」

眾人說：「鶴可以對付敵軍，要我們老百姓有什麼用？」

懿公說：「鶴能作戰嗎？」

眾人說：「既然不會作戰，養牠做什麼？」

這時，懿公方知道一心玩鶴，不理國政，是大錯而特錯了。忙向宮僕傳令，將鶴統統放了。但是那幾十隻鶴騰空飛了幾圈，又都飛回原處。

石祁子和寧速上街宣傳，說懿公已經悔過自新，不再玩鶴，百姓這才肯當兵準備迎敵作戰。懿公親自帶兵，陷入狄兵埋伏，將士見敵勢凶猛，丟掉戰車兵器，紛紛逃命。

剩下懿公和幾名侍衛，被狄兵包圍，懿公被砍成了肉泥，最終全軍覆沒。

仙鶴雖美，卻不能禦敵，這是衛懿公亡國的教訓，玩鶴雖還不失為一種雅好。但歷史上那些荒淫無恥的帝王在後宮中所玩，不僅敗國喪家，而且為後人所不齒。

商紂王是個荒淫無度的昏君，一天到晚，不是與宮女妃子們淫戲，就是喝酒狂飲，把皇宮鬧得烏煙瘴氣。他還嫌這樣的淫樂、狂歡不夠味，又下令在沙丘建立一個專供淫樂狂飲的逍遙宮。

為了滿足他的花天酒地的開支，他下令增收各種賦稅，搞得許多百姓

家破人亡。他又一再下令選美，選得絕色美女姐己後，更是迷於女色，不理朝政。

一些正直的大臣都憂心忡忡，不斷向紂王進諫。紂王根本不聽，反而對進諫者不是貶官，就是廢為平民，嚇得群臣們都不再敢進諫了。後來，紂王乾脆設立各種酷刑，如炮烙之法、剮脛之刑……用來對付向他勸諫的大臣和不服從他統治的庶民。

每一次施刑，紂王和姐己當場飲酒取樂，在調笑中看著受刑的人痛苦萬分地死去。炮刑時，望著受刑者被炮炭火燒化為焦煙時，紂王和姐己還發出陣陣狂笑。

老百姓們日夜祈禱：上天啊！趕快降下大命吧！替我們消滅殘暴的商紂王！四方諸侯也一個接一個地舉起了反殷的義旗。但這些消息傳到商紂王那裡，他只是不屑一顧地狂妄冷笑說：「我是上天選定的真命天子，他們怎麼奈何得了我！」

一天，殷商三賢士之一的比干又一次冒死勸諫，商紂王竟然命令人把他的心肝挖了出來。

微子聽說後，馬上匆匆地逃離了京師。箕子只好裝成瘋子，紂王仍不放過他，還是把他關進了監獄。

紂王殘害三賢的消息一傳來，周武王就率領大軍浩浩蕩蕩地出發了；各諸侯國的軍隊也紛紛加入了討伐商紂王的戰爭。大軍所到之處，人民像久旱盼春雨一樣歡迎官兵們；一遇到商紂王的軍隊，商軍官兵都紛紛倒戈。

很快，周武王的軍隊攻到京城。前些天還不可一世的商紂王，這時變成一隻人人喊打的過街老鼠，被狼狽地燒死在大火中。

商紂好淫，簡直到了不可思議的程度。除了淫樂，他已經置國家安危於不顧。這樣「玩物」，必然導致「喪志」，死無葬身之地是必然的。

當今世界，日新月異，可玩之物層出不窮。電動荒廢了多少學生的學業？談戀愛貽誤了多少人的青春？還有近些年來社會上氾濫的黃色汙染，又使多少人沉溺其中？「少壯不努力，老大徒傷悲」，「玩」丟了的歲月，再也無法找回。追求名牌時裝，花園洋房。把多少有志者攔在了發奮進取的路上。如果你正處在一生成敗的關鍵時刻，玩物喪志，將使你跌入終生的痛悔之中。

漠視健康，痛失資本

很少有人明白健康的身體與事業之間的關係是如何的重要，如何的密切。其實，人們的每一種能力與才能的增加，以及整個一生工作效率的提高，都有賴於健康的體魄。

身體健康與否，可以決定一個人勇氣與自信心的有無，而一往無前的勇氣與堅定不移的自信，又是成就任何事業必備的條件。身體弱不經風、疾病纏身的人，遇事往往感到畏難、猶豫，不可能會有勇於奮鬥和創造的精神。

事業的成功，依賴你健全的精神；而健全的精神，寓於你健康的身體。假如一個人在做事的時候，有氣無力，在其血液裡、大腦裡，也沒有多餘的力量，那每當大事臨頭，往往就會顯得力不從心。

人生之路多坎坷，你必須全力以赴，否則就不能安然度過。如果你有強健的身體和充沛的精力，不論做什麼事情，都不會陷於被動，而完全出於內心的衝動，出於自信和奮勇。只有這樣，你才會堅強有力，專心一致，最終才會有獨特的開創性成就。如果一個人做事的時候，筋疲力盡、無精打采，必定會遭到失敗。所以無論做什麼事，如果表現出軟弱，就絕

對沒有成功的希望。許多人失敗的原因就在這裡。如果一個人做起事來有氣無力、死氣沉沉、思想陳腐、意志薄弱、猶豫不決，那他永遠做不出大成就來。

一個善戰的將軍不會率領一支精疲力乏、士氣不振的軍隊去和敵人決戰。他一定要率領精神飽滿、訓練有素的精兵，才肯去應付大戰。

每一個希望成功的人，一定要從愛護自己的身體做起。一切成就都要靠健康的身體去爭取，所以對於身體這架唯一的機器，一定要小心翼翼地善加維護。許多立志要成功但最後壯志難酬的人，往往就是因為不能戰勝一個最大的敵人，這個敵人就是他自己。

有些人常常自以為是地欺騙自己，他們從不按時去吃一餐可口的飯，也從來沒有意識到要有好的睡眠或休息。等到他們的身體與精神開始衰退，受到極大的損傷，他們才感到驚訝。然而他們卻不懂得：使自己吃這些苦、受這些麻煩的，正是自己貪多求快的欲望以及急功近利的好勝心。

你可以有兩種選擇：一種是過著緊張無緒、毫無規律的日子，夜以繼日地埋頭工作，剝奪自己所應有的休息時間，即使因此而病倒也在所不惜；另一種則是過著有規律的健康生活，使自己有更好的身體，活得也更充實更長壽。

一個人的身體是無價之寶，一定要好好地珍惜。強健的體魄，才是你成就大事業的最得力助手，才是你推進事業的最大動力。精力是一個人生存唯一的基礎，所以你一定要好好地愛護它。

世上有很多自作聰明的人為了省錢，不肯多給自己增加一些必要的營養。他們從來不注意自己身體的健康。否則，他們就應該多為自己煲一些可口的湯，煮幾種有營養而又可口的飯菜來，舒舒服服地吃上一頓，再好好休息一下，讓胃裡的東西好好地消化，然後再去接著工作。

第一章　痛定思痛，為什麼受傷的總是我

　　過度地拚命工作吝惜金錢而毫不考慮到自己的身體，這實在是一種得不償失的做法，根本談不上「節儉」兩個字。一個真正懂得節儉的成功者，他隨時隨地都會用心去設法增強自己的體力、保養自己的精神和頭腦，使自己渾身充滿無限的力量。他明白只有憑藉充沛的腦力、精力和體力，他才能完成偉大的事業。

　　很多不良的習慣會成為精力大量流失的漏洞，比如：睡眠不充足，不經常運動，不多吃有營養的食品，不肯休息，不肯把負擔過重的工作放在一邊等等。

　　一個人的身體狀況和精神狀態是最能影響自己形象和氣質的。如果我們在街頭巷尾，看到一個昂首挺胸、氣宇軒昂、步伐穩健的人，誰都可以看出他是什麼人 —— 海軍軍官或是陸軍校尉。人人都會羨慕他們那種健康的身姿。但實際上，只要是身體沒有疾病或缺陷的正常人，都可以透過有規律的生活、適度的運動，來獲得這種優雅健美的姿態。

　　要養成良好健美的姿態，只要下定決心就能做到。走路或站立的時候，身體必須挺直，兩肩向後展，胸部稍微向前挺。經過這樣嚴格的訓練後，一旦養成習慣，你的身姿和形象就會自然而然地顯得優雅而有生氣。與此同時，威儀嚴正或亭亭玉立的姿勢還會對你的健康與自尊心帶來有益的影響。走路時兩腿必須要挺直而有力，步伐堅定。千萬不要像穿了拖鞋一樣拖拉著。走路時兩臂擺動要自然，不要太急也不要太緩。總之，走路的姿勢要像行雲流水一般，美觀而自然，千萬不要東倒西歪、搖擺不定，或是一路跑跑跳跳。

　　有許多不注意自我訓練的人，坐的時候總是彎著腰，這是很多人的通病。他們整天把全身埋在椅子上或沙發裡，等到走路時，當然就不可能有良好的姿勢。最不利的是，這種懶洋洋的姿勢還會鈍化他的思想和志趣。

　　一個人的才能學識往往與身體的各個部分有很密切的關係，有時身體的某一部分出了毛病，就會使之全身不舒服。同樣，一個人如果有坐立不穩情緒不安的浮躁習慣，那麼他的性格也容易受到不良的影響，他的學識和才能就難以再進一步發展了。

　　有些人常常習慣躺在床上看書，或是靠在一個可以支撐他身體的地方看書，結果，看書的時候他就容易東倒西歪。這些人坐在椅子上，也總是習慣於把腳蹺得老高。沾染了這些不良的習慣，他們的性格和作風也容易越來越懶散。你不妨馬上挺起胸膛，挺直你的腰吧！這樣的人，即使他地位卑微、衣著簡陋，也照樣可以顯出神采奕奕的樣子來！

　　如果一個人常常背駝腰彎，其消化力也不會太強，身體又如何能健康呢。因為這種不良的姿勢很容易影響血液的循環，減低心臟的活力，而且養成這種姿勢的人大都不能吃苦耐勞，工作一段時間就會渾身難受，就要伸懶腰來舒展筋骨。

　　如果有一個工程師貪圖省一點潤滑油，而任憑他的機器和引擎無限制地運轉磨損，你一定會嘲笑他是個大笨蛋。可是，我們的社會中到處有這樣的無知者，他們不知道，舒適、休息、運動對於身體，正如潤滑油對於機器一樣重要。

　　有些人很細心地保護家裡的鋼琴，使得琴鍵潔淨音質優美。但是遺憾的是，他們卻從不肯耗費時間和精力去愛護他們自己的身體，使身體的各個部分的機能不致過早衰退損壞。其實，如果身體這部活的樂器已經從根本上被損壞了，他們還想靠這部活的樂器來彈奏人生的樂章，那無異於是異想天開，他們所能發出的往往就只是混亂不堪的雜音而已。

　　人生的第一要事，就是要提高自己的各種能力，保持自己充沛的精力，維持自己的身心健康，為將來的工作責任和身體變化等一切事情做好

充分的準備，這是每一個人的神聖職責。

　　一個人要充分發揮自己的能力，首要條件便是自尊。一個人是怎麼看待他自己，他就成為一個怎樣的人。每個人心裡的意念，都可由他的身體和精神表達出來。如果一個人立志要做個非同尋常者，那在思想上和行動上，就不可能再有卑微怯懦的表現。

　　在各行各業中，到處可以看到一些人，整日過著醉生夢死、花天酒地的生活，可以說他們生活在某種錯誤裡，有人還流露出卑鄙的思想、沾染了種種惡習，實際上在他們的身體裡充滿著有害的細胞，難怪終其一生都處於困窘之中。

　　與浪費金錢相比，浪費寶貴的體力和精力更可惜。浪費體力和精力，等於喪失了努力的機會，無異於慢性自殺。

　　工作的高效率是獲致成功的一大要素，而體力和精力都是提高工作效率的資本，所以千萬不要輕易浪費。

　　無論做什麼，都應注意珍惜自己的身體和精力，人人都當懂得體力和精力是一個人事業成功的唯一資本，有了強健的體魄、充實的精力，即使一貧如洗，也比那些擁有財富，而把體力和精力消耗殆盡的人富裕得多。

破罐破摔，一無所有

　　30多年前，某國沿海港區發生了一件驚天動地的案件。一天晚上，某海軍部隊的登陸艇奉命停泊在一個海灣。登陸艇上當時共有15人。出發的前一天，軍官開會批評了一位違反紀律的士兵，那名士兵從不服氣轉而感到前途渺茫，越想越生氣，於是他仇恨整條船的官兵。白天航行時他沉默不語臉色變得極為蒼白，但沒有一個人會想到他的心腸竟如此歹毒，

只因為被批評，覺得沒面子，大不了心理有些難受罷了。他白天沒說一句話，也沒特別反抗的行動，分配他做的事，也默默去做了。那個夜晚船泊在海灣，天空黑黑的，只有海水泛著銀色的白光。下半夜，士兵們都睡著了，整條艇上唯有一個電報值班員在機要室值班。這時候，士兵大統艙裡的一個幽靈行動了，他抓住艙門，持衝鋒槍向他的戰友們掃射，然後他到了軍官艙，到報務房去繼續殺戮。在他以為這艇上已沒有第二條活著的性命後，便跑到機艙裡引火自焚。在這起惡性凶殺案中，有 12 位年輕的官兵被這個喪失理性的凶手槍殺了。

一些自尊心過於強烈的人，在其自尊心不能滿足時，就會出現強烈的自毀行動──「玉石俱焚」。這類玉石俱焚是一種自毀行為。儘管有些情節很簡單、危害很小，但也屬於自毀行為，因為這種行為的出現，是以他從前的一切進步、榮譽作為殉葬品的。這種人過分誇大了個人的委屈。他們把很小一點的名義上汙點誇大為人生的奇恥大辱，把別人的一次批評看成是再也不能上進的判決書，把可能受到的一點處分看作是已走上了絕境。這是頭腦發脹後失去理智的思考，是極不慎重的。

人在成長的過程中建立了自尊意識，作為保護自己人格的盔甲。透過客觀和主觀的影響、觀察，人們逐漸了解社會、認識自我，減少盲從性。這是人類思維的一個進步。主觀能動性是人區別於其他動物的根本標幟，它是人類成熟的表現，人類文明的進步。然而，自尊也往往成為人進步的絆腳石。人類最大的缺點是自私和偏見，而這些缺陷，又多源於自尊。當一個人的自尊心覺得受到挫傷後，他就可能橫下心來，失去自我控制能為，恣意做自己的事，盲目地發洩怒氣。所謂「破罐子破摔」就是一味隨願望去做，為所欲為，而不考慮這願望是否合理，這欲望是否合乎邏輯。

既然你能捨得下力氣摔罐子，下死決心自毀前程，那為什麼不能將這

73

力氣、決心轉化為修補破罐子上來呢？吃一塹長下智，下決心從零做起，從現在做起，改變目前的一切，相信在不久的將來，你一定會以嶄新的形象就會出現在世人面前。失敗和教訓會使人變得更聰明。

自尊心極強的人在頭腦發昏時要學會冷靜思考，認真地考慮一下盲動的後果 —— 本人身敗名裂，親人失望傷心，老人無依無靠，妻兒孤苦受辱。一個人到了社會上，他就有了社會的屬性，就應承擔一份社會、單位或家庭的責任。全社會都在看著你，你總不能做一個讓眾人看不起的失敗者吧！你應想到，「破罐子不能破摔」，從哪跌倒就應從那裡爬起來，總結經驗教訓，重打鑼鼓另開張。說不定你振作起來時，所創出的事業名譽、地位比現在還好上千百倍。

對付逆境要學會自我克制。動物缺乏自我控制的能力，而人類應能做到自我控制。富蘭克林說：「不能進行自我控制，就不會是真正的人。」一切美德的根本展現就是人的自我克制。如果一個人由本能與熱情來支配，那麼他就會完全喪失道德上的行動能力，就會淪為強烈的個人欲望的奴隸。由於有道德戒律與自我克制，人才能抵制本能的衝動，也正是透過抵制本能的衝動，人才掌握了自我發展的主動權。自我克制能力區分了純粹的物欲生活與道德生活，自我克制能力構成了美德的主要基礎。

上帝發給每人一個「罐子」，你摔破了自己的「罐子」就會變得一無所有 —— 除了他人的蔑視或詛咒。

喪失自信，難有作為

在一次比賽中，一位著名的擊劍運動員輸給了一個與自己水準不分伯仲的對手。第二次相遇時，儘管他並非技不如人，但由於上次失利陰影的影響，這名運動員又輸掉了這一場比賽。第三次比賽前，這名運動員做了

充分的準備，他特意錄製了一卷錄音帶，反覆鼓勵告誡自己有實力戰勝對手，每天他都要將這卷錄音帶聽好幾遍，心理障礙消除了，他終於在第三次比賽中輕鬆擊敗對手。

在體育比賽中我們總能看到，弱隊戰勝強隊，大爆冷門，或是在商戰中，實力弱的公司戰勝實力強的公司。為什麼呢？因為在諸多因素之中，充滿必勝的信心去迎接挑戰，是取得克敵制勝成功的基礎。

缺乏自信常常是性格軟弱和事業不能成功的主要原因。有一個美國的外科醫生，他以善做面部整形手術馳名遐邇。他創造了奇蹟，許多容貌醜陋的人經他整形後變成漂亮的人。而他發現，某些接受手術的人，雖然他們的整形手術很成功，但仍找他抱怨說在手術後自己還是不漂亮，說手術沒什麼成效，他們自我感覺面貌依舊。

於是，醫生悟到這樣一個道理：美與醜，並不僅僅在於一個人的本來面貌如何，還在於他是如何看待自己的。

如果一個人總是自慚形穢，那他就不會成為一個美麗出眾的人；同樣，如果他不覺得自己聰明，那他就永遠成不了聰明智慧的人；如果他不覺得自己心地善良 —— 即使在心底隱隱地有這種感覺，那他也無法成為一個善良的人。

一個人只要有自信，那麼他就能成為他希望成為的那種人。

有這麼一件事：心理學家從一班大學生中挑出一個最愚笨、最不招人喜愛的女孩，並要求她的同學們改變以往對她的看法。在一個風和日麗的日子裡，大家都爭先恐後地照顧這位女孩，向她獻殷勤，陪送她回家，大家以假作真的打心裡認定她是位漂亮聰慧的女孩。結果怎樣呢？不到一年，這位女孩出落得很漂亮大方，連她的舉止也跟以前判若兩人。她自豪地對人們說：她獲得了新生。確實，她並沒有變成另一個人，然而在她的

身上卻展現出每一個人都蘊藏的美，這種美只有在我們相信自己，周圍的所有人也都相信我們、愛護我們的時候才會展現出來。

許多人以為，自信心的有無是天生的、不變的。其實並非如此。童年時代招人喜愛的孩子，從小就感覺到自己是善良、聰明的，因此才會獲得別人的喜愛。於是他就盡力使自己的行為名副其實，努力造就自己，並成為他相信的那樣被大家喜愛的人。而那些不得寵的孩子呢？人們總是訓斥他們：「你是個笨蛋、廢物、懶鬼，是個遊手好閒的東西！」於是他們就真的自暴自棄，逐漸養成了這些惡劣的特質，因為人的品行基本上是取決於自我認同和自信的。

我們每個人的心目中都有各自為人的標準，我們常常把自己的行為同這個標準進行對照，並據此去指導自己的行動。所以，若想要使某個人變好，應該對他少加斥責，要幫助他提高白信心逐漸修正他心目中的做人標準。如果我們想進行自我改造，進行某方面的修養，就應首先改變對自己的看法。不然，我們自我改造的全部努力便會落空。對於人思想的改造，只能影響其內心世界，外在只有透過內在才能起作用。這是人類心理的一條基本規律。

對真善美的自信，於我們至為重要。我們總是本能地竭力保持這種從自我認同中所形成的形象。我們也接受別人的批評，但我們接受的只是那些善意的和那些我們認為對自己信任和愛護的人的批評。若是有人傷害我們的自尊心，即以己之見貶低我們，訓斥我們，謾罵我們是笨蛋、呆子時，我們便憤然而起，進行反擊。我們的心理自發地護衛著自己，護衛人最寶貴的 —— 自信心。假若有人削弱了我們的自信心，那我們也許真的就會墮落，我們追求真善美的意志就會衰退。

一個人若是真有個性，就會有信心，就會有勇氣堅定不移一無無前。

大音樂家華格納當年曾遭到同時代人的批評攻擊，但他對自己的作品很有信心，最後終於感動了世人。黃熱病曾流傳許多世紀，因此病而死亡的人不計其數。但是一小隊醫藥研究人員相信可以征服它，他們在古巴埋頭研究，終告勝利。達爾文在英國的一個小園中工作 20 年，有時成功，有時失敗，但他鍥而不捨堅持不懈，因為他自信已經找到線索，結果終得成功。

由此可見，信心的力量是驚人的，它能改變惡劣的逆境，造成令人難以相信的圓滿結局。充滿自信心的人永遠不會被擊倒，他們是人生道路上的勝利者。

▶ ▶ ▶ 　第一章　痛定思痛，為什麼受傷的總是我

第二章

透視逆境，周密策劃巧突圍

> 你的思考能力，是你唯一能完全控制的東西，你可以用智慧或是
> 愚蠢的方式運用你的思想，但無論你如何運用它，它都會顯示出
> 一定的力量。
>
> ── 拿破崙・希爾（Napoleon Hill）

　　拿破崙・希爾在研究成功學時發現，成功是一種思考的累積，不論何種行業，想達到最高境界，通常都需要漫長的時間和精心的規畫，通常都要越過無數的坎坷與困境。

　　有這樣一個故事：一個一等兵開著一輛帶帆布頂篷的卡車，艱難地行駛在前線那被融雪浸泡得異常泥濘的道路上。

　　卡車已經兩次陷入深深的泥漿之中，到了第三次，一等兵一直擔心的事情終於發生了，汽車滑進泥坑直陷到車軸處。

　　正在這時，隨著一聲響亮的汽車喇叭聲，一隊轎車從右邊駛過。看到這輛陷入困境的卡車，車隊立即停下來，一位身著紅色佩帶的將軍從 8 輛汽車的第一輛中走了出來招手，讓一等兵過去。

　　「遇到麻煩了？」

　　「是的，將軍先生。」

　　「車陷住了？」

　　「陷在泥坑裡，將軍先生。」

　　這位將軍仔細地觀察了一下，這時，他想起新頒發的一項要求強化官兵之間戰友情感的命令，於是，他決定身體力行地替大家做個榜樣。

　　「注意了！」他拍拍手用命令的口氣高聲叫喊著，「全體下車！軍官們過來！我們讓一等兵先生的卡車重新跑起來！行動吧！先生們！」

　　從 8 輛汽車裡鑽出整整一個司令部的軍官、少校、上尉，一個個穿著

整齊的軍服。他們與將軍一起埋頭行動，又推又拉，又扛又抬。就這樣努力了十多分鐘，汽車才從泥坑中出來停在道上準備上路。

我們可以想像當這些軍官穿著滿是泥汙的軍服鑽進汽車時，他們的樣子是何等的狼狽，而他們在心裡又是怎樣詛咒這命令。將軍留在最後，為自己的善舉洋洋自得的他又走到一等兵面前。

「對我們還滿意嗎？」

「是的，將軍先生！」

「讓我看看，您在車上裝些什麼？」

將軍拉開篷布，他驚訝地看見，在車廂裡坐著整整 18 個一等兵。

事實上，在我們生活中，有很多不愉快的事只須花很小的力氣，就可以有很完美的效果，只是我們都忽略了事前規劃這項工作。

我們在做事、思考時，最大的盲點在於沒有邏輯思考的習慣。經常是該做的事沒做，不該做的事亂做一通，根本不知什麼是輕重緩急。只要養成遇事勤思考的習慣，行動前先行規劃，就可以運用事前的「四兩」去撥事中的「千斤」，反之，事前的疏忽，事後可能用千斤萬兩也難以彌補。

做一個理性的思考者

有理性的思考源自於精神的正確使用。對於身處逆境中的人來說，最需要的是能夠讓頭腦做出最大限度的運轉，借著正確的判斷做出高明的決定。

每一位成功者，都具有理性的思考或有條理的思想訣竅。但這並不表示他們講話的技巧或方式高人一等，而是有更為根本的東西存在，也就是說，他們掌握了理性的思考訣竅。理性的思考源自於知識的累積和正確應

用，具有這樣思考技巧的人，才能讓他的大腦最大限度地運轉，並得到理想的結果。

一個人若想突破逆境，就必須學會正確的理性思考。

首先，思想有條理的人，必能判斷正確，從而做出高明的決定。例如在一個複雜的問題面前，你若能排除無關的事物，直搗問題的核心，你就有可能攻克問題。

其次，一個思想有條理的人，能以簡明的方法，促使別人更了解自己。不論是什麼樣的機遇，一旦需要展現自己才能的時候，他們必能思路清晰、言簡意賅地傳達給大家，並能很快地付之於行動，因此也必然會獲得良好的效果。尤其在現代的社會競爭裡，能有效地表達自己的意念的人，成功的機會一定更多。

每個人都有可能把自己訓練成為一名理性的思考者。雖然學會正確思考的過程是相當複雜的，但它基本上可分成四個階段。若能仔細研究這些步驟，判斷力必能獲得相當的改善。拿破崙‧希爾所提出的四個理性思考步驟頗值得我們對此進行思考。

● 找出問題核心

開始時必須了解造成逆境的問題所在，否則必定無法深入問題核心。有些人常常在定勢思考上徘徊，作不了決定，原因就是沒有找到問題的癥結所在。猶如一道簡單的數學題，如果不了解題目類型和方法，就無法解題。

一個簡單的例子，如果有人因為靴子磨腳，不去找鞋匠而去看醫生，這就是不會處理問題，沒有找到問題的關鍵所在。從這裡我們就可以理解，為什麼去掉枝節、直搗核心是最重要的步驟了，否則，問題的本身和

影子會扭成一團而理不清楚。有了問題時，就該想想這個例子，一定要掌握住問題的核心。能夠找出問題的核心，並簡潔地歸納總結出來，逆境就已解決一大半了。

● 分析全部事實

在了解到真正的問題核心後，就要設法收集相關的資料和資訊，然後進行深入的研討和比較。應該有科學家那樣審慎的態度。解決問題必須採用科學的方法，做判斷或做決定都必須以事實為基礎，同時，從各個角度來分析辨明事理也是必不可少的。

例如，現在有一個簡單的問題，為解決這個問題就在備忘錄上列出兩欄，一欄分別列出每一種解決方案的好處，另一欄列出各種方案的弊端，同時把與解決問題相關的事項全部記入。之後，就可以比較利害得失，作出正確的判斷。

一旦有關資料都齊備後，要做出正確的決定就容易多了。收集相關資料資料，對於理性思考的產生是非常重要的。

● 謹慎做出決定

在做完比較和判斷之後，很多人往往馬上就能做出結論。其實，下結論不必過早，試著以一天的時間把它丟在一邊，暫時忘掉。也就是說，在對各項事實做好評估之後，不妨把它交給自己的潛意識去處理，讓這位「善於解決問題的老手」，幫助自己做出最後的決定。

或許，新的判斷或決定就會浮上心頭，等重新面對問題時，答案已出現了。這時，還是不要立即並準備付諸行動。請冷靜一下，現在應該考慮做個檢驗，由於經驗的關係，潛意識所做的判斷，還無法做到天衣無縫的地步。

● 小型試驗在先

一套思考方案在付諸實施之前，必須先做小型試驗，以求從實踐中檢驗出自己思考的正確與否。

不妨先對一兩人或兩三種情況做試驗，這樣就能了解想法和事實有無出入。如有不符之處，要立刻修正。

做到這個地步，基本就算妥當。經過以上的步驟，事實的評價、擬定計畫、小型試驗等，然後就可導入最後的決定。在這樣一個經過認真思考、分析做出決定並對其進行檢驗的過程中，就形成了一次有條理的思考過程。

將注意力聚集在一點

因為有些人常常懶於思考，或者說沒有進行有突破性的思考，這就叫惰性思考。一個要試圖突破逆境的人，在這一點上頭腦應該非常清醒，拒絕惰性思考。

世上有很多人常常認為自己很缺乏思考能力。這些人到底為什麼會這般討厭思考呢？

我們討厭思考、不喜歡作決定的理由之一，就是因為我們必須聚精會神地關注在如何解決問題上。而解決問題就要涉及各方面的關係和因素，這對一般人來講，是一件很「累」的事，因為它就像調動千軍萬馬一樣複雜。

在作判斷時，我們會將眼前的問題全部集中起來，但這卻往往是一個阻礙分析判斷的絆腳石，其原因是我們的注意力很容易分散，飄移不定。一個人注意力的範圍，事實上比我們所想像的要小得多。美國心理學家威廉·詹姆斯（William James）對於「注意力」就曾提出如下詮釋：

「一般人的注意力並不是自發性的，僅僅能夠維持片刻。而真正的注意力是自發性的，且能夠持續不斷，這是一種反覆不停在問題上喚起心靈的連續性努力。」

注意力就好像一隻被鎖鏈套住的小狗，很容易為新奇事物所分散。我們要將心思集中在解決問題的核心上卻相當的困難，大多數人在頃刻間便讓注意力飛離了問題的核心。

當我們在作判斷時，整個心思必須停留在特定的問題上。當然你也必須了解，事實上一個人的心思無法完全做到集中在整個問題上，所以我們的思考過程經常容易受到外界的影響。

因此，我們在思考某一問題時，應該將相關因素全部寫出。

當我們拿出紙筆之際，應該能全面了解正在進行的事態。我們之所以對自己該決定的問題而未能作出決定的理由之一，就是深恐一旦實行了自己所作的決定會慘遭失敗。這個恐懼心理正是讓我們遲疑不決的重要因素。一旦拿起筆紙，正視事情的存在，我們這種畏懼的心理就會自然消失。當我們消除了畏懼之後，對於自己的決定也就不再存在疑惑了。

現實的恐怖，並不如想像的恐怖來得可怕。面對恐怖，越是了解其真面目，就越不會感覺它的恐怖之處。

要如何決定才是正確的呢？如果連自己也不知道的話，不妨試著將可以衡量的相關因素全部寫出來。以一位準備「跳槽」的先生為例，將各種相關因素全部列出。

✧ 如果轉任新職的話，每年可增加 1 萬元的收入。
✧ 但我在原公司工作 10 年的資歷勢必犧牲。
✧ 我的年終獎金恐怕也就沒了。

　　✧　新公司的工作環境較好。

　　✧　新公司的工作感覺較辛苦。

　　✧　現在我的工作能力已到了目前薪水的界限。

　　✧　我已 40 歲了，並不想去冒很大的風險。

　　✧　我不想碰運氣。

　　✧　我喜歡認真工作的人，對於新公司的人際關係我並不是很了解。

　　✧　新公司是成長性更為久遠的公司。

　　將這些必須考慮的因素列出表來，比其他任何方法更能幫助你作出明智的決定。這個技巧的確可以提供給你一個思考和判斷的新基礎。

　　只憑著空想而期望正確的思考結果是非常困難的，但只要將解決問題的想法寫在紙上，便會很容易集中精神作出正確的思考。

　　因此，我們應將注意力集中於第一目標上。在第一目標找出之後，應清楚地寫在一張明信片大小的紙上，然後把它貼在自己容易看見的地方，譬如洗臉臺旁、梳妝臺鏡子上等，甚至每天在睡覺前或起床後，便面對它大聲念一遍。也可利用腦中有空閒的時候，來思考如何解決這件事情，並常常想像自己成功時的情景以鼓勵自己。

　　如此持續一段時間之後，相信你會愈來愈感覺到自己正在走向目標的途中。但必須注意，這種方法肯定需要經過一段時間後才會顯出它的效果和成績，如果只做一兩天，是不可能收到什麼效果的。此外，必須以積極的態度從事這種強化欲望強度的方法，否則就沒有意義了，而且任何一絲消極的意念都有可能前功盡棄。若想經常維護強烈的欲望，信心是不可或缺的靈丹妙藥。但話又說回來了，靈丹妙藥服下之後，也還是需要一段時間才能遍布全身。

經過一段時間之後，透過你的思考，卡片上的文字逐漸產生了變化 —— 原本困難的問題已經轉變成清晰的解決問題的思路，這便奠定了你衝破人生逆境的基礎。

頭腦一定要保持清醒

究竟怎樣才能有效地發揮自己的強項並衝破人生逆境呢？這就需要你面對各種複雜的問題，做到頭腦清晰，選擇正確。

在任何環境、任何情形之下，都要保持一個清醒的頭腦，要保持正確的判斷力。在人家失去鎮靜手足無措時，你仍保持著清醒鎮靜；在旁人做著可笑的事情時，你仍然保持著正確的判斷力，能夠這樣做的人才是真正的傑出人才。

一個一遇到意外事情便手足無措易於慌亂的人，必定是個思考尚未成熟的人，這種人不足以交付重任。只有遇到意外情況鎮定不慌處變不驚的人，才能擔當起大事。

在很多機構中，常見某位能力平平、業績也不出眾的職員，卻擔任著重要的職位，他的同事們便感到驚異。但他們不知道，主管在選擇重要職位的人選時，並不只是考慮職員的才能，更要考慮到頭腦的清晰、性情的敦厚和判斷力的健全。他深知，自己企業的穩步發展，全賴於職員的辦事冷靜和良好的判斷能力。

一個頭腦鎮靜的偉大人物，不會因境地的改變而有所動搖。經濟上的損失、事業上的失敗、環境的艱難困苦都不能使他失去常態，因為他是頭腦鎮靜、信仰堅定的人。同樣，事業上的繁榮與成功·也不會使他驕傲輕狂，因為他安身立命的基礎是牢靠的。

　　在任何情況下，做事之前都應該有所準備，要腳踏實地、未雨綢繆，否則，一旦困難臨頭，就會慌亂起來。當大家都慌亂，而你能保持鎮定之時，這就給予了你極大的力量，你就具有了很大的優勢。在整個社會中，只有那些處事鎮定，無論遇到什麼風浪都不慌亂的人，才能應付大事，成就大事。而那些情緒不穩、時常動搖、缺乏自信、危機一到便掉頭就走、一遇困難就失去主意的人，一輩子只能過著一種庸庸碌碌的生活。

　　海洋中的冰山，在任何情形之下都不為狂暴風浪所傾覆，乃是我們應該學習的絕好榜樣。無論風浪多麼狂暴，波濤多麼洶湧，那矗立在海洋中的冰山，仍然能巋然不動，好像從來沒有被波浪撞擊一樣。這是為什麼呢？原來冰山龐大體積的 7/8 都隱藏在海面之下，穩當、堅實地扎在海水中，這樣就無法被水面上波濤的撞擊力所撼動。冰山在水底既然有巨大的體積，當狂暴的風浪去撞擊水面上的冰山一角時，冰山絲毫不動那也就不足為奇了。

　　一個人平穩與鎮靜的表現是其思想修養和諧發展的結果。一個思想偏激、頭腦片面發展的人，即使在某個方面有著特殊的才能，也總不如和諧的思想修養更全面。頭腦的片面發展，猶如一棵樹的養料全被某一側枝條吸去，那枝條固然發育得很好，但樹的其餘部分卻萎縮了。

　　許多才華橫溢的人也曾做出種種不可理喻的事情來，這可能是因為其判斷力較差，缺乏和諧平穩的思想修養的緣故，而這都妨礙了他們一生的前程。

　　一個人一旦有了頭腦不清楚、判斷力不健全的敗名，那麼往往一生事業都會沒有進展，因為他無法贏得其他人的信任。

　　如果你想做個能得到他人信任的人，要讓別人認為你的頭腦清晰，判斷準確，那麼你一定要努力做到件件小事都冷靜對待，處理得當。有些人

做事時，尤其是做一些瑣碎的小事時，往往敷衍了事，本來完全可以做得好些，可是他們卻隨隨便便，這樣無異於減少他們成為冷靜處事人物的可能性。還有些人一旦遇到了困難，往往不加以周密的判斷，而是只圖方便草率了事，使困難不能得到圓滿的解決。

如果你能常常迫使自己去做你認為應該做的事情，而且竭盡全力去做，不受制於自己那貪圖安逸的惰性，那麼你的品格與判斷力，必定會大大地提高。而你自然也會為人們所承認，成為被人們稱為「頭腦清晰、判斷準確」的人。

遇事學會三思而後行

人對事物的了解總會受時間、空間的局限，而我們面對的是變化的、運動著的世界，因此，我們經常會遇到因考慮不周、魯莽行動而造成損失的情況，所以我們遇事要「三思而後行」。要知道，許多矛盾和問題的產生，都是衝動、未經深思熟慮的結果。

衝動情緒往往是由於對事物及其利弊關係缺乏周密思考引起的，在遇到與自己的主觀意向發生衝突的事情時，若能先冷靜地想一想，不倉促行事，就會衝動不起來了，事情的結果也就會大不一樣了。

當我們在做決定時，常會犯一個老毛病，就是「自不量力」地做一些吃力不討好，甚至「賠了夫人又折兵」的事情。因此，在面臨做出決定時，首先，應先問問自己做這個決定到底是為什麼？有什麼目的？如果做此決定會產生何種後果？這樣能促使你三思而後行，避免衝動。

其次，要鍛鍊自制力，盡力做到處變不驚、寬以待人，不要遇到矛盾就以「兵戎相見」，像個「易燃品」。見火就著。倘若你是個「急性

子」，更應學會自我控制，遇事時要學會變「熱處理」為「冷處理」，考慮過各個選項的利弊得失後再作決定。

做人要學會自我反省

　　每個人都有他的一套做人的方法。一個人制定了自己的做人的方法後（或許應該說，一個人以他自己一貫的做人的方法做人），一定以為自己做得十分正確，否則他便不會這樣做人了。

　　換言之，許多被公認「不會做人」的人，心裡也許還以為自己會做人。沒有「自知之明」是自古以來的「人之患」，學做人必須克服此患。人的一言一行，一舉一動，都受自己的主觀思想的影響，都以為自己做的一切都對。所以，為人處事很重要的一課，是學會如何自我反省，了解自己所做的錯誤。

　　只有知錯才會有改過的希望。

　　只有不斷修正自己的錯誤行為，才更會做人。

　　問題是誰都懂得「發現別人的錯」，卻不懂得知道自己的錯（因為錯與不錯，由自己的主觀去判斷）。學做人，要先學會不斷地檢查自己的行為和檢討自己所做的錯事，然後知錯就改。

　　反之，這樣做也有應該小心的地方，如果常常「在心裡自己認錯」，就會形成心理壓力，對自己有壓抑作用，久而久之，甚至可以使自己失去信心，因此，這種也要避免心態。

　　若想避免這種副作用，我們應該經常在心裡反躬自省一些問題。不應該問「這件事我做錯了什麼？」而應該問「我如何才可以將這件事做得更好？」

後面的一句話，先承認了「這事可以做得更好」，於是使自己開始思索「怎樣改進」這個有益處有建設性的問題。而且自己既然可以「做得更好」，也有助於增強自信心。

應該如何找出自己的行為錯失和不會做人之處？編者在此提出下列四點建議：

✧ 既然你做人很成功，處理事情多能得到理想中的收穫，仍然可以每隔一段時期檢討一下自己的行為，並想出在哪些方面你可以做得更好。即使你很成功，相信在心底裡仍然知道「許多事我可以做得更好」。這想法（和後來想出的「做得更好」的方法）極有助於反躬自省。

✧ 做一件事而得不到心目中的結果時，應先假定那是因為自己有些地方做得不對，而不是因為「難以控制的外來因素」，一味地歸因於客觀因素。後一種想法是不會做人者的通病（而且常常這樣想的人也很難學會做人）。

✧ 和別人交涉而發覺別人對你反應不好時，應主動想到過錯可能在自己（即使過錯在別人）。別人討厭你的時候，應該看看自己的行為有無不會做人之處，不應只怪別人有眼無珠。

✧ 萬一別人出言批評你，應該嘗試虛心接受這些批評，然後反躬自省如何才能否進一步改進。

拒絕善意的批評和忠告不是英雄氣概，而是怯於面對現實，使你失去正視錯誤和進步的機會。

經常用上面四種方法自我檢討，你就會更加懂得做人！

吃一塹，長一智

　　吃一塹，長一智。一敗再敗從中不斷吸取教訓，總結經驗的人，又怎能不智慧過人呢？難怪許多成功的人物都曾經受過成百次上千次的失敗，他們利用失敗教育自己，結果成為舉世聞名的聰明人！

　　有許多古語都包含了這個道理，如老馬識途，正因為老馬走過無數的路，經過無數的坎坷，牠才能在每次坎坷之上留下心底的記號，下一次在此經過，牠便可以一躍而過，才能識途！

　　古代有一個故事，在一片深山老林裡，有一座「神仙居」位於山頂。一天，有一個年輕人從很遠地方來求見「神仙居」居主，想拜他為師，修得正果。年輕人進了深山老林，走啊走，走了很久。他遇到困難了，路的前方有三條岔路通向不同的地方。年輕人不知道哪一條山路通向山頂。忽然，年輕人看見路邊一個老人在睡覺，於是他走上前去，叫醒老人家，詢問通向山頂的路。老人睡眼惺忪說了一句「左邊」又睡過去了。年輕人便從左邊那條小路往山頂走去。走了很久，路的前方突然消失在一片樹林中，年輕人只好原路返回。回到三岔路口，那老人家還在睡覺。年輕人又上前問路。老人家舒舒服服地伸了個懶腰，說：「左邊。」就又不理他了。年輕人正要細問，見老人家別過頭去不理他了。轉念一想，也許老人家是從下山角度來講的「左邊」。於是，他又選了右邊那條路往山上走去。走啊走，走了很久，眼前的路又漸漸消失了，只有一片樹林。年輕人只好原路折回，回到三岔路口，見老人家又睡過去了，感到怒不可遏。他上前推了推老人家，把他叫醒，便問道：「老人家你一把年紀了何苦來欺騙我，左邊的路我走了，右邊的路我也走了，都不能通向山頂，到底哪條路可以去山頂？」老人家笑咪咪地回答：「左邊的路不通，右邊的路不通，那你

說哪條路通呢？這麼簡單的問題還用問嗎？」年輕人這時才明白過來，應該走中間那條路。但他總想不明白老人家為什麼總說「左邊」，帶著一肚子的疑惑，年輕人來到了「神仙居」。他虔誠地跪下磕頭，居主笑咪咪地看著他，那神態彷彿山下三岔路口那老人家，年輕人用力揉了揉眼睛……

你肯定猜到了那老人家就是居主變的，但這故事裡包含著幾個人生道理，一是年輕人走完左邊的路和右邊的路之後，都失敗了，無疑應是中間那條路通向山頂，他連這都不明白，要去問老人家，經老人家一點才明白過來，說明了人經過失敗後，他受情緒影響（比如憤怒），連很簡單的問題，只要一轉變思緒去想就很容易想出的問題卻被自己弄糊塗了；二是只有走過左邊和右邊的路走不通之後，才知道這兩條路都不通山頂，說明凡事要自己親身去經歷才知道可行不可行；三是，年輕人在走過右邊和左邊的路之後，知道走不通他就不會再第二次走那兩條路了，說明人不會輕易犯同樣的錯誤，他已經向正確的方向邁進了一步。

你想到了幾點呢？不管你想到幾點，至少你明白了錯了之後你不會再犯同樣的錯，這就是失敗的好處！

別因為失敗傷心，也不要為錯誤負疚。你希望成功，但事與願違，這並非罪過；如果明知故犯，就罪無可赦了！明知錯還去做，如果不是愚蠢，便是跟正義開玩笑，是不道德的行為。不僅是不值得鼓勵，而且應該受到適當的儆戒。心理學家認為故意犯錯誤的人，負疚多於滿足。

然而，人非聖賢，孰能無過？只要不是存心做錯，偶爾犯錯事，是可以原諒，也不必受良心譴責的。無心之過，不但不會受到懲罰，還可以從過錯中獲得教訓，從犯錯的經驗中，變得聰明起來！

一個人遭受一次挫折或失敗，就該接受一次教訓，增加一分才智，這就是成語「吃一塹，長一智」的道理之所在。

從前，有個農夫牽了一隻山羊，騎著一頭驢進城去趕集。

有三個騙子知道了，想去騙他。

第一個騙子趁農夫騎在驢背上打瞌睡之際，把山羊脖子上的鈴鐺解下來繫在驢尾巴上，把山羊牽走了。

不久，農夫偶一回頭，發現山羊不見了，忙著尋找。這時第二個騙子走過來，熱心地問他找什麼。

農夫說山羊被人偷走了，問他看見沒有。騙子隨便一指，說看見一個人牽著一隻山羊從林子中剛走過去，一定是那個人，快去追吧！

農夫急著去追山羊，把驢子交給這位「好心人」看管。等他兩手空空地回來時，驢子與「好心人」都沒了蹤影。

農夫傷心極了，一邊走一邊哭。當他來到一個水池邊時，卻發現一個人也坐在水池邊，哭得比他還傷心。農夫感到奇怪：還有比我更倒楣的人嗎？就問那個人哭什麼，那人告訴農夫，他帶著兩袋金幣去城裡買東西，在水邊休息，卻不小心袋子掉進水裡了。農夫說，那你趕快下去撈呀！那人說自己不會游泳，如果農夫替他撈上來，願意送給他 20 個金幣。

農夫一聽喜出望外，心想：這下子太好了，羊和驢子雖然丟了，但將到手 20 個金幣，損失全補回來還有餘裕啊！他連忙脫光衣服跳下水開始打撈。當他空著手從水裡爬上來時，乾糧也不見了，僅剩下的一點錢還在衣服口袋裡裝著呢！

這個故事告訴我們，農夫沒出事時粗心大意，發生意外後驚惶失措而造成損失，造成損失後又急於彌補因此又釀成大錯，三個騙子正是抓住這些人的性格弱點，輕而易舉地全部得手。

應該說，人們在工作、生活中遭受類似這樣的挫折和失敗是難以完全避免的，雖然「吃虧」終歸不是什麼好事情，但如果吃了虧，也不長智，

就是愚蠢至極了。

古人云：「人非聖賢，孰能無過」，其實即使是聖人、賢人，也一定會犯有過錯。不過，對於自己所犯下的過錯，他們能夠接受別人的批評，並且積極改正。對於別人，他們也絕不會要求他們一定不犯錯。因為聖人明白，平常人的心志怯弱，要想絕對不犯錯，是不可能的事。若是犯了小錯，便不原諒他人，反而阻止其改過向上之路。這樣只會使他們更加麻木和變本加厲，犯下更大的錯誤。聖人只希望人們了解什麼是對的，什麼是錯的。並且提出了許許多多改過的具體方法，如知過、思過、補過、聞過則喜等。像古之聖人先賢如此循循善誘，使人們走向正道，真可謂苦口婆心了！

找到正確行動的方法

一個人要想突破逆境，假如方法不當，簡直是異想天開。這就是說，找到明確行動的方法至關重要。以下幾點將告訴處於逆境中的人如何做到行動正確。

● 凡事講求效率

拿破崙・希爾認為效率並不表示急速，效率是說第一次就要把事情做對。時間管理的關鍵之一，就是第一次就把事情做對。

千萬不要粗製濫造之後，再回來更改，這樣只會欲速則不達。效率的改變，來自於自覺。一位心理學家說：「自覺是治療的開始。」這句話實在講得太精闢了，因為，當你不自覺的時候，談何改善？當你不知道自己效率差的時候，又如何改進？當你不知道別人為什麼效率高的時候，你如何又知道學習別人的優點呢？

永遠要向那些高效率的人學習，因為他們懂得如何利用時間、如何善

用資源，我們必須以最短的時間和最少的資源，獲取最大的效益，這樣才能確保成功。

記住！要每天思考自己做事的效率和做事的品質，這些是突破逆境不可缺少的。

●「循序漸進」的原則

美國著名作家和記者艾里克・薩瓦里德說：「當我放棄我的工作而打算寫一本 25 萬字的書時，我從不讓自己過多地考慮整個寫作計畫將會涉及到的繁重工作和巨大犧牲。我想的只是下一段，而不是下一頁，更不是下一章去如何寫。在整整 6 個月中，我除了一段一段地開始寫作外，沒想過其他方法。結果書『自然寫成了』。」

「循序漸進」的原則對艾里克・薩瓦里德起了重要作用，對你也會一樣。

有關戒菸最好的一種方法就是「小時戒菸」法。一個人不是透過發誓自己再也不吸菸了，而是透過下一小時不吸菸的方法而去除這一不良習慣。一小時到了，吸菸者只要再延續一下，從他剛才決定的有效時限 —— 下一個小時不吸菸。一段時間過後，隨著欲望的減弱，規定的時間可延長到兩小時甚至一整天。最終，目的就會達到。而想一次完全戒掉菸的人只會因無法忍受心理上的痛苦而失敗。

有時候，有些人看上去是一舉到達頂峰的。但如果你仔細研究他們的歷史和發展過程，你會發現他們已經奠定了許多牢固的基礎。那些憑偶然機會發跡的「平步青雲」之士只不過是些「草包」，沒有任何牢固的基礎，他們最終會像輕易地得到榮譽一樣，輕易地失去一切。

一幢建築是由一磚一瓦砌成，而一磚一瓦本身顯得並不重要。同樣的

道理，成功者的一生是由無數個看上去微不足道的小方面構成的。

時刻牢記這樣一個問題，用它去評價你做的每一件事情：「這有助於我實現自己的目標嗎？」如果回答是「不」，立即回頭；反之，則要繼續向前。

● 只有無所作為者才不會犯錯誤

總有人會批評和懷疑你，那些自己不願嘗試的人，老愛批評諷刺那些不顧惡劣環境而奮發向上的人。林肯也曾被人稱為「猩猩」和「丑角」，被同儕視為「共和黨之恥」。

值得重視的不是批評，不是提出批評的人，而是那些真正置身於競技場中的人，他們奮鬥不已，他們的錯誤越來越少。那些真正勇於嘗試的人，他們才知道什麼叫熱心和熱衷，才知道最高成就的勝利。即使他們失敗，至少他們勇於嘗試，他們也要比那些既無歡樂也無痛苦的人偉大，後者生活在渾渾噩噩的昏暗中，既不了解勝利，也不了解失敗。

如果你要突破逆境，你得不計代價去找到正確行動的方法，這樣才能實現打造自己的目的。

逆境的三種類型

對於任何一個試圖突破人生逆境的人而言，最需要的是他必須重新思考自己，思考人生的「十字路口」，以免盲目行動。這個道理很簡單，如同美國哈佛大學皮魯克斯在《思考人生》一書所說：「在這個世界上，每個人都會面臨各式各樣的十字路口，但最令人困惑的是思考的『十字路口』，不徹底明白這個問題，任何行動可能都帶有盲目性，更談不上什麼突破人生逆境了」。所以我們必須要明白，有限的思考會造就有限的人

生，所以在思考人生時，要努力要求自己。唯有你自己去真正思考，才是唯一能有希望實現目標的方法，才能突破盲目，才能突破人生逆境。

亨利‧福特說：「思考是最艱難的工作，這也就是為何很少有人願意去做的原因。」

對於人生逆境，並非如某些勵志書上聲稱的「只要有勇氣與決心就沒有闖不過去的關」。事實上，我們在應對逆境時，還需要尊重客觀觀實。在現實中，人生的逆境大致有如下三個類型。

✧ **虛擬的逆境**：有個故事說的是一群死囚在討論自己的前途命運。如果什麼也不做，只有死路一條；如果試著去越獄，雖然危險，但有可能獲得生的希望。最終大家都畏懼越獄的風險，選擇了坐以待斃。只有一個人不甘心這樣的結局，他站起來，朝著囚牢堅固的牆壁撞了過去。結果，他竟獲得了自由。原來那囚牢本來就沒有牆壁，大家所見的囚牢不過是自己的幻影而已。

這個故事看似荒誕，卻天天發生在我們生活之中。對自己能力的無端懷疑，對一件小事的過分專注，甚至對自己某一個想法的過分固執，都會導致我們把自己關進自己心中的死囚牢獄。這是一類非常可怕的逆境。它是虛擬的，可以出現在任何時候、任何地方和任何條件下，成為我們生活中的幽靈。不過，正因為它是我們自己虛擬出來的，所以，只要我們調整自己的心態，改變自己的想法，它也就會最終被消除掉，不再干擾我們的人生。

✧ **激勵性逆境**：我們在躍過一道壕溝時，總是要後退兩步，給自己一個充足的預備動作，然後奔跑，起跳，完成跨越。這類逆境就是起這樣的作用。它告訴我們，我們正面臨著人生的一個騰飛跨越，因此必須

停下來，做好充分的思想準備，聚集自己全部的能量，然後蓄勢而發實現一次人生飛躍。面對這樣的逆境，我們所要做的就是認真地對待它，而不要懼怕它，運用我們全部的智慧去迎接它。許多偉人正是看到了這類逆境後的巨大成功，他們不遺餘力地去戰勝這樣的逆境，並且最終贏得了人生。

◇ **保護性逆境**：由於人們思考和能力的局限性，我們常常會走上錯誤的歧途，這時，亮著紅燈的逆境就是一種警示，使我們意識到前面的危險，回到正確的道路上去。比如，臭氧層的破壞導致大自然對人類產生了報復，從中我們意識到了生態平衡的重要意義。於是，我們開始治理環境消除汙染，大力實施環保措施，以使我們能夠在一個和諧的環境裡健康生存。有時，身體的疾病，夫妻不和，朋友間的疏遠，也是一種這樣的逆境，讓我們反思自己，是不是自己在追求一種與自己真的所愛相違背的東西，是不是我們正在做著一件損人又害己的事情。對於這樣的逆境，我們必須認真接受它給予我們的警示，不能一意孤行；否則，最終不僅不能成功，還會導致自己的慘敗，甚至還會連累家人和朋友以及所有愛我們的人。所以，我們也可以稱這一類逆境為保護性逆境。

對於如何應對這三種類型的逆境，我們依次將在後面的第三章、第四章、第五章裡詳細談及。

▶▶▶ 第二章 透視逆境，周密策劃巧突圍

第三章

自設牢籠，難突破的是心中的逆境

第三章　自設牢籠，難突破的是心中的逆境

> 這裡就是天堂，問題是一般人都不懂得該怎樣去尋找各種幸福。
> 假如換一種角度，這些人就會發現：生活中的困難，都是我們想
> 像的產物。
>
> —— 保羅・瓦勒里（Paul Valéry）

很多時候，導致你身處順境還是逆境，並不是別人左右的結果，而是在於你的心態是否健康。用悲傷的眼睛看世界，那麼世界便暗無天日；如果你用慈愛的眼光看待這個世界，你會發現，有許多事物值得我們去感動。

一家鐵路公司有一位調度員名叫尼克，他工作相當認真，做事也很負責盡職，不過他有一個缺點，就是他對人生很悲觀，常以否定的眼光去看世界。

一天鐵路公司的職員都趕著去為老闆慶生，大家都急急忙忙地提早走了。不巧的是，尼克不小心被關在一個待修的冰櫃車裡。尼克在冰櫃中拚命敲打喊著，全公司的人都走了，根本沒有人聽得到。尼克的手掌敲得紅腫，喉嚨叫得沙啞，也無人理睬，最後只得頹然地坐在地上喘息。他愈想愈害怕，心想：冰櫃內的溫度只有 -5℃，如果再不出去，一定會被凍死。他只好用發抖的手，找了筆紙來，寫下遺書。

第二天早上，公司的職員陸續來上班。他們打開冰櫃，赫然發現尼克倒在地上。他們將尼克送去急救，已沒有生命跡象。但是大家都很驚訝，因為冰櫃的冷凍開關並沒有啟動，這巨大的冰櫃也有足夠的氧氣，更令人納悶的是，櫃子的溫度一直是略低於外界溫度的 16℃，但尼克竟然給「凍」死了。尼克並非死於冰櫃的溫度，他是死於心中的冰點。他已給自己判了死刑，又怎麼能夠活得下去呢？

沒有什麼比現在更糟糕

不少人經歷過失戀了，有人會說：「沒有什麼比現在更糟糕的了」；有人被炒魷魚了會說：「沒有什麼比現在更糟糕的了」；甚至於不慎丟失了一個手機，也會有人說：「沒有什麼比現在更糟糕的了」。事實真的是這樣嗎？

你現在不妨仔細想想，從小至今從你的口裡或心裡說過了多少次「沒有什麼比現在更糟糕」？——兒童時失手打碎了鄰居家的花瓶，少年時考試未及格，青年時和初戀的伴侶分手……這些類似的事情，在當時你的眼裡也許都是一件件糟糕透頂的事。你為此焦慮、悲傷，甚至痛不欲生。但時過境遷之後的今天，你還會認為那些事情「糟糕透頂」嗎？

大約 5 歲那年的一天，小明到一間無人住的破廟裡去玩。當他爬到高高的窗臺掏鳥窩時，竟發現鳥窩中盤著一條吐著紅信的蛇。小明嚇得從窗臺上掉了下來，將手臂摔斷，還失去了左手的一根小指。

小明當時嚇呆了，以為今生一完了。但是後來身體痊癒，也就再沒為這事煩惱。現在，我幾乎從沒想到左手只有四根手指。

幾年前，小明遇到一個修電梯的工人，他在故事中失去了左臂。我問他是否感到不便，他說：「只有在縫針的時候才感覺到。」

人在身處逆境時，適應環境的能力真是驚人。人可以忍受不幸，也可以戰勝不幸，因為人有著驚人的潛力，只要立志發揮它，就一定能度過難關。

小說家達克頓曾認為除雙目失明外，他可以忍受生活上的任何打擊。在他 60 多歲時，他雙目失明了，他說：「原來失明也可以忍受。人能忍受一切不幸，即使所有感官都喪失知覺，我也能在心靈中繼續活著。」

　　人不應逆來順受，：只要有一線希望，就應奮鬥不止。但當你面對無可挽回的事時，就要想開點，不要強求不可能的結果。

　　著名的話劇女演員波爾特德就是這樣一位達觀的女性。她在四大洲各地的戲劇舞臺上演出了 50 多年。當她 71 歲住在巴黎時，突然發現自己破產了。更糟糕的是，她在乘船橫渡大西洋時，不小心摔了一跤，腿部傷勢嚴重，引起了靜脈炎，醫生認為必須把腿部切除。但又不敢把這個決定告訴波爾特德，怕她忍受不了這個打擊。可是他錯了。波爾特德注視著醫生，平靜地說：「既然沒有別的辦法，就這麼辦吧！」

　　手術那天，波爾特德在輪椅上高聲朗誦戲劇裡的一段臺詞。有人問她是否在安慰自己，她回答：「不，我是在安慰醫生和護士，他們太辛苦了。」

　　後來，波爾特德繼續在世界各地演出，又重新在舞臺上工作了 7 年。

　　如果硬要用全部精力和不可避免的事情抗爭，就不可能再有精力重建新的生活。為什麼汽車的輪胎能經得起長遠的輾磨呢？一開始人們設計出剛性很強的抗震車胎，但用不了多久，就被磨損得七零八落。後來經過研究試驗製造出既有柔性又耐磨的防震車胎，這才經得住磨損。如果我們也能像這種車胎一樣，那我們也會生活得穩定和長久。

生活是一面鏡子

　　有一個女孩被強暴了，非常痛苦。她就找心理學家去諮詢。一見到心理學家就哭了，並泣不成聲地說：「我好慘，多麼的不幸，我這一輩子都忘不了這件事情了……」

　　心理學家當場對她說：「這位小姐，你被強暴是你自願的。」

聽完這句話，這位小姐嚇了一跳，說：「你說什麼，我怎麼可能自願被強暴？」

心理學家對她說：「你被他強暴一次，但如果你的心裡天天心甘情願地被他強暴一次，那你一年下來，就會被他強暴 365 次。」

「這是怎麼回事呢？」女孩不解地問。

「在你身邊發生了一件不好的事情，你好像看了一場不好的電影一樣，天天在回想，這不是很笨的事情嗎？這與重蹈覆轍有什麼區別呢？」

事實上，人的注意力是有限的。當你在注意一件事情的時候，你就注意不到其他事情。所以，從憂鬱中擺脫出來的方法並不複雜。只要你腦海中的「電影」改變了，你不要再在腦海裡放你不喜歡的電影了，而去放一部新的、喜歡的電影，就很容易改變這種情況。

讓我們來看一個發生在非洲的故事。有位探險家到非洲一個尚未開發的地區去，他隨身帶了些小飾物要送給當地土著，禮物當中還包括了兩面能照全身的鏡子。探險家把這兩面鏡子分別靠在兩棵樹旁，然後席地而坐，與隨行的人商議探險的事。這時，有個土著手持長矛走了過來，他望見鏡子，並從中看到了他自己的影子，他立刻對著鏡裡的影子刺了過去，就像那是個真人一樣，他發動各種攻勢要置鏡中人於死地，當然，鏡子當場粉碎。

這時，探險者走了過來，問他為什麼要打破鏡子？土著答道：「他要殺我，我就先殺死他。」探險家告訴他鏡子不是這麼用的，說著把土著帶到另一面鏡子前，示範道：「你看，鏡子這個東西可以用來看看頭髮有沒有梳整齊，看看臉上的油彩塗得好不好，看看自己的身體有多麼魁梧強壯！」

土著驚嘆道：「哇！我不知道。」

　　成千上萬的人也正像那個土著一樣。他們終其一生都與自己的生命為敵，認為無處不是艱苦的奮戰，結果也真的弄得痛苦不堪。他們總是疑心有人與自己為敵，結果當然有；他們總是預期生活中有解決不完的問題，結果也真如其所料。所謂「人無遠慮，必有近憂」，「困難永遠存在」說的就是這個道理。

　　這種認知由來已久，而許許多多還沒認清自己「能力」的人也將繼續因循下去。這種能使世界完全改觀的力量就像未出土的鑽石一樣，將永遠深藏在地底。而多數人仍將過著平庸甚至可悲的日子，因為他們錯失了這股力量，也一直未能及時再次掌握它。

　　英國作家薩克雷有句名言：「生活是一面鏡子，你對它笑，它就對你笑；你對它哭，它也對你哭。」確實，不管你生活中有什麼不幸和挫折，你都應以歡悅的態度微笑著對待生活。

　　下面介紹幾條原則，只要你反覆地認真實行，就能減輕或者消除你處在逆境時的煩惱。

✧ **不要把眼睛總盯在「傷口」上**：如果某些煩惱的事已經發生，你就應正視它，並努力尋找解決的辦法。如果這件事已經過去，那就拋棄它，不要把它留在記憶裡，尤其是別人對你的不友好態度，千萬不要念念不忘，更不要說：「我總是被人曲解和欺負。」當然，有些不順心的事，適當地向親人或朋友吐露，可以減輕煩惱造成的壓力，這樣你的心情也許會好受一些。

✧ **要朝好的方向想**：有時，人們變得焦躁不安是由於碰到自己所無法控制的局面。此時，你應承認現實，然後設法創造條件，使之向著有利的方向轉化。此外，還可以把思路轉向別的什麼事上，諸如回憶一段令人愉快的往事，讓它驅散心中的煩惱。

106

◇ **放棄不切合實際的幻想**：做事情總要按實際情況循序漸進，不要總想急於求成。有人一生都在為金錢、權力、榮譽奮鬥，可是，這類東西獲得越多，你的欲望也就會越大。這是一種無止境的追求。一個人發財、出名似乎是一下子的事情，而實際上並不然。因此，你應在懷著遠大抱負和理想的同時，隨時建立短期目標，一步步地實現你的理想。

不必追求十全十美

美國某機構最近進行一項調查，向 150 名年收入 5 ～ 20 萬美元的推銷員提出一系列問題。結果發現，他們之中約有 14% 是屬於追求完美的人。可以預料的是，這 14% 的人所受的壓力，比其他那些不追求完美的人要大得多。但他們的成就是否更大呢？說來奇怪，答案都是否定的。這些追求完美的人在生活中雖然經常感到焦慮和沮喪，可是沒有任何證據顯示他們的收入較其他人更高。

上面所說的「追求完美」究竟是什麼意思呢？有些人以爭取高水準為榮，他們要求的是合理的卓越表現，這種健康的追求，並非「追求完美」，而是一種正常的上進心。所謂「追求完美」指的是一個人強迫自己努力達到一個可望而不可即的目標，並且完全用成就來衡量自己的價值。結果，他們便變得極度害怕失敗。他們感到自己時時刻刻都在受到鞭策，同時又對自己已取得的成就不滿意。事實證明，強逼自己追求完美不但有礙健康，會引起像沮喪、焦慮、緊張等不安情緒的症狀，而且在工作效果、人際關係、自尊心等方面亦會自招失敗。

我們必須研究一下，為什麼追求完美的人特別容易引發情緒不安，為什麼他們的工作效率反會受到損害？其中一個原因就是，他們以一種不正確和不合邏輯的態度看人生。

▶▶▶ 第三章　自設牢籠，難突破的是心中的逆境

　　追求完美的人最普遍的錯誤想法，就是認為工作學習中有一點不完美便毫無價值。譬如說，一個每科成績都取得甲等的學生，由於在一次考試中有一科拿了乙等成績，因而大感沮喪，認為那就是失敗。這類想法導致追求完美的人害怕犯錯，而且一旦犯錯後又很容易做出過分的反應。

　　他們的另一個誤解是相信錯誤會一再重複，認為「我永遠都不能把這件事做對」。追求完美的人不會自問能從錯誤中學到什麼，而只是自怨自艾，說：「我真不該犯這樣的錯，我絕不能再犯了！」這種自責的態度導致其產生一種受挫和內疚的感覺，反而會使他們重複犯同樣的錯誤。

　　為了幫助追求完美的人戒除這個心理習慣，應首先請他們列出追求完美的好處和弊端。一名向心理醫生求助的大學生只舉出一個好處：「這樣做有時會使你得到優秀成績。」接著她列出 6 個弊端：「第一，它令我神經非常緊張，有時連普通成績也拿不到；第二，我往往不顧冒險犯錯，而那些錯誤卻是創作過程中所必然會發生的；第三，我不敢嘗試新的東西；第四，我對自己諸多苛求，令生活失去了樂趣；第五，由於總是發現有些東西未臻完美，因此我根本不能鬆懈下來；第六，我變得不能容忍別人，結果別人認為我吹毛求疵。」根據這個利弊分析，她終於認為若放棄追求完美，生活可能會更有意義和更有成就。

　　假如你的目標切合實際，那麼，通常你的心情會較為輕鬆，工作學習也較有信心。自然而然便會感到自己更有創造力和工作成效。這裡並不是要你放棄努力奮鬥，不過，事實上你也許會發現，在你不是一味追求出類拔萃的成就，只是希望自己確實有良好的表現時，反而可能會獲得一些最佳的成績。

　　你也可以用自我反省自問的方式來抵制追求完美的思想，例如：「我從錯誤中可以得到什麼？」你可以做個實驗，想想你犯過的某一項錯誤，

108

然後把從中得到的教訓詳列出來，這樣便可促使你去學習新事物，從而提高在人生道路上前進的能力。

你要牢記，追求完美心理的背後隱藏著恐懼。當然，追求完美也有一個好處，就是無須冒失敗和受人批評的風險。不過，你同時會失去進步、冒險和充分享受人生的機會。說來奇怪，勇於面對恐懼和保留犯錯誤權利的人，往往生活得更快樂和更有成就。

別和自己過不去

如果你仔細觀察周圍，你就會發現，在我們的寧靜的生活中，大多數人都是和藹可親的，富有愛心的，也是寬容的。如果你犯了錯真誠地要求他人寬恕時，絕大多數人不僅會原諒你，而且事後他們也會把這事情忘得一乾二淨，使你再次面對他們時一點愧疚感也沒有。

可貴的是，我們這種親切的態度對所有人都一樣，沒有什麼種族、地域、民族的分別；但有時它就只對一個人例外。誰？沒錯，就是我們自己。

也許你會懷疑：「人類不都是自私的嗎？怎麼可能嚴於律己寬以待人？」是的，人總是會很容易原諒自己，不過，這只是表面上的饒恕而已，如果不這麼自我安慰的話，如何去面對他人？但更深層的想法，一定會反覆地自責：「為什麼我會那麼笨？當時要是細心一點就好了。」或是：「我真該死，怎能讓這樣的錯發生？」

如果你還不相信，請你再想想自己有沒有犯過嚴重的錯誤，如果想得出來的話，那你一定有過耿耿於懷，並沒真正忘了它。表面上你是原諒了自己，實際上你是將自責收進了潛意識裡。

我們可以對他人這麼寬大，難道自己就沒有資格獲得仁慈的對待嗎？

沒錯，我們是犯了錯。但除了上帝之外，誰能無過？犯了錯只表示我

們是個普普通通的人，不代表就該承受如下地獄般的折磨。我們唯一能做的只是正視這種錯誤的存在，由錯誤中學習，以確保未來不會發生同樣的憾事。接下來就應該使自己得到絕對的寬恕，儘快把它給忘了，甩掉心中的包袱繼續往前進。

　　人的一生中犯的錯誤可多了，要是對每一件事都深深地自責，一輩子都要背負著一大包的罪惡感生活，你還能奢望自己能走多遠？

　　犯錯對任何人而言，都不是一件愉快的事情，一個人遭受打擊的時候，難免會格外消沉。在那一段灰色的日子裡，你會覺得自己就像拳擊失敗的選手，被那重重的一拳擊倒在地上，頭昏眼花滿耳都是觀眾的嘲笑和心中那失敗沮喪的感覺。在那時候，你會覺得自己簡直不想爬起來了，覺得你已經再沒有力氣爬起來了！可是，你會爬起來的。不管是在裁判數到十之前，還是之後。而且，你還會慢慢恢復體力，平復創傷，你的眼睛會再度張開來，看見光明的前途。你會淡忘掉觀眾的嘲笑和失敗的恥辱。你會為自己找一條合適的路—不要再去做挨拳頭的選手。

　　瑪麗・科雷利（Marie Corelli）說：「如果我是塊泥土，那麼我這塊泥土也要預備給勇敢的人來踐踏。」如果一個失敗者在表情和言行上時時顯露著卑微和失望，每件事情都不信任自己、不尊重自己，那麼這種人將永遠得不到別人的尊重。

　　造物主給予人巨大的力量，鼓勵人去從事偉大的事業。這種力量潛伏在我們的腦海裡，使每個人都具有客觀存在的韜略偉才，能夠精神不滅、萬古流芳。如果一個人不盡到對自己人生的職責，在最有力量、最可能成功的時候不把自己的力量施展出來，那麼你就不可能成功。

　　記住，寬恕，忘懷，前進。寬恕自己，才能把犯錯與自責的逆風，變為化雨的東風推著你走向成功。

不生氣真的很難嗎

　　我想每個人都聽過這句話：生氣是拿別人的錯誤懲罰自己。然而真正做到不懲罰自己的人恐怕沒有吧？也許除了和尚。不生氣真的好難啊！比如走在路上被人潑了一身水，也不知道是什麼水。雖然對方拼命地道歉，你也知道對方不是故意的，可是看著自己濕漉漉的衣服，還是忍不住抱怨：真可惡，怎麼這麼倒楣？於是一整天都在想這件事，又後悔不已：早知道就早點出門，或是早知道就晚點出門。總之，到頭來還是在生自己的氣。現在想一想，真是不值得，反正被潑了就潑了，再怎麼抱怨、後悔都沒用，衣服還是濕的。其實倒不如這樣想，也許我穿這件衣服不好看呢，不是常說遇水則發嗎？這樣一來，快樂指數就上來了，回家換件衣服，重新開始新的一天。寬恕了他人，寬恕了這件事，不等於寬恕了自己嗎？為什麼一定要為了一件已經無法挽回的事而破壞自己整天的情緒，浪費自己美好的 24 小時呢？不過，說起來容易做得難，不管怎樣，要盡量學會寬恕，也不必成為和尚，只求寬恕該寬恕的事和人，讓自己變得開心一點。

　　過失，尤其是我們對過失的自我譴責和反省，更被認為是富有意義的。當一個人下決心接受截肢手術時，一定不會再把他的殘肢視為值得保留的軀體的一部分，而是把它當作多餘的、對生存形成威脅的、必須捨棄的廢物。在面部整容手術中，疤痕組織必須完全地去掉，傷口才能徹底地癒合，對傷口要給予特殊保護，以確保面容的每一個細小的部位都得到恢復，使臉部像受到損傷前一樣。醫療上的根除並不困難，困難是能使你樂於拋棄自我的情感，困難的是你樂於無保留地消除精神上沉重的負擔。我們覺得難以寬恕自己，只是因為我們往往從自我譴責中尋找一種安全感，我們常常透過遮掩著自己的傷口，以獲得一種反常的病態樂趣。當我們譴

責他人時，就會產生一種居高臨下的優越感。但卻沒有人願意否認，譴責帶來的只是一種虛幻的滿足。

實際上，做到不生氣並不難。心理醫學研究表明，一個人心情舒暢，精神愉快，中樞神經系統處於最佳功能狀態，那麼，這個人的內臟及內分泌活動在中樞神經系統調節下皆處於平衡狀態，使整個機體協調，充滿活力，身體自然也健康。

在生活的不幸面前，應保持冷靜的思考和穩定的情緒，遇事心態平和、冷靜客觀地做出分析和判斷。

要從多方面培養自己的興趣與愛好，如書法、繪畫、集郵、養花、下棋、聽音樂、跳舞、打太極拳等，從事這些活動，可以修身養性，陶冶情操。

對自己要有自知之明，遇事要盡力而為，適可而止，不要好勝逞能地去做力不從心的事，只做自己力所能及的事。

不要過於計較個人的得失，不要常為一些雞毛蒜皮的事而動輒發火，憤怒要克制，怨恨要消除。

保持和睦的家庭生活和友好的人際關係，鄰里關係，這樣在遇到問題時就可以得到各方面的支援。

別說自己老了

常常聽到有人喟然長嘆：「老了，不中用了。」似乎奮發進取都是年輕人的事，老年人呢，早該退居二線．死守風燭殘年了。年齡果真有如此大的魔力嗎？

「姜太公釣魚」講的就是年已老邁年高的姜太公因懷才不遇，只得以釣魚度日，最終遇上「伯樂」的故事。姜太公釣魚很特別，他用的是沒有

鉤鉤的魚鉤，據說是以示公道。直到 80 多歲才遇上了周朝的開國君主周文王，徒而輔佐他得天下。

拯救了美國克萊斯勒集團公司的艾科卡（Lee Iacocca），將一大群早已退休的優秀人才組織到他的行政團隊中，成為他的得力助手。每次去日本出差，遇上朋友大都是老年人，最年輕的也有 74 歲了。因此他在自傳中憤慨地說：「退休制度簡直是一種扼殺天才的方法。」我們也要憤慨地說：絕不能以老弱論英雄。

人的潛力是巨大的，年齡這東西，只不過是一種生理現象，對個人才能的發揮沒有多大影響。莫道桑榆晚，揮劍斬西風。

大家知道，肯德基是一種流行於世界各地的速食，但它是怎樣創辦出來的呢？追根溯源，要首推桑德斯（Harland David Sanders）了。桑德斯上校原本有一家生意興隆的汽車旅館，他原準備依賴這個旅館來安度晚年，不幸的是，城市的規劃建設將原本為他帶來財源的高速公路改道了。旅館被迫關門，財路斷了，他的身上，除了有一份製作炸雞的調味處方單外，便一無所有了。於是，離開了這個給過他夢想的地方，來到了加拿大，準備重整炸雞事業，闖出一番轟轟烈烈的事業來。然而，他失敗了，70 多歲的他再一次受到沉重的打擊，但是，他沒有退卻。他又回到自己的家鄉，苦心研究，決心捲土重來。終於，他成功了，成為炸雞事業的「鼻祖」。

發展麥當勞漢堡的雷·克洛克（Ray Kroc）又是怎樣成功的呢？他同樣經歷一段很長時間的「潛伏期」，才抓住這個成功的機會。他原本是一名普通的售貨員，一次偶然來到麥當勞兄弟的速食店，清潔而高效的操作深深地觸動了他：為什麼不將它擴展呢？於是，52 歲的他，把速食店從麥當勞兄弟手中買過來，著手另選店面「擴大再生產」，從此，本不起眼的麥當勞速食店發展成為世界上成長最快的事業。

　　從上述幾個例子可以看出，判斷一個人年輕與否並不能單從生理年齡上來劃分，重要的是，要看他還有沒有保持那種年輕的心境。也就是說，人不分老幼，只有保持青春的活力，才會永遠年輕。

　　青春，並不是特指我們一生中某一時間階段，而是一種心理狀態，它代表一種生命的力量，一種昂揚的意志，一種充滿理想的能力，一種向著目標邁進的動力。它不會隨著年齡的增加而衰減，而能使人忘記年齡，永葆青春。

　　有些人之所以過早衰老，並不是因為年歲與日俱增，而是因為他放棄了理想，放棄了目標，因而也就喪失了生命的熱忱。這時，他的精神自然就表現為萎靡不振，鬱鬱寡歡，似乎一下子著老了幾十歲。一旦給予他新的生活信心，也就等於給予他激昂的鬥志、蓬勃的生機和旺盛的活力，因此，整個人都會顯得活潑開朗乃至煥發出青春的光彩來，

　　「年輕就是資本」。當我們身處逆境，一無所有時，記住，拿出你這個唯一的、很有可能別人沒有的資本，以最小的成本獲取最大的利潤，相信逆境會給你一個青春永駐的最好機會。

敞開心靈接受不幸

　　生活中出現逆境，也就意味著出現棘手問題需要我們處理。

　　如何面對問題？如果不能坦然面對它、接受它，就談不到如何放下它、處理它。而事實上，一旦事情出現後，首先要求我們不是發牢騷，而是要能夠設法改善它。需要的是行動，而不是抱怨。若不能改善，我們也要面對它、接受它，絕不能逃避。逃避責任，損失依然在那裡，是不合算的，改善與處理已出現的糟糕局面才是最聰明的。

經過縝密計畫的事物也不一定完全可靠，也會發生意料之外的情況，這時候就更應該接受它，然後想辦法處理它。

所以，如果計畫之中的事在進行過程中發生問題，不必傷心也不必失望，應該繼續努力，爭取將損失減到最小，不要輕易放棄希望；如果事先經過詳細的考慮，判斷預先的結果不可能成功，那也只好放下它，這和未經努力就放棄是截然不同的。

這一切，都需要我們的冷靜。我們要告訴自己：任何事物、現象的發生，都有它一定的原因。在緊急的情況下我們無法追究原因，也無暇追究原因，唯有面對它、改善它，才是最直接、最要緊的。也就是說，遇到任何困難、艱辛、不平的情況，都不要逃避，因為逃避不能解決問題，只有用我們的智慧和勇氣把責任擔負起來，才能真正從困擾的問題中獲得解脫。

日本的船井先生大學畢業後，曾在幾家經營公司工作過。由於他秉性倔強，經常和上司產生衝突，最後總是毅然離去。

船井先生充滿自信而且有著卓越的才能，因而開始獨立創業。但是，他主辦的經營研究班開課了也沒有人來報名。後來他才深切體會到，別人仰賴的是招牌而不是個人實力。接著，他結了婚有了孩子，卻突然發生了妻子撒手人寰的慘劇，抱著還在吃奶的孩子，他絕望了，感到自己已無路可走。

過了一段時間他有緣再婚，在開朗的妻子全力支持下，研究班在流通行業中重新開始啟動。針對當時剛剛嶄露頭角的超市等流通行業，船井先生開始著手使其正規化的顧問工作，終於取得了連戰連捷的勝利。

不可否認，正是這一切造就了今天的船井先生的崛起。

船井先生勸告大家：「即使是經歷了自己最愛的人因某些事故死亡的痛苦，也請把它想成是命中注定的、必然的或能使你轉運的最佳事情。」

▶ ▶ ▶ 第三章 自設牢籠，難突破的是心中的逆境

　　仔細想想就能明白，一味地悲傷是改變不了現狀的，一切都不可能再復原，與其一味悲傷導致第二次不幸，不如振奮精神，轉換思路，積極向前開拓自己的人生。除此之外沒有其他更好的可以改變現狀的辦法。

　　如果是受薪階級，他們透過人事調動、升職、降職的變化，很多人都會有「禍中有福，福中有禍」亦或是「塞翁失馬，焉知非福」的感受吧！例如日本一家公司丸紅社的社長春名和雄先生，原作為董事準備升任大阪分公司經理，由於發生了著名的洛克希德飛機公司事件，社長、下任社長候選人以及與此相關的董事都被牽連其中，最後，和此事件毫無關聯的春名先生意外地坐上了社長的交椅。

　　春名先生的人生警句中有這樣一段話：

　　「幸運女神總是從身後慢慢地向你走來，因此，自己也順著幸運女神的腳步慢慢地向前奔去。其間，幸運女神追上了自己並和自己並肩前行。然後，她會抓起你的身體負在背上一口氣向前飛奔。」

　　1945 年 8 月，日本終於宣告投降。瑪麗·布朗太太坐在位於加拿大渥太華的家中，靜聽一室的寂靜與空虛。

　　幾年前，她的丈夫死於車禍。接著，與她同住的母親也因病去世。最後，根據布朗太太的描述，其悲劇的發生經過是這樣的：

　　「當許多鐘聲和汽笛聲都在宣告和平再度降臨的時候，我唯一的兒子達諾，卻在此時犧牲了。我已失去了丈夫和母親，如今兒子一死，我是完全孤單的了。」

　　「孩子的葬禮結束之後，我獨自走進空蕩蕩的屋子裡。我永遠也不會忘記那種空虛、無助的感覺。世界上再也沒有一處地方比這裡更寂寞的了。我整個人幾乎被哀傷和恐懼所充滿 —— 害怕今後將獨自一人生活，害怕整個生活方式將完全改變 —— 而最可怕的，莫過於我將與哀傷共度

餘生 —— 這才是最讓我感到恐懼的。」

　　接下去的幾個星期，布朗太太完全生活在一種茫然的哀傷、恐懼和無助的包圍裡。她迷惑又痛苦，全然不能接受眼前發生的一切。她繼續描述道：「我漸漸地明白了時間會幫助我治療傷痛。只是感到時間過得實在太慢了，因此，我必須做些事來忘記這些遭遇。我要回去工作。」

　　「隨著時間一天天過去，我也逐漸對生活再度發生了興趣 —— 如我的朋友、同事等。一天清晨，我從睡夢中醒過來，忽然發現所有不幸均已成為過去，知道今後的日子一定會變得更好。而『用頭撞牆』的舉止是愚蠢可笑的，是不能面對現實的表現。對於那些我無法改變的事實，時間已教會我如何承擔下來。」

　　「雖然整個改變進行得十分緩慢，不是幾天或幾個星期，而是逐漸來臨，但是，它確實已經發生了。」

　　「現在，當我回過頭去觀看那段生活，就會感到好像一條小船在經歷一場巨大的風浪後，如今又重新駛回風平浪靜的海面上。」

　　許多類似布朗太太這樣的悲劇，往往很難讓我們理解為什麼它偏偏會發生在自己的身上，因此最好先面對它們、接受它們。當布朗太太強迫自己接受失去家人的事實，便已預備要讓時間來治療心靈的痛楚。她清楚如果抗拒命運就像把毒藥傾倒在傷口上，無法讓自己開始新的生活。

　　有一個方法可以讓我們面對逆境 —— 接受它。當生活被不幸遭遇分割得支離破碎的時候，只有時間的手可以重新把這些碎片撿拾起來，並撫平它。但是我們要給時間一個機會。在剛遭受打擊的時候，整個世界似乎停止了運行，我們的苦難也似乎永無止境。但無論如何，我們總得往前走，去完成自己生命計畫中的種種目的。而一旦我們完成了這些生命中的每一項的工作，痛楚便會逐漸減輕。終有一天，我們又能喚起以往快樂的

回憶，並且感受到被新的生活護佑著，而不是被傷害。要想克服不幸的陰影，時間是我們最好的盟友，但唯有把心靈敞開，完全接受那不可避免的命運，才不會沉溺在痛苦的深淵裡。

撫養三個小孩的克文女士，在醫生那裡聽到了一個噩耗：她的丈夫得了一種嚴重的心臟病，很可能隨時會病發身亡。

「我聽了醫生的話感到恐懼不已，並且開始擔憂。」克文女士寫信給我時這麼說道：「我幾乎每天晚上都無法入睡，沒多久就瘦了9公斤，醫生認為我是過於神經質。一天晚上，我又失眠了，便反問自己總是這麼擔驚受怕是否於事有補。到了第二天早上，我便開始計畫自己應該做些有用的事。由於我丈夫頗精於木工，並曾親自做出過許多種傢俱，所以我要求他替我做了個床頭小桌。他答應了，並且花了好幾個下午認真去做。我注意到這個工作帶給他極大的樂趣，後來，他又為朋友做了好多傢俱。」

「除此之外，我們還開闢了一片園地，開始種花種菜。我們把收穫最好的瓜果蔬菜送給朋友，並盡量想出一些可以幫助別人的事來做。假如一時沒有什麼事情，我們便坐下來討論有關種植果樹等種種計畫。」

「在某天凌晨一點多的時候，我的丈夫突然病發過世。後來，我發現最近這幾年中，一直把這可怕的壓力放在一邊，度過了有生以來最快樂、最有意義的生活。我就是這樣面對悲劇，並盡力用最好的方式去接受它。」

克文女士用無比的勇氣來面對不幸，使她丈夫在最後幾年的歲月裡過得快樂又有意義，而她自己本人也因此留下一段美好的回憶。

生命並不是一帆風順的幸福之旅，而是時時搖擺在幸與不幸、沉與浮、光明與黑暗之間的模式裡。我們不能像鴕鳥一樣把頭埋在沙堆裡面，拒絕面對各種麻煩，而麻煩也不會因你的消極悲觀獲得解決。逆境不過是人類生活的一部分，只有客觀現實地去面對，才是真正成熟的表現。

美國 21 歲的士兵麥克奉命參加以色列和阿拉伯之間的戰爭。他在一次戰役中受了嚴重的眼傷，眼睛因此看不見東西。雖然他遭受了這麼大的傷害和痛楚，但表現的個性仍然十分開朗。他常常與其他病人開玩笑，並把分配給自己的香菸和糖果分贈給好朋友。

醫生們都盡心盡力想恢復麥克的視力。一日，主治醫師親自走進麥克的房間向他說道：

「麥克，你知道我一向喜歡向病人實話實說，從不欺騙他們。麥克，我現在要告訴你，看來你的視力是不能恢復了。」

時間似乎停止下來，這一刻病房裡呈現可怕的靜默。

「醫師，我知道。」麥克終於打破沉寂，平靜地回答道：「其實，這些天來我也知道會有這個結果。非常謝謝你們為我費了這麼多心力。」

幾分鐘之後，麥克對他的朋友說道：

「我覺得我沒有任何理由可以絕望。沒錯，我的眼睛瞎了，但我還可以聽得很清楚，話說得很好啊！我的身體強壯，不但可以行走，雙手也十分靈敏。何況，據我所知，政府可以協助我學得一技之長，讓我維持今後的生計。現在所需要的，只是適應一種新生活罷了。」

這就是麥克，一名擁有明亮視野的盲眼士兵。由於他忙著計算和夢想自己所擁有的幸福，因此沒有時間去詛咒自己的不幸。這便是百分之百的成熟──也就是我們要面對逆境的方法。每個人在有生之年都要面對這樣的考驗──你、我或者還有住在我們隔壁的那個鄰居。

對那些叫喊：「為什麼這會發生在我身上？」的人來說，這裡只有一個答案：「你為什麼不能這樣面對逆境呢？」

命運並不偏愛任何人。我們每一個人都得經歷一些苦難，正好像我們也歷經許多歡樂一樣。生活本身遲早會教育我們：接受苦難的生活經歷和

磨練，對我們每個人都是平等的。無論是國王或乞丐、詩人或農夫、男人或女人，當他們面對傷痛、失落、麻煩或苦難的時候，他們所承受的折磨都是一樣的。無論是任何年紀，不成熟的人會表現得特別痛苦或怨天尤人，因為他們不了解，諸如生活中的種種苦難，像生、老、病、死、或其他不幸，其實都是人生必經的磨練階段。記住：磨難是人生的課堂，不幸是人生的大學，只有經歷過磨難和不幸並昂首走過來的人，才是成功者。

對自己說「不要緊」

　　一位教育學教授在班上說：「我有三字箴言要奉送各位，它對你們的學習和生活都會大有說明，而且這是一個可使人心境平和的妙方，這三個字就是：不要緊。」不讓挫折感和失望破壞平和的心情，是享受生命的重要一課。我們往往會自我誇大失敗和失望，以為那些事都非常重要，以至於每次都好像到了生死的關頭。然而，許多年過去後，回頭一看，我們自己也會忍不住笑自己，為什麼當初竟把那麼丁點小事看得那麼重要呢？時間是治療挫折感的方式之一，只有學會積極地面對挫折，才能避免長時間的漫長而痛苦的恢復過程，並且能使這個過程變成一段快樂享受的時光。

　　安婭‧貝特曼愛上了英俊瀟灑的傑克先生，她確信找到了自己的白馬王子。可是有一天晚上，傑克溫柔婉轉地對她說，他只把她當作普通朋友。貝特曼心中以傑克為中心構想的愛情大廈頃刻土崩瓦解了。那天夜裡貝特曼在臥室整整哭了一夜，她甚至感到整個世界都失去了意義。但是，隨著時光一天天過去，她發現沒有傑克她也能生活得很幸福，並相信將來肯定會有另一個人成為她的白馬王子。果然，一個更適合她的年輕人來了，他們結婚生子，日子過得非常快樂。但是，有一天，貝特曼和丈夫得

到一個壞消息：他們儲蓄投資做生意的錢賠光了。貝特曼想：這次真的是太糟糕了，今後一家人的生活將怎樣維持呢？這時，她聽到了屋子外面孩子玩耍發出的興奮的喊叫，她扭頭看去，正好看到孩子對她笑著。孩子燦爛的笑容使她立刻意識到，一切都會過去，沒有什麼可怕的。於是，她又打起精神來和一家人平安地度過了那個難關。她說：「人生在世，有許多重要的事情，也有許多使我們的平和心情和快樂受到威脅的事情，冷靜地想一想實際上這一切也許都是不要緊的，或者不像我們所想像的那樣重要。」

　　經常對自己說「不要緊」，這種心理調節方法實際上是建立在一個很深刻的哲學思考上的，即：我們的生命是什麼。對這個問題的回答決定著我們對生活價值的判斷、生活的行動，當然也就決定著我們生活的心態。有的人把生命看作是占有，占有金錢，占有權力，占有財富，占有名利，占有……這樣的生命，總是把人生的意義定在一個點上，當這個點實現後，就開始追逐下一個點。也許當他到達一個具體的點時，會有一個瞬間的快樂，但很快就會被實現下一個點的焦慮所代替。在這樣的人生中，人本身只是一個不斷地追逐目標的工具，而不是生活本身。所以，人生總是被忙碌、焦慮、緊張所充斥，爭名奪利患得患失，到死也沒能放鬆地享受一下生命的美好。而有的人則把生命看作是上帝給予的禮物，是一個打開、欣賞和分享這個禮物的過程。因此，這樣的人堅信生命本身是快樂，是愛，無論處在什麼樣的環境中，即使是非常惡劣的環境中，他們也能泰然處之，就像是在迪士尼樂園中那樣，興趣盎然地去尋找、發現、享受生命中的每一個樂趣。對於這樣的人來說，重要的不是去擁有什麼，因為他們知道他們已經擁有了一切；重要的是他們應該如何去生活，是不是真的享有了自己的生命。

　　美國心理學專家理查德·卡爾森（Richard Carlson）博士就是看到了對待生命不同的態度，要求我們「多去想想你已擁有什麼而不是你想要什麼」。他說：「做了十幾年的壓力學心理顧問，我所見過的最普通、最具毀滅性的傾向，就是把焦點放在我們想要什麼，而非我們擁有什麼。不論我們多富有，似乎沒有差別，我們還是不斷擴充欲望購物單，確保我們難以滿足的欲望。你的心理機制說：『當這項欲望得到滿足時，我就會快樂起來。』可是，一旦欲望得到滿足之後，這項心理作用卻又不斷地重複。……如果我們得不到自己想要的某一件東西，就不斷想著我們沒有什麼，仍然會感到不滿足。如果我們如願以償得到想要的東西，就會在新的環境中重複同樣的想法。所以，儘管如願以償了，我們還是不會快樂。」

　　卡爾森博士針對這個問題，提出了解決辦法：「幸好，還有一個方法可以得到快樂。那就是將我們的想法從想要什麼，轉為我們擁有什麼。不要奢望你的另一半會換人，相反的，多去想想她的優點。不要抱怨你的薪水太低，要心存感激你有一份工作可做。不要期望去夏威夷度假，多想想自家附近有多好玩。可能性是無窮無盡的！……當你把焦點放在已擁有什麼，而非你想要什麼時，你反而會得到更多。如果你把焦點放在另一半的優點上，她就會變得更可愛。如果你對自己工作心存感激，而非怨聲載道，工作表現會更好，更有效率，也就有可能會獲得加薪的機會。如果你享受了在自家附近的娛樂，不要等到去夏威夷再享樂，也許會得到更多的樂趣。由於你已經養成自娛的習慣。因此就算沒有機會去夏威夷，反正你也已經擁有美好的人生了。」

　　最後，卡爾森博士建議：「給自己寫一張紙條，開始多想想你擁有什麼，少想你要什麼。如果你能這麼做，人生就會開始變得比以前更好。或許這是一輩子首次知道真正的滿足是什麼意思。」

說「不要緊」不是要使自己變得麻木不仁，對逆境無動於衷，而是要你變得更敏銳、更智慧，從中看到生命的快樂，使自己在逆境中看到祝福，享受到愛。

凡事要多往好處想

我們在許多寺廟中會見到一尊佛像，但這尊佛像與其他的佛像大異其趣。他光著大肚皮坐臥於地，咧嘴露牙地捧腹大笑，看起來特別具有親和力及喜悅感。他便是「大肚能容，了卻人間多少事；滿腔歡喜，笑開天下古今愁」的彌勒佛。

彌勒佛之所以具有令人敬服的特質，就在於他的「豁達大度」。一件事可以從許多角度來看，有好的一面，亦有壞的一面，有樂觀的一面，亦有悲觀的一面。就好比一個碗缺了個角，乍看之下，好似不能再用；若肯轉個角度來看，你將發現，那個碗的其他地方都是好的，還是可以用的。若凡事皆能往好的、樂觀的方向看，必將會希望無窮；反之，一味地往壞的、悲觀的方向看，定覺興致索然。外甥女只有 3 歲，晚餐時每每執著湯匙要「自己來」，但次次皆被母親奪走，而母親通常的回答是：「你還不會。」當我下次再造訪她們家時，外甥女竟改口道：「你幫我。」由此可見，孩子的熱情被一而再、再而三地澆滅後，便容易產生依賴性。久而久之，便將變成一個怕做錯事而受嘲罵、缺乏自信的人，等到將來長大，自然會畏畏縮縮，沒有勇氣嘗試突破困境。

凡事多往好的方面想，自然會心胸寬大、也較能容納別人的意見。擁有寬大的心胸，不但可以使人經常由別的角度去看事情，更能使自己過著無入而不自得的日子。有一回，釋尊的一位大弟子被一位婆羅門侮辱，但

123

他對於對方的辱罵只是充耳不聞，未予理會。因為他知道，一個會以辱罵別人來抬高自己的人，他在個人的修養和品行上也會有問題。婆羅門見到他無端被自己辱罵，不但沒有生氣，且能微笑地答辯，真不愧是聖者，於是自知理虧便悄悄地離開了。這便是豁達，即佛家所謂的圓融。

　　我們做人要豁達一些，也要大度一些，凡事留有餘地。就拿穿鞋來說吧！我們買鞋子都知道要預留一點空間，否則穿久了，會因腳和鞋子摩擦得太厲害，而起水泡，甚至磨破皮，以致痛苦難忍。又如赴約，應提早 5 分鐘或 10 分鐘到場，也一定比只剩 1 分鐘趕到的心情輕鬆多了。諺云「宰相肚裡能撐船」，英國首相邱吉爾（Winston Churchill）就是最好的例證。他對於化解憤怒的方法是幽默。有一次，邱吉爾演說前有一位不贊同他觀點的人，遞了張紙條給他，上寫著「笨蛋」二字，邱吉爾看了之後，並沒有生氣或不悅的顏色，只是拿著那張紙條幽默地說：「我常常接到許多忘了簽名的信，今天我第一次接到沒有內容，卻有簽名的信，難道這是他的簽名嗎？」隨後將紙條展示給在座諸位觀看，引得眾人哄堂大笑。憤怒是不好的情緒，但大多數的凡夫俗子往往控制不住它，只有少數有智慧、有肚量的人才能適時疏導這種不好的情緒。

　　我們都有過這種經驗，就是盛怒之後，再反省便會發現：「我當時也可以不必那麼憤怒的，其實事實也不是那麼嚴重，不知道對方現在的感受如何？」但當再次遇到那種使人非常憤怒的情景時，往往又會按捺不住怒火。於是，我們必須透過日常生活不斷地磨練自己，使自己也擁有化解矛盾、疏導憤怒的智慧和能力。由於我們不是凡事都能頓悟的聖者，便只有靠著「時時勤拂拭，勿使惹塵埃」的功夫，使自己臻於忍辱負重、寬容他人的境界。是的，希望我們都能在生命長河的洗練中，慢慢磨去我們不知足不容人的壞習性，使我們也能邁向圓融的人生。

我們應該效法彌勒佛笑口常開的個性,並學習他用積極開朗的態度去解決一切問題。在這充滿爭鬥的繁華世界之中,唯有以最自然無爭的態度,並處處流露服務他人的意念,才能散發人性至真、至善、至美的光明一面。

人們常說:「當你笑時,全世界都跟著你笑,當你哭泣時,只有你一個哭泣。」

如果你想經常有福氣的話,在每天出門時就多練習笑容吧!

給自己一點心理補償

心理失衡的現象在現代競爭日益激烈的生活中時有發生。大凡遇到成績不如意、升學考試落榜、競聘落選與家人爭吵、被人誤解譏諷等等情況時,各種消極情緒就會在內心累積,從而使心理失去平衡。消極情緒占據內心的一部分,而由於慣性的作用使這部分越來越沉重、越來越狹窄;而未被占據的那部分卻越來越空、越變越輕。因而心理明顯分裂成兩個部分,沉者壓抑,輕者浮躁,使人出現暴戾、輕率、偏頗和愚蠢等等難以自抑的行為。這雖然是心理累積的能量在自然宣洩,但是它的行為卻具有破壞性。

這時我們需要的是「心理補償」。縱觀古今中外的強者,其成功之祕訣就包括善於調節心理的失衡狀態,透過心理補償逐漸恢復平衡,直至增加建設性的心理能量。

有人打了一個頗為形象的比方:人好似一架天平,左邊是心理補償功能,右邊是消極情緒和心理壓力。你能在多大程度上加重補償功能的砝碼而達到心理平衡,你就能在多大程度上擁有了時間和精力,信心百倍地去從事那些有待你完成的任務,並有充分的樂趣去享受人生。

　　那麼，應該如何去加重自己心理補償的砝碼呢？

　　首先，要有正確的自我評價。情緒是伴隨著人的自我評價與需求的滿足狀態而變化的。所以，人要學會隨時正確評價自己。有的青少年就是由於自我評價得不到肯定，某些需求得不到滿足，此時未能進行必要的反思，調整自我與客觀之間的距離，因而心境始終處於鬱悶或怨恨狀態，甚至悲觀厭世，最後走上絕路。由此可見，年輕人一定要學會正確估量自己，對事情的期望值不能過分高於現實值。當某些期望不能得到滿足時，要善於勸慰和說服自己。不要為平淡而缺少活力的生活而遺憾。遺憾是生活中的「添加劑」，它為生活增添了發憤改變與追求的動力，使人不安於現狀，永遠有進步和發展的餘地。生活中處處有遺憾，然而處處又有希望，希望安慰著遺憾，而遺憾又充實了希望。正如法國作家大仲馬所說：「人生是一串由無數小煩惱組成的念珠，達觀的人是笑著數完這串念珠的。」沒有遺憾的生活才是人生最大的遺憾。

　　為了能有自知之明，常常需要正確地對待他人的評價。因此，經常與別人交流思想，依靠友人的幫助，是求得心理補償的有效手段。

　　其次，必須意識到你所遇到的煩惱是生活中難免的。心理補償是建立在理智基礎之上的。人都有七情六欲各種感情，遇到不痛快的事自然不會麻木不仁。沒有理智的人喜歡抱屈、發牢騷，到處辯解、訴苦，好像這樣就能擺脫痛苦。其實往往是白花時間，現實還是現實。明智的人勇於承認現實，既不幻想挫折和苦惱會突然消失，也不追悔當初該如何如何，而是想到不順心的事別人也常遇到，並非是老天跟你過不去。這樣你就會減少心理壓力，使自己儘快平靜下來，客觀地對事情作個分析，總結經驗教訓，積極尋求解決的辦法。

　　再次，在挫折面前要適當用點「精神勝利法」，即所謂「阿Q精神」，

這有助於我們在逆境中進行心理補償。例如，實驗失敗了，要想到失敗乃是成功之母；若被人誤解或誹謗，不妨想想「在罵聲中成長」的道理。

最後，在做心理補償時也要注意，自我寬慰不等於放任自流和為錯誤辯解。一個真正的達觀者，往往是對自己的缺點和錯誤最無情的批判者，是勇於嚴格要求自己的進取者，是樂於向自我挑戰的人。

記住雨果的話：「笑就是陽光，它能驅逐人們臉上的冬日。」

為什麼不肯定自己

托爾斯泰的長篇小說《安娜·卡列尼娜》的結局是不幸的，安娜最後臥軌自殺。這是一齣典型的悲劇：一個處於上流社會的女子愛上了一位年輕伯爵，當象徵愛情的火花剛剛擦亮時，又被象徵現代文明的火車輪熄滅。時至今日，對於安娜愛情悲劇的啟示可謂是「仁者見仁，智者見智」，但萬「辯」不離其宗：安娜的悲劇不僅僅是一個貴族婦女的悲劇，而且是當時整個社會的悲劇。

一個人有多大的勇氣肯定自己呢？一個婦女又有多大的勇氣肯定自己「悖於社會道德」的行為呢？

從封建社會「夫字天出頭」，到資本主義社會男人至上，婦女都被置於社會中受人任意擺布的地位，甚至是男人的附屬品。古今中外例子不勝枚舉，被槍殺的黛絲德蒙娜，香消玉殞的茶花女，怒沉百寶箱的杜十娘，青春夭折的林黛玉……一個個想逾越雷池的女人把歷史染得血跡斑斑。歷史曾這樣評價過她們：她們就好像是一棵脆弱的藤蘿，緊緊依偎在大樹的身上，沒有權利說話也沒資格思考，而這棵青藤本可以長成大樹，卻因為世俗的狂風摧殘使其夭折。然而李清照、武則天、慈禧她們應該慶幸，雖

然她們最終還是社會與男人的犧牲品，但畢竟歷史還是將她們記住。西施、趙飛燕、貂蟬，她們在哭泣之後應該歡笑，幾經曲折她們的故事還是走出了似海的官門，煙鎖的重樓。

安娜雖有勇氣去突破世俗，但是依據世俗評論的態度來看待自己的行為的矛盾心理，卻始終困擾著她那顆勇敢的心。在她的觀念中拋夫棄子絕對是罪惡墮落而不可饒恕的，不管丈夫是不是自己的伴侶，那個家有沒有快樂，有沒有屬於自己那份愛情。因此她在對伯爵表明心跡時，從內心產生了一股重壓，摧殘了她深愛伯爵的強大心理力量，嚴重扭曲了她的性格。可見世俗觀念在她心中的影響，也可以說她的意識從未脫離過她所生活的上流社會。她有勇氣為愛情邁出大膽的一步，卻沒有勇氣肯定自己。她成了世俗觀念的維護者，也成了世俗觀念的犧牲品，在她病危時，她並沒有對生命、伯爵表現出眷戀。只是一味地懺悔：「我要的是你的寬恕。」安娜永遠都不會去懷疑這個世界。後來在生命彌留之際，她以「上帝，寬恕我的一切吧！」來告別人世。

安娜內心世俗的意識對自己行為作出判決，造成了一個悲劇，但你的判決完全可以和她不一樣。儘管當今的社會觀念已經相當開明，但菁英人物的理念總是不被大眾所輕易接受，一個叛逆者與先行者要承受比普通人更大的壓力。在這種情況下，唯有自己給自己支撐，給自己自信，肯定自己。堅信自己的理念與行動是正確的，讓時間來檢驗它的正確與否，而不是聽憑眾人的評價與判決。

你應該對自己說：我現在的生活，今後的一生，不管遇到什麼事，不僅不會像過去那樣毫無意義，而且還具有讓自己走向新生活的明確意義。這絕對是你能夠做到的。

別讓壞情緒毀了你

壞情緒是一種心靈的陰雲，它會遮蔽了人生的太陽。那些沉浸在悲傷情緒中的人，他們心中的天空好像總在下雨⋯⋯

對於人生可以確定的是，每個人都曾遇到過令人難以應付、令人失望的逆境，有些人會利用人生的逆境使自己成長，有些人會覺得自己已被擊敗，決定兩者之間的差異並非人生的幻滅和失望，而是看待人生的方式。以下是一些可以幫助受困於壞情緒的人們從心靈的角度調整面對逆境的心態。

要能承認自己也有無能為力的時候。經歷心靈創傷的人都會產生無助感，他們無法採取任何作為來影響、改變或阻止壞事的發生，無論是發生洪水氾濫還是親人逝去。如果一個人在人生過程中體驗過無助的感覺，就有可能誤以為無助是天生的個性使然，進而漸漸地以為無論自己如何努力嘗試也是沒有用的，一切終究是徒然的。當一個人願意承認自己是無能為力時，那麼他就不會嘗試要盡力控制操縱事件。這樣的體驗也使我們明白：面對某些人生事件我們是無能為力的；有些傷痛是無法避免的；傷痛的發生並不意味著我們的出發點是壞的、是錯的或做得不夠。

有一句義大利諺語：「即使水果成熟前，味道也是苦的。」苦澀的感覺是成長與內心掙扎必然的一部分。我們可能常常這樣自語：「為什麼是我呢？人生總是與我做對，這太不公平了。」有誰不會有這種感覺呢？然而，如果你任由自己陷於怨恨與絕望，你就永遠無法在人格上成熟起來，成長亦無從發生。痛苦的境遇就像是撒落在自我田野上的肥料一樣，可以促進自我的成長，自我田野中的禾苗會因為受到耕耘施肥而能夠更茁壯健康地生長。

我們的人性並非一開始就發展得很完全。相反的，它是經過日常生活

的競爭和挑戰之後才日臻完善的，一塊鐵在鐵匠的爐火中經過千錘百煉才能成形。沒有人可以躲過傷痛和壞情緒，因為避開它會迫使我們無法面對自己的內心世界及外在世界。唯有面對壞情緒，心中的自我才能獲得呼吸的自由，也唯有能自由呼吸，生命才得以維持。

究竟什麼障礙使人無法擺脫壞情緒的過程呢？無法擺脫壞情緒的原因可能有：我們深陷在悲傷循環過程中某個特定的環節；所處環境的條件不利於我們表達傷心悲痛的痛苦情緒；失去所愛或失去一種情境造成的矛盾過於強烈，而無法公開面對；雙親之一以負面方式影響而造成小孩悲傷的過程。根據佛洛伊德的解釋，擺脫壞情緒的目的就是使人不要過度將精神耗費在失去的人、地方或情景的回憶上。我們可看清楚生活的循環過程中悲傷複雜的過程，正常和不正常的壞情緒的過程基本上是類似的。當我們自然地感受內心情緒的力量和深度時，壞情緒與創傷的傷口就會開始化解，如此等於打開一扇通往自我心靈的門。

特別的情況是，深刻的情感傷痛可以透過具有創造性的語言使其變成文字或某種符號，如此即可將傷痛、憤怒和外界強烈影響的情緒導人可以表達創造力的作品中。這種悲傷經驗可以喚起內心的藝術潛能，具有藝術潛能的自我部分就會援助遭受傷痛的自我，使其有能力表達哀傷的痛苦。如：作畫、個人感想記述、歌舞都可以具體地表達出無法以語言表述的內心傷痛。

心緒不佳、煩惱苦悶的人，看周圍一切都是黯淡的，他看到高興的事，也笑不起來。這時候如果想辦法就有可能讓他高興起來、笑起來，一切煩惱就會丟到九霄雲外了。笑不僅能去掉煩惱，而且可以調解不良情緒，促進身體健康。

不快樂的人最普遍原因是他們企圖照著受阻的計畫生活。因此，他們

不是在生活，而是在等待即將發生的事情。他們以為他們結婚以後，或找到好職業以後，或是買下房子以後，孩子們完成大學教育以後，某項事業成就之後，贏得一生的勝利之後，他們將會更快樂起來，但無可避免的，他們失望了。

　　快樂是一種心理的習慣，是一種心理的態度，目前若不練習養成這個習慣，不培養這個態度，將永遠不會體驗到。快樂不是在解決外在問題的條件下而產生的。因為一個問題解決了，還會有另外一個問題。如果要快樂，現在必須從內心自發地快樂起來，而不要「有條件」地快樂。

　　人只要心裡決定快樂，那麼大多數人都能如願以償。

　　快樂純粹是內心自發的，它的產生不是由於事物，而是由於不受環境拘束的個人及其舉動所產生的觀念、思想與態度。

　　一旦培養起學習快樂的習慣，你就可以成為自己情緒的主人而不成為奴隸，快樂的習慣可使一個人不受外在情況的支配。

　　人們一般不可能永遠生活在光明下，經常會使自己的個性和心智失去平衡。其實，生活本身是苦樂參半的。如果每一個人都能靜心反省一下，一定會打從心底認同這個說法，僅僅只是追求歡樂無法令人滿足，如果一味追求生活在光明之下亦是違反自然規律的。平衡才是最重要的，亦在歡樂與痛苦、黑暗與光明之間的鬥爭中，達到適度的平衡狀態。

　　我們只有適時地轉化緊繃的壞情緒，才能進入較好的心態平衡中。當我們第一次注意到某個不愉快的情緒時，即會想用某種方式將之消除。然而，如果我們理解並處理好這些痛苦與不悅的矛盾，都將引領我們的思想提高到一個更高層次的關係中，壞情緒可以變成幸福的感受，支持並指引我們的人生。

　　如果你曾壓抑或排除過許多自己的感受，而當你變得更能說服並接受

自己的時候，你可能會產生某種特別的經驗，你的情緒會「更」強烈。有一個例子，一位曾有過創傷經歷的女士，她就習慣把心中不愉快的情緒視為是危險的、不好的東西。事實上，她的感受一直是很強烈的，只是她習慣於把它們摒除在自己的認知之外，或是不去在意它們。當她轉化了那些壞情緒之後，她得到了新的感受，可以適應並接納她自己的情緒。在幾個月內，她發現自己的生活自然而然地變得更加平衡，情緒更加舒暢，生活更加快樂，人生好像是變了樣子，明媚通達，前途無限。

學會轉移情緒注意力

當你因不愉快的事而情緒不佳時，你不妨試試轉移自己的情緒注意力。

● 積極參加社會交往活動，培養社交興趣

人是社會的一員，必須生活在社會團體之中，一個人要逐漸學會理解和關心別人，一旦主動關愛別人的能力提高了，就會感到生活在充滿愛的世界裡。如果一個人有許多知心朋友，可以取得更多的社會支援；更重要的是可以充分地感受到社會的安全感、信任感和激勵感，從而增強生活、學習和工作的信心和力量，最大限度地減少心理的緊張和危機感。

一個離群索居、孤芳自賞、生活在社會團體之外的人，是不可能獲得心理健康的。隨著獨門獨戶家庭的增多，使得家庭與社會的交流減少，因此走出家庭，擴大社會交往顯得更有實際意義。

多利用身邊的有利條件。工作中經理可以多找下屬徵求意見，同事之間也可互相討論集思廣益，最終拿出一個有效可行的方案，執行時大家都有參與感。執行方案因為已納入所有工作者的智慧，每個人都會感受到自己存在的價值，減少不必要的失落。

● 多找朋友傾訴，以疏洩鬱悶情緒

在我們日常生活和工作中，難免會遇到令人不愉快和煩悶的事情，如果找個好友聽您訴說苦悶，那麼壓抑的心境就可能得到緩解或減輕，失去平衡的心理亦可恢復正常，並且能得到來自朋友的情感支持和理解，可獲得新的思考，增強戰勝困難的信心。

還可將不會愉快的情緒向自然環境轉移，郊遊、爬山、游泳或在無人處高聲叫喊、痛罵等。也可積極參加各種活動，尤其是可將自己的情感以藝術的手段表達出來，如去聽聽歌，跳跳舞，在引吭高歌和輕快旋轉的舞步中忘卻一切煩惱。

● 重視家庭生活，營造一個溫馨和諧的家

家庭可以說是整個生活的基礎，溫暖和諧的家是家庭成員快樂的源泉、事業成功的保證。孩子在幸福和睦家庭中成長孩子，也很利於其人格的發展。

如果夫妻不和、經常吵架，將會極大地破壞家庭氣氛，影響夫妻的感情及其心理健康，而且也會使孩子幼小的心靈受到傷害。可以說不和諧的家庭經常製造心靈的不安與汙染，對孩子的教育很不利。

理想的健康家庭模式，應該是所有成員都能輕鬆表達意見，相互討論和協商，共同處理問題，相互供給情感上的支持，團結一致應付困難。每個人都應注重建立和維持一個和諧健全的家庭。社會可以說是個大家庭，一個人如果能很好地適應家庭中的人際關係，也就可以很好地在社會中生存。

弱者也有一片天

黃昏的草原上，一隻孤單的野鹿不安地四處張望著。

黃土丘上的老虎發現了這隻野鹿，牠站起身子，躍下土坡，借著草叢的掩護，潛行到野鹿的後面。此時野鹿還沒發覺，老虎突然像子彈般竄出，衝向那隻野鹿，野鹿這才意識到危險已經到來，本能地閃躲老虎的攻擊。老虎第一回合撲了個空，轉身再度撲來，野鹿拔腿狂奔，閃進一處灌木叢裡。在灌木叢裡追逐不是老虎所長，牠在外面逡巡了一會，低吼幾聲，蹣跚地回到原來的土丘上。

這隻老虎已經餓了一天了……

這種弱肉強食的草原競爭，雖然餓虎沒有得逞，但這仍是事實 —— 老虎是草原上的強者，以牠的威猛和速度，很多動物根本不是牠的對手，更有些動物看到牠就四肢無力，癱在地上等牠來吃！

可是您也發現了吧！有時候老虎也會抓不到野鹿。和老虎比起來，野鹿是弱者，除了野鹿之外，草原上還有許多弱者，像兔子、老鼠、羊……可是，這些弱者至今仍然大量存在，反而老虎永遠就那幾隻，可見動物的世界裡，沒有絕對的強者和弱者，只有相對的強者和弱者。

這是一種生態平衡，所以我們也可以這麼說 —— 在動物世界裡，弱者也有一片天！

是的，弱者也有一片天！

和動物世界一樣，在人類的世界裡，也沒有絕對的強者和弱者，只有相對的強者和弱者！也就是說，強或弱，是比較出來的。例如在田徑場上，跑得快的便是強者，跑得慢的便是弱者；在考場上，書讀得好的便是強者，讀得差的便是弱者。可是，田徑場上的強者並不一定是考場上的強

者，考場上的強者也不一定是商場上的強者。因此，所謂的「優勝劣汰」只描述了一部分的真實，這句話並不是真理，如果錯認了這句話，那麼自認為「弱者」的人就一輩子不得出頭了！

事實上，人的世界也有一種「生態平衡」，和很多人形成一種「相生相剋」的關係，換句話說，別人某方面的「強」並不會威脅到你的「弱」，而他的「強」和你其他方面的「強」一比，可能就成為「弱」了。因此，在人性叢林裡，人如果知道自己何者為強，何者為弱；別人又是何者為強，何者為弱；並盡量避免以己之弱去面對他人之強，而是積極地以己之強去面對他人之弱；如果還能運用第三者與他人的強弱關係，來強化自己的「弱」，或避免自己遭到別人「強」的侵犯，那麼你就是一個「強者」，而不是「弱者」了。

人性舞臺上的悲劇，都是因為不了解自己及別人的強弱在哪裡，以及不知道如何趨長避短所造成的。

弱者也有一片天，所有人都應牢記！

蟑螂很討厭，因為牠到處都有，打了一隻，過不久又出來一隻，有縫就鑽，有洞就躲，連殺蟲劑對牠們也不管用！

但在閱讀一本有關昆蟲的書之後，我對蟑螂的印象有了改變。據研究，蟑螂是和恐龍同期的昆蟲，可是恐龍都死光了，蟑螂卻仍在地球上存活，並且大量繁衍。那篇文章還說，蟑螂可以在最惡劣的環境中生存，只要那麼一小滴水，牠就可以活下來。蟑螂的這種生存能耐也是自然演化的結果。

我常想，人如果也有蟑螂的韌性，還有什麼日子不能過呢？

人一生當中絕對不會天天如意、事事如意，也會遇到很多種不如意的事，例如：生意失敗、失戀、人事競爭落敗、被人羞辱、工作不順、家道中落等等。而依各人承受程度不同，這些不如意也會對每個人形成不同的

壓力與打擊。有人根本不在乎，認為這只不過是人生中必然會碰到的事；有人開始也會十分沮喪，但他很快就可以掙脫沮喪，重新出發；但有些人只被輕輕一擊就倒地一敗不起了。

　　不管你遭到的不如意程度如何，只要你在主觀感受上已到了沮喪、消極、痛苦或幾乎要毀滅的地步，那麼我要告訴你的就是：不妨學習蟑螂的生命能力頑強地活著。

　　蟑螂是牆縫裡可活、壁櫥裡可活、陰溝裡也可活下去的昆蟲，當你遇到不如意的事時，無論是客觀環境或主觀的感受，不就猶如在牆縫裡、壁櫥裡、陰溝裡嗎？如果你因為過著這樣陰暗、充滿人性髒臭與羞辱的日子而灰心喪志，失去活下去的勇氣，那麼你真的連一隻蟑螂都不如了。恐龍已經絕跡，蟑螂卻仍在世上生存，只因具有能屈能伸的適應能力牠就能世世代代地活了下來。所以你也要在最黑暗的時刻，最卑賤的時刻，最痛苦的時刻，堅韌不拔地活下來，像一隻蟑螂那般頑強地活下來。

　　在這種時候，你切記不要去計較什麼面子、身分、地位，也不要急著出頭。這種日子很容易讓人沉不住氣，但只要沉得住氣，只要「存在」，就有希望，就有機會。這不是安慰你，而是事實本就如此 ── 你看看，恐龍如今安在？

　　如果你能像一隻蟑螂一樣地活下來，必然會有一些收穫：

◇　等到重新出頭的那一天，你會得到更多的尊敬，因為雖然你暫且屈服於強者之下，但打不死的勇者卻有更強的號召力和感染力。

◇　有過蟑螂般的生活經驗，就不怕他日任何的坎坷和逆境；換句話說，對不如意的事更能悠然面對，能屈能伸；潮濕陰暗的日子能過，風和日麗的日子也能過，人到了這種地步，還有什麼事能為難他？

　　所以，不要敬仰恐龍，而去學學蟑螂吧！

壞牌不一定必輸

在絕大多數人的生活中，孩提時的遠大理想也許只能成為少年時代美好的夢想，這是因為人們在出生的時候沒有站在同一個起跑線上。只有很少的人天生會得到一副好牌：與眾不同的家庭背景，超常的智力、充沛的精神以及命裡注定的幸運。而大多數人不是這樣。當我們出生在一個普通人家，容貌平平，記憶不好，缺乏能力和財力，甚至還有更糟的時候，比如父母離婚了，童年的鬱鬱寡歡，傷殘的器官，面對這一切，我們無法不去懷疑自己成功的可能性。

莎士比亞說：「道德和才藝遠勝過寶貴的資產。墮落的子孫可以把顯貴的門第敗壞，把巨富的財產毀蕩，可是道德和才藝；卻可以使一個平凡的人成為不朽的神明。平靜的貧困勝於不定的浮華；窮奢極欲的人要是貪得無厭，比貧困而知足的人更要不幸得多。」

被稱為「狂人」的法國印象派畫家高更，因厭倦都市生活，嚮往異國情調，為了逃避文明世界的侵擾，尋找新的、更原始、更真實的生活方式，決定浪跡天涯。他拋下家庭、孩子和工作，拒絕接受已有的榮譽和收穫，長期生活在遠離人煙的太平洋小島 —— 塔希提島，直到去世為止。他創作的油畫〈沙灘上的兩個女人〉，表現出對現代文明的偏離，並以風格化的藝術，為現代法國印象派藝術尤其是野獸派繪畫的產生帶來巨大影響。無獨有偶的是以子彈結束自己年僅 37 歲生命的荷蘭印象派畫家梵谷（Vincent van Gogh），他所創作著名的〈向日葵〉和〈阿爾的教堂〉，也是在他處於最艱難困苦的情況下產生的。

荷蘭唯物主義哲學家巴魯赫·史賓諾沙（Baruch de Spinoza）也很貧窮，替眼鏡商磨眼鏡的工作為他提供了固定的收入。他拒絕接受教授職

位，也不願接受津貼，無論生與死他都選擇獨立的方式。法國數學家約瑟夫‧拉格朗日（Joseph Lagrange）說：「如果我很富有，我就不會成為一位數學家。」他總是把自己的名望與幸福歸功於他父母的貧窮。

最偉大的作家和藝術家總是如此執著地把自己內心的靈魂投到工作中去，以至於他們並不關心他們卓越的努力成果可以換來多少金錢。如果他們首先考慮的是金錢，我們這個世界或許就無法獲得他們那天才般的作品了。若是僅僅為了 5 英鎊的版權費，米爾頓（John Milton）絕不會在《失樂園》上耗費多少心血。如果僅想透過工作賺得生活所需，黑格爾也不會歷經 20 年的艱苦攀登達到思想的巔峰了。正如孟德斯鳩所說：當一個人一無所有時他並不貧窮，只有他不去工作，或者不能工作的時候，那才是真正的貧窮。

我們常聽見有的家長說，他們拚命地工作，是為了給孩子留下很多的錢。但他們沒有想到，這樣做恰恰是把孩子在生活中的冒險精神一筆勾銷了。因為給子女們留下的錢越多，孩子們就越軟弱無力。我們給子女留下最好的遺產，就是放手讓他們自奔前程，依靠他們自己的雙手去開拓自己的前程，走自己的路。美國著名的舞蹈家、現代舞的創始人鄧肯（Isadora Duncan）說：「對那些有錢人家的孩子，我毫不羨慕，反而會可憐他們。他們生活得狹隘而且愚蠢，使我萬分驚訝。同這些百萬富翁的孩子們比起來，在使生活過得有價值的每一件事情上，我顯然要比他們富有 1,000 倍！」

從某種程度上說，貧窮淨化了人的道德，振奮了人的精神。在真正的勇士眼裡，艱辛也是一種快樂。人的勇氣、正直、大度，往往不取決於他的財富，反倒取決於他的貧寒卑微。「所有人當中，最幸福的往往是窮人，而不是富人。貧窮並不丟臉，如果在貧窮中能夠保持誠實自信，那是值得讚美的事。」賽謬爾‧斯邁爾斯（Samuel Smiles）說。

　　還有一位哲人說得好：讓空虛與謊言都離我而去，貧窮非我所欲，富裕亦非我所欲；粗茶淡飯，我已足矣。

　　有位年輕人經常因自己的貧窮愁眉不展，甚至發牢騷。

　　有一天，走過來一個鬚髮皆白的老人，問他：「年輕人，為什麼不高興？」

　　「我不明白我為什麼老是這麼窮？」

　　「窮？我看你很富有嘛！」老人由衷地說。

　　「這從何說起？」年輕人問。

　　老人沒有正面回答，反問到：「假如今天我折斷你的一根手指頭，給你 1,000 元，你願意嗎？」

　　「不願意。」

　　「假如斬斷你的一隻手，給你 10,000 元，你願意嗎？」

　　「不願意。」

　　「假如馬上讓你變成 80 歲的老翁，給你 100 萬，你願意嗎？」

　　「不願意。」

　　「假如讓你馬上死掉，給你 1,000 萬，你願意嗎？」

　　「不不願意。」

　　「這就對了，現在你身上的錢已經超過 1,000 萬了呀！你擁有如此豐厚的財富，為什麼還要發牢騷呢？」老人說完笑吟吟地走了。

　　這個故事給我們強調了人的物質貧困並不可怕，只要不因精神上的貧困而沮喪，那麼就很有能力擺脫物質貧困。

　　但是要記住：如果我們手裡有一副不是太差的牌，我們就一定要去爭取贏；如果不幸攤到了一副不能再糟的牌，我們也要盡可能地找出一二張還算不賴的牌作為強項，使結局變得相對好些。而且牌桌上不止我們一個

人。它是一種機遇，我們可利用上下家的環境機運，巧妙地把一張張沒用的牌打出去，或許我們還是能轉敗為贏的。壞牌不一定輸 —— 古希臘詩人荷馬是個四處吟唱的盲歌者，美國著名女社會活動家海倫·凱勒以頑強的毅力戰勝了聾啞瞎的厄運，他們比誰的牌都糟，但他們都沒有輸。

第四章

逆風起舞，陽光總在風雨後

▶▶▶ 第四章　逆風起舞，陽光總在風雨後

> 人的幸福結局，並非是平淡、安穩的喜樂，而是轟轟烈烈地與不幸奮鬥。
>
> —— 克里斯納

一頭驢子不小心掉到一口井裡，牠哀憐地叫喊求救，期待主人把牠救出去。驢子的主人召集了眾人出謀劃策，但是都想不出好的辦法搭救出驢子，大家認定，反正驢子已經老了，「人道毀滅」也不為過，況且這口枯井遲早也必須填上。

於是，人們拿起鏟子開始填井。當第一鏟泥土落到枯井中時，驢子當然叫得更慘了 —— 牠顯然明白了主人的意圖。

又一鏟泥土落到枯井中，驢子出乎意料地安靜了。人們發現，此後每一鏟泥土打在牠背上的時候，驢子都做一件令人驚奇的事情，牠努力抖擻背上的泥土，踩在腳下，把自己墊高一點。

人們不斷地把泥土往枯井裡鏟，驢子也就不停地抖掉那些打在背上的泥土，使自己再升高一點。就這樣，驢子慢慢地升到枯井口，在旁人驚奇的目光中，驢子瀟灑地走了出來。

假如我們現在就身處枯井中，求救的哀鳴也許換來的只是埋葬我們的泥土。但驢子教會了我們，走出逆境的祕訣便是拚命抖掉打在背上的泥土，那麼本來埋葬我們的泥土便可成為自救的臺階。

我們終於明白了一個道理，無論逆境看起來如何可怕，走出枯井原來就這麼簡單。

「掌聲響起來，我心更明白，經過多少等待，經過多少失敗……」這首流行歌曲道出了成功背後的無限艱辛。

我們每一個人都渴望成功，渴望擁抱鮮花和掌聲，但是卻又都害怕失敗

的感覺，甚至極力逃避失敗。既想成功又逃避失敗，這實在挺矛盾的。失敗是登上成功必經的階梯，在經歷成功之前，每個人大都得經歷過許多失敗。

邁向成功的路幾乎完全是經過一次又一次的失敗之後鋪出來的。然而，實際生活中許多人卻不顧一切地甚至不計代價地想要逃避失敗。這種對失敗的恐懼與其他的恐懼是相伴相生的。孰不知，逃避失敗就是逃避成功。

溜冰的祕訣

有人問一個小孩子，怎樣才能學會溜冰。小孩回答：「每次跌倒後，立刻爬起來！」跌倒後，立刻爬起來，向失敗奪取勝利，這是自古以來偉人的成功祕訣。檢驗一個人品格的最好時機，就是在他失敗之後採取怎樣的行動。因此，國外銀行家的格言是：破產 12 次的人，是可以信任的。

吉朋（Edward Gibbon）辛勤耕耘 20 年，才寫出了他的《羅馬帝國衰亡史》；韋伯斯特（Noah Webster）歷時 36 載，才有了《韋伯字典》（*Webster's Dictionary*）的雛形，看看他將自己的畢生都投入到詞彙的蒐集和定義事業，他表現出何等非凡的毅力和高貴的精神啊！喬治‧班克羅夫特（George Bancroft）窮其 26 年的心血，寫出了《美國史》（*History of the United States*）。提香（Titian）曾給查理五世致信：「我把我最重要的一幅作品獻給陛下，這 7 年的所有時間我幾乎都花在了這幅作品上。」他的另一幅畫也耗時 8 年。喬治‧史蒂文生（George Stephenson）用了 15 年的時間來改進他的火車頭；瓦特用了 20 年改進蒸汽機；威廉‧哈維（William Harvey）觀察了 8 年，才出版了他揭開血液循環奧祕的著作。當時他曾被同行們稱作精神病患者、騙子，他忍受了 25 年的攻擊和嘲弄，最終才讓學術界承認了他的偉大發現。

▶ ▶ ▶ 第四章　逆風起舞，陽光總在風雨後

　　麥可喬丹總結說：「樂觀積極地思考，從失敗中尋找動力。有時候，失敗恰恰正是使你向成功邁進的一步。譬如修車，一次次的嘗試也未能奏效，但卻越來越逼近正確答案。世界上的偉大發明都是經歷過成百上千次的挫折和失敗才獲成功。」

　　戰勝失敗的第一步，也是關鍵的一步，我們要承擔責任，對失敗有一個正確的態度。貝格大概是西元 1900 年代最傑出的劇作家了，就連他這樣成功的人也會說：「我覺得失敗是家常便飯，在失敗的惡劣空氣中深呼吸，精神會為之一振。」西元 1905 年愛因斯坦的博士論文在波恩大學未獲通過，原因是論文離題而充滿奇怪思想，這使愛因斯坦感到沮喪，但這卻未能使他一蹶不振。溫斯頓・邱吉爾曾被牛津和劍橋大學以其文科成績太差而被拒之門外。里查德・貝奇只上了一年大學，當他寫出《美國佬生活中的海鷗》一書時，書稿被擱置 8 年之久，其間曾被 18 家出版社拒之門外，然而出版之後十分暢銷，即被譯成多國文字，銷量達 700 萬冊，他本人也因此而成為享有世界聲響的受人尊重的作家。美國職業足球教練文森特・托馬斯・隆巴迪（Vincent Thomas Lombardi）當年曾被批評為「對足球只懂皮毛，缺乏鬥志。」美國迪士尼樂園的創建者華特・迪士尼當年曾被報社主編以缺乏創意的理由開除，建立迪士尼樂園前也曾破產好幾次。亨利・福特在創業成功前也曾多次失敗，破產過 5 次。擁有超過 100 本西方小說、發行逾 200 萬本的成功作家路易斯・阿莫在第一次出版銷售前，被拒絕了 350 次，後來他成為第一位接受美國國會頒發特別獎章的美國小說家。湯瑪斯・愛迪生試驗超過 2,000 次才發明了燈泡，當一位記者問他失敗了這麼多次的感想時，他風趣地說：「我從未失敗過一次，我發明了燈泡，而那整個發明過程剛好有 2,000 多個步驟。」

天下沒有免費的午餐

　　人生中的逆境，不過是漫長人生中的幾道曲折，幾個漩渦。要善於在逆境中逆流而上，開創新的天地。真正有志的人，總能在逆境中發揮自己的才能，錘鍊自己的意志，在逆境中抓牢機會，從而改寫自己的命運。

　　有一首詩是這樣寫的：

　　生活從來是鬥爭，認真體驗便分明。
　　庸夫總欲平平過，實境偏偏曲曲程。

　　身處逆境中的人，應以此互勉，只要你有一顆執著之心，逆境在你的眼裡，也會成為一種機會。

　　失敗者談起別人獲得的成功，總會憤憤不平地說：「人家那是憑運氣。」「他趕上了好機會、好地方。」他們不主動採取行動，總是等待著「有一天」他們會走運。他們把成功看作是降臨在「幸運兒」頭上的偶然事情。失敗者認為成功者的命運是一帆風順，而自己的命運則全是老天不長眼；所以，既然幸運女神不肯照顧，他們除了怨天尤人外，還能做什麼呢？

　　這些人年復一年地按照他們那種失敗者的生活模式過日子，卻不知道他們自己的遭遇恰恰是因為自己自暴自棄造成的。他們看不到自己在失敗當中應負的責任，於是便責怪自己的配偶，責怪一起做生意的夥伴，責怪運氣不好，責怪經濟不景氣……他們成天談論所有的人如何「虧待了他們，如何對他們不公」。

　　成功者沒有時間怨天尤人，他們耽誤不起這些時間。他們忙於解決問題，忙於勤奮工作，忙於把各項事情做好，忙於如何生氣勃勃和樂觀地對待一切，只有這樣，才能得到幸運和機會的垂青。

自己跌倒自己爬

人們努力學習、勤奮工作，看上去好像是被環境所迫，但真正的動機還是發自各人的內心。奮鬥並不是別人勉強的，而是你自己內心深處有一種願望和奮鬥目標，希望自己活得成功而光彩。

天上下雨地上滑，自己跌倒自己爬。鍛鍊意志和力量，需要的是自強自立精神，而不是來自他人的影響力，更不能依賴於他人。愛默生說，坐在舒適軟墊上的人容易睡去。依靠他人，如果覺得總會有人為我們做任何事，所以自己不必去努力，這種想法就像高純度海洛因，會使你在不知不覺中中毒上癮，最後自我毀滅。依靠他人有時也會上癮的，它對發揮自強自立和艱苦奮鬥精神是致命的抹殺。

白居易有詩云：「偶依一株樹，遂抽百尺條；托根附樹身，開花寄樹梢。」這正是諷喻那些不能自立成材而依賴他人立身的無能者。

怎樣才能靠自己立身呢？

◇ **要有良好品性**：欲立身，先立品，人無品不立。換言之，要立身，先修身，不修身者難以立身。這就要求我們要自覺地加強品德修養，培養自己的誠實正直、謙虛謹慎、光明磊落等優秀特質。這乃是立身之基。

◇ **要有獨立的人格**：一個人如若無人格的獨立性，必然會產生趨炎附勢的奴性；一個奴性甚強的人，必定是一個依賴於他人之人；一個依賴他人之人，必定是一個阿諛諂媚的人。明朝陳繼儒所著《小窗幽記》中用「蒼蠅附驥」、「鶯蘿依松」來諷刺那些沒有獨立人格的逐臭之夫。他說：「蒼蠅附驥，捷則捷矣，難辭處後之羞。鶯蘿依松，高則高矣，未免仰攀之恥。所以君子寧以風霜自挾，毋為魚鳥親人。」這句話是說，蠅依附在馬尾上，速度固然快極了，但卻洗不去黏在馬屁

股後面的羞愧；鶯蘿繞著松樹生長，固然可以爬得很高，但也免不了攀附依賴的恥辱。所以，君子寧願挾風霜以自勵，也不要像缸中魚、籠中鳥一般，舔著臉依附於人。否則就連最基本的一點人格都沒有了，故安身立命、做人做事，一定要保持自己獨立的人格。

✧ **要克服惰性，一個懶散怠惰的人難以立身**：呂坤在《呻吟語》中說：「懶散二字，立身之賊也。」他又說：「什麼降服此二字？日勤慎。」這就是說，懶惰散漫是立身的大敵，要立身就必須勤奮謹慎。只有如此，才能刻苦學習，才能掌握一項技能。一個人有了專業，才能在社會上立身。無論過去、現在還是將來，「唯無技之人最苦，片技即足立天下」。正如人們所說，「腰纏萬貫，不如薄技隨身；家有黃金用斗量，不如自己本領強。」

✧ **要破除依賴性**：曾有青年學生戲謔道：「學好數理化，不如有個好爸爸。」一些人不是靠本領、靠水準、ㄊ靠奮鬥去就業、晉升，而是靠老子、靠關係、靠後門、靠叔叔大爺，這種依賴思想，這種偷生行為，這種墮落的現象，像蛀蟲一樣腐蝕著許多人的靈魂。

陶行知先生有一首〈自立立人歌〉：

滴自己的汗，
吃自己的飯，
自己的事自己做，
靠人、靠天、靠祖先，
不算是好漢。

要做一個好漢，要靠自己的雙腿走出人生之路，要靠自己的雙手造出美好的新生活，切不可靠他人來為自己造福。須明白，靠神神跑，靠廟廟倒，靠自己最好。

▶ ▶ ▶ 第四章　逆風起舞，陽光總在風雨後

　　日本著名企業家松下幸之助說：「永遠都不要絕望，如果做不到這一點的話，那就抱著絕望的心情去努力。」這很接近曾國藩的「屢敗屢戰」精神。正所謂，「對於精神不鬆懈、眼光不遊移、思想不走神的人，成功不在話下。」這是我們堅持每天練習中最需要的支援，只有持之以恆地按照自己的目標去演練自己，才能將自己造就成自己所希望的人。生下來就一貧如洗的林肯，終其一生都在面對挫敗：8 次選舉 8 次都落選，兩次經商失敗，甚至還精神崩潰過一次。

　　有好多次他本可以放棄，但並沒有如此，也正因為他沒有放棄，才成為美國史上最偉大的總統之一。林肯天下無敵，而且他從不放棄。以下是林肯進駐白宮前的歷程簡述：

　　西元 1816 年他的家人被趕出了居住的地方，他必須工作以撫養他們。

　　西元 1831 年經商失敗。

　　西元 1832 年競選州議員 —— 但落選了！

　　西元 1832 年工作也丟了 —— 想就讀法學院，但進不去。

　　西元 1833 年向朋友借錢經商，但年底就破產了，接下來他用 17年才把債還清。

　　西元 1834 年再次競選州議員 —— 贏了！

　　西元 1835 年訂婚後快結婚時，伴侶卻死了，因此他的心也碎了！

　　西元 1836 年精神完全崩潰，臥病在床 6 個月。

　　西元 1838 年爭取成為州議員的發言人 —— 沒有成功。

　　西元 1840 年爭取成為議員選舉人 —— 失敗了！

　　西元 1843 年參加國會議員大選 —— 落選了！

　　西元 1846 年再次參加國會議員大選 —— 這次當選了！前往華盛頓特區，表現可圈可點。

　　西元 1848 年尋求國會議員連任 —— 失敗了！

西元 1849 年想在自己的州內擔任土地局長的工作 —— 被拒絕了！

西元 1854 年競選美國參議員 —— 落選了！

西元 1856 年在黨的全國代表大會上爭取副總統的提名 —— 得票不到 100 張。

西元 1858 年再度競選美國參議員 —— 又再度落敗。

西元 1860 年當選美國總統。

林肯說：「此路破敗不堪又容易滑倒。我一隻腳滑了一跤，另一隻腳也因而站不穩，但我回過神來告訴自己，『這不過是滑一跤，並不是死掉都爬不起來了』。」

破釜沉舟，絕地逢生

1993 年夏，有一個叫項乾的大學生畢業後開始求職，但竟沒有他的容身之地，一無關係二無技術專長的他很快就淪落為一個四處打零工、三餐不繼的流浪漢。

1993 年 9 月 27 日是項乾一生中最值得牢記的日子，那一天他彈盡糧絕，而他的人生轉捩點也從此開始。在那個陽光和煦的午後，項乾在大街上漫無目的地走著，路過一家大飯店時，他停住了。他已經記不清有多久不曾吃過一頓有酒有菜的飽飯了。飯店裡那光亮整潔的餐桌，美味可口的佳餚，還有服務小姐溫和禮貌的問候，令他無限嚮往。項乾的心中忽然升起一股不顧一切的勇氣，他推開門走了進去，選一張靠窗的桌子坐下，然後從容地點菜。他簡單地要了一份魚香肉絲和一份揚州炒飯，想了想，又要了一瓶紅酒。吃過飯後，項乾將剩下的酒一飲而盡，他借酒壯膽，努力做出鎮定的樣子對服務生說：「麻煩你請經理出來一下，我有事找他談。」

經理很快出來了，是個五十多歲的中年人。項乾問他：「你們要雇人嗎？」經理聽後愣住了：「怎麼想到這裡來找工作呢？」項乾懇切地回答：「我剛才吃得很飽，我希望每天都能吃飽。我已經沒有錢了，如果你不雇用我，我就沒辦法還你飯錢了。如果你可以讓我來這裡工作，那就有機會從我的薪酬中扣除今天的飯錢。」

飯店經理忍不住笑了，向服務生要來項乾的帳單看了看說：「你並不貪心，看來真的只是為了吃飽飯。這樣吧！你先寫個簡歷給我，看看可以給你安排個什麼工作。」

此後項乾開始了在這家飯店的職涯，歷盡磨難，他從辦公室文書做到西餐部經理又做到飯店副總經理。再後來，他集資開起了自己的飯店。

俗話說：「置之死地而後生。」遇到非常時期，人必須有非常的想法和非常的勇氣。在最後的關頭，唯有抱著破釜沉舟的決心，才能絕地逢生。

聰明人和傻子的區別

花了一輩子來研究人的潛力之後，偉大的心理學家阿佛瑞德·安得爾說，人類最奇妙的特徵之一就是「把負變為正的力量」。正是同樣的想法，已故的西爾斯公司董事長襄利亞斯·羅山涅說：「如果有個檸檬，就做一杯檸檬水。」威廉·波里索則在他的一本書中說得更詳細：「生命中最重要的一件事就是不要把你的收入拿來算做資本，任何一個傻子都會這樣做，真正重要的事是從你的損失裡獲利。這就需要有超凡的智慧和膽略才行，而這一點也正是一個聰明人和一個傻子之間的區別。」

有人說：「米爾頓很可能就是因為瞎了眼，才能寫出更好的詩篇來；而貝多芬是因為聾了，才能譜出更好的曲子；海倫·凱勒之所以能有光輝

的成就，也就是因為她的瞎和聾。」這句話看似謬論，但仔細想想還是有一定的道理。

　　橫跨曼哈頓和布魯克林之間河流上的布魯克林大橋是個令世人欽佩的機械工程奇蹟。西元 1883 年，富有創造精神的工程師約翰·A·羅布林（John A. Roebling）雄心勃勃地意欲著手設計這座雄偉的大橋，然而橋梁專家們卻勸他趁早放棄這個天方夜譚般的計畫。羅布林的兒子，華盛頓·A·羅布林（Washington A. Roebling）是一個很有前途的工程師，他確信大橋可以建成。父子兩人日以繼夜地構思著建橋的方案，反覆思考著如何克服種種困難和障礙。他們設法說服銀行家投資該項目，之後他們懷著不可遏止的熱情和無比旺盛的精力，組織工程隊，開始施工建造他們夢想中的大橋。然而大橋在開工僅幾個月，施工現場就發生了災難性的事故。約翰·A·羅布林在事故中不幸身亡，兒子華盛頓的大腦嚴重受傷，無法講話也不能走路了。誰都以為這項工程會因此而泡湯，因為只有羅布林父子才知道如何把這座大橋建成。然而儘管華盛頓·A·羅布林喪失了活動和說話的能力，他的思考還同以往一樣敏銳。一天他躺在病床上，忽然大腦一閃念想出一種能和別人進行交流的密碼。他唯一能動的是一根手指，於是他就用那根手指敲擊他妻子的手臂，透過這種密碼方式由妻子把他的設計和意圖轉達給仍在建橋的工程師們。整整 13 年，華盛頓就這樣用一根手指發號施令，直到雄偉壯觀的布魯克林大橋最終落成。

　　檸檬的確是太酸，不能稱作美味。但是，如果把檸檬做成檸檬水，卻可使它比任何甘甜的果汁飲料更有品味。在奧古斯特·瑞奈生命的最後 10 年中，他因病已足不出戶，但是仍然忍著劇痛畫個不停。當人們問他為什麼時，瑞奈簡單地回答道：「把美留下，痛苦就會遠去。」

151

化壓力為動力

　　伴隨小排量耗油量低的日本小汽車的進口量加大，一度使位居美國第三大的汽車公司克萊斯勒也即將陷入破產的境地。面對這接二連三的不幸，美國人該怎麼辦呢？

　　這時，出現了一位名叫艾科卡的英雄，他於緊急時刻接任克萊斯勒的執行長。在短短的三年內，他將這家瀕臨破產邊緣的公司扭轉過來，變為一家有盈利的公司。在替克萊斯勒效力之前，艾科卡是福特汽車公司的總經理。這位總經理時常受到該公司總裁福特二世的排擠，令他不能充分發揮自己的才華。後來，他被炒了魷魚，所有的特權，包括令人羨慕的高薪、豪華富貴且設施齊全的辦公室，還有保鑣、祕書，一夜之間化為烏有。由於合約的關係，他在被炒了魷魚後仍得待在公司一段時間。在這段時間中，他被安置到一個髒亂不堪的貨倉裡辦公，那裡連轉身的空間都沒有，於是，艾科卡發誓要用成就來雪恥。結果，在面臨破產的克萊斯勒公司，他的努力成功了。

　　假使福特二世讓艾科卡風風光光地退了休，假使艾科卡沒體會到「屈尊貨倉」的公然侮辱，那麼，後來的艾科卡肯定不會如此風光，他可以依靠豐厚的退休金心滿意足地安度他的晚年。反正他早已成功過，富貴過，風光過，他的人生幾乎已沒有什麼缺憾。但福特二世的侮辱，激發了他的鬥志，給了他排除壓力下決心取得成功的動力。

　　還有很多人就是在蒙辱受恥後脫穎而出的。古代名相張儀就是其中的一位，他與蘇秦都是歷史上有名的縱橫學家。年輕時，張儀與蘇秦一起在當時的名師鬼穀子門下求學。蘇秦出道早，成功也來得早，而張儀卻鬱鬱不得志。於是，張儀來到蘇秦的門下，希望透過這條捷徑獲得成功。然而

一連幾天，蘇秦不聞不問，不管不見。好不容易熬到了與蘇秦會見的那天，但蘇秦非但沒有熱情款待他，反而在席間將他安置到最末的位置，用粗茶淡飯招待他，並且用話羞辱他：「憑閣下的才能，怎能如此淪落潦倒呢？我實在沒有辦法幫你，還是靠自己的運氣去另謀生路吧！祝你好運。」

遠道投奔而來的張儀非但沒得到半點好處卻被當眾侮辱而蒙羞，他被激怒了。決定靠自己的聰明才智及實力去創造屬於自己的新天地，狠狠地打擊蘇秦。

蘇秦不但不提防他，反而還派人暗中相助。其門人大惑不解，蘇秦解釋說：「張儀的才能，其實在我之上，但以往他貪圖眼前小利，過分安於現狀。我擔心他會因此而喪失鬥志，便拿話羞辱他，以激發他的上進心。」

如果我們能夠碰到像蘇秦這樣的朋友，或像福特二世那樣的敵人，我們成功的機遇就多了一半。他們為我們的成功創造了一個特殊的環境，特殊的動力。

● 把打擊當作上進的動力

斯泰里 16 歲的時候，在一個大五金行裡擔任店員，這是他所喜歡的職位。他感到自己的前途是光明的，於是他努力工作，盡心學習各種業務知識，盼望著將來成為一個成功的五金業務員。他一直以為自己是踏實肯做的，但是其上司卻看法不同。

「我不用你了，你是絕不會做生意的。你到塞強鑄造廠去當工人吧！你那種蠻力，除了做這種工作之外，沒有什麼別的用途。」

無端被炒魷魚，這對於一個年輕人的侮辱，該是何等無情的打擊！因

為他始終認為自己工作狀況很好。那麼，他是否預備到鑄造廠去呢？一時間他的頭腦裡充滿了不滿、憤怒、憤憤不平等激烈的情緒。他因為受到了極大的打擊，而被打倒了嗎？首次衝刺雖然失敗了，但是，他沒有被打垮並重整旗鼓，決心要做出一番成績來。

他到上司面前鄭重其事地說，「你可以辭退我，但是你不能削弱我的志氣。」他面對那無理的上司發誓說，「十年之內，我也要開一個像這樣大的五金行。」

他的話並不是一種氣憤的發洩而已。這位青年將第一次的失敗化為激勵自己的動力，驅使他不停地努力，直到他成為全國最大的五金製品商之一。

如果沒有受這次打擊，恐怕斯泰里永遠是一個平庸的銷售員而已。在受到打擊之前，他原以為自己的工作很好 —— 這種心滿意足的心態磨滅了好學上進的鬥志。他受到那個粗魯經理的打擊，正是促使他奮發上進的必要動力。有時要戰勝不適當的自滿心理，唯一的方法是接受一次沉重的打擊。

● 從不利中挖掘令人信服的積極因素

有一位曾經因得罪高層而被調到離家較遠的郊區工作的受挫主管，他已年過半百，每天要騎兩小時的車才能到公司，遇上颱風下雨情況就更不妙了。開始時他感到很懊喪，逆境心理極重，總想要求換個離家近的單位。可是由於得罪了高層，他又不願開口向高層請求。於是，他主動採用了反向心理調節法，使自己的不快心理很快得到有效糾正。

過去，當他一大早騎著車趕路的時候，總是想到倒楣，越想倒楣越覺得這段路長。這是情緒影響了他對時間的知覺。現在他改變思索方向，反

過來想問題，他想：清晨騎車行駛在郊區的公路上，30多公里路，這是多好的鍛鍊身體的機會！每天我是第一個出門的，看著田園風光，吸著清新的空氣，聽著小鳥的鳴叫聲，實在是一種難得的享受。這樣想，他腳下這段路程顯得不那麼漫長了，心情也不感到沮喪單調了，反而感到十分輕鬆愉快，到公司後精神抖擻地投入工作。

他深有體會地說：「痛苦是人們面對困境逆境的一種感覺。其實，只要你能正視現實，並從中發現事情有利的一面，就可以成功地引出積極心緒，使心理發生良性變化，痛苦就會被愉快所代替，哪怕是虛構的有利因素，也可以產生這樣的效果。」

遇到困難或逆境時要多從積極的方面去想，發揮自己豐富的想像力和多角度的思考能力，極力從不利中挖掘、尋找到令人信服的積極因素，調動自己的積極情緒戰勝消極情緒。

坦然面對拒絕

在 MBA 案例討論課上，中島薰曾給大家講了一個古老的日本傳說。故事說的是有個日本的老農夫和他的狗在森林裡走著，他們為了尋找遺失的寶物在森林中遊走了 11 年。突然間那隻狗停在一棵樹下，先是嗅著樹根然後開始吠叫，老人開始只覺得那狗生性愛吠，並不理會，他繼續向前走並希望狗能跟過來，但那狗仍狂吠不停，於是老人停下腳步想叫狗過來，不過那狗並沒有聽他的話，老人非常生氣，最後還用棍子攆牠，希望那頑固的狗能停止吠叫。後來，他看狗又再次反抗他的命令，便恍然大悟地從包裡拿出一把鏟子，開始從樹根往下挖掘，才半小時的功夫，老人就發現了寶藏。

中島先生解釋說：「當有人向我說『不』的時候，我把它視為彼此關係的開始，而非結束，好比那隻狗堅持繼續指路和吠叫的精神。所以，一二個星期過後，我會再撥電話給那些潛在顧客，他們會問我新的問題，而每個人也會給我機會回答。由於我的努力不懈，沒多久，顧客開始「動手挖掘」了，不出所料他們真的挖到寶藏了。對於大部分的人來說，說『不』也許代表了結束，對我而言，那卻是通往說『是』的起步。」

在我們的語言裡，你可知有哪個字眼比「不」更刺人呢？如果你從事銷售工作，做出 10 萬元業績跟做出 1 元業績有什麼差異呢？這其中的差異就在於如何能不因別人的拒絕而卻步。一流的業務員往往是遭受拒絕最多的人，他們能把別人的「不」化成下一次的「是」。

心理學家韋恩曾經幫助過一位奧運的跳高選手，當時他正面臨著成績止步不前，無法超越自己以往的紀錄。當韋恩看過他的練習後，立即就找出了其中的癥結。原來每當他臨近橫杆時，就會陷入心理障礙，把一根平凡無奇的觸杆看成是莫大的失敗。

為了破除他的心結，韋恩把他叫到面前來，告訴他：「如果真要我協助你，就不可再有那種失敗的念頭。因為長久以來在你腦子裡所形成的失敗圖像早已根深蒂固，所以每次跳高，腦子裡總認為失敗的機會遠遠超過成功的可能，因而無法發揮內在的潛能。下次你再觸杆時，只要付之一笑，別認為那是失敗，重新鼓起信心再試跳一次。」

那位運動員依照韋恩教他的方法，只不過三次試跳後，他就打破了過去兩年裡的最佳紀錄。雖然增加的高度只有幾公分而已，但是從此以後，他對人生的看法也改變了。同樣的道理，只要你的觀念有小小的改變，整個人生就會有天壤之別。

你一定知道藍波（Rambo），也知道席維斯·史特龍（Sylvester Stallone）其人。你以為他能崛起並稱霸於影壇是十分順利的嗎？絕對不是，他在試圖踏入電影界的過程中，是忍受了一次又一次的拒絕，前後共有千次之多。他跑遍了每一家電影公司在紐約的代理，可是都遭拒絕。不過他並不氣餒，繼續敲門，一再嘗試！最後終於擔當演出《洛基》一片。你可曾聽過有在被拒絕了 1,000 次之後，還敢去敲第 1,001 次門的人嗎？

你能忍受多少次別人說「不」呢？你有多少次因為不想聽別人說「不」，而放棄了可以提升自己的機會呢？你有多少次因為受不了別人說「不」，因而不再去找份新工作或再拜訪一位新客戶呢？你想想這樣是不是有些可悲？只不過害怕再聽到那個「不」字，你就把自己給限制住了。其實這個字並不具任何力量，它之所以會對你產生限制的力量，全是你自己內心的自卑造成的。當你有了自卑的想法，就產生自限的人生。

你學過了如何控制自己的心理活動，知道如何面對拒絕，從而化逆境為坦途。你可以試著努力讓自己每次聽到「不」字反而能更振奮，你可以把每次拒絕看成是一個潛在的機會。當下次電話鈴響起時，千萬別害怕拿起聽筒，要以歡快的心情去面對另一場商戰。別忘了，成功總是躲藏在拒絕的後面。

未曾遭遇拒絕的成功絕不會長久。你被拒絕得越多，你就越成熟，你學得越多，就越能成功。當下次別人拒絕了你，你不妨好好地跟他握個手，這會改變他的態度，有一天「不」會變成「是」。只要你知道如何面對拒絕，便必能得著所要的許多東西。

卡爾文·李·羅斯在競選參加區政府的工作，內容是每天出去爭取選票，他把要爭取的選民名單夾在汽車的遮陽板上。

他來到了一位婦女的房子前，走過去敲她的房門，這位婦女打開門，他摘掉帽子彬彬有禮地說：「女士，早安。我的名字叫卡爾文，李·羅斯，

我在競選區擔任推舉候選人代理，我希望得到你的支持。」他說完戴上他的斯特森帽。

這位婦女說：「卡爾文‧李‧羅斯，我曉得你，也知道你的家庭，你們家裡沒一個好東西。」她繼續說，「你離過三次婚，你喝酒、打牌，還經常和外面不三不四的女人勾勾搭搭。即使這個世界只剩下你一個人了，我也不會投票給你，你死了以後如果有禿鷲來啄你的屍體我絕不會把牠們趕走。你要是不趕快從這裡出去，我就把我丈夫 16 公釐口徑的步槍拿來，打爛你的屁股！」

卡爾文‧李‧羅斯摘掉他的斯特森帽子說：「女士，謝謝你。」

他離開那座房子回到車上，從遮陽板上取下選民名單，找到那位婦女的名字，從耳朵後面取下筆，然後在她的名字後面仔細地寫上：「有疑慮」。

沒什麼也不能沒勇氣

從某種意義上說，人類是一種最無能的動物，我們既沒有鳥的翅膀、馬的鐵蹄，又沒有獅虎的威武、牛的蠻力、狗的友善。但是，我們卻能比鳥飛得快，比馬跑得遠，甚至主宰動物。那麼，人類靠的是什麼法寶呢？這是因為人類具有所有禽獸所沒有的東西，那就是與逆境搏鬥的精神和智慧。

逆境是隨時隨地都存在的，我們的祖先，就是在與逆境搏鬥的過程中掌握了生存的武器，黑暗教會他們「鑽木取火」，嚴寒教會他們紡紗織布，而野獸的侵襲教會他們搭房造窩使用工具……慢慢地，當這一切變得越來越滿足不了他們的需要時，他們就用自己的智慧和勇氣不斷地去改善這一切，因而就出現了今天的電燈、空調、樓閣別墅……

　　社會進入文明時代，人類不再靠與野獸鬥爭來獲得溫飽。那麼，是不是說，今日的社會就不再需要鬥爭了呢？不！在今天這個充滿競爭機制的社會中，鬥爭的方法，只會比以前更殘酷，鬥爭的敵人只會比以前更複雜。我們不單要應付來自自然的威脅，更要對付來自社會的阻力。我們隨時都可能會遇上失學、失業、失戀，乃至痛失親人的打擊。這個時候，我們唯有拿起鬥爭這個法寶去抗爭、去奮鬥。

　　工廠運轉的機器，路上行駛的車輛，家庭使用的電器，哪一樣不需要消耗能源呢？人類不停採掘儲存於地下的石油。而石油藏量畢竟有限，一旦用盡的時候，人類必將陷入困境。在西元 1970 年代爆發的以巴衝突，以輸出石油為經濟命脈的阿拉伯國家就揮起了石油這面大旗，對所有支持以色列的國家進行石油禁運，使得其國家的石油供應大量不足。於是，牽一髮而動全身，其他工業發展也都停頓下來。全世界的人恐慌了，尤其是能源極度缺乏的日本，它的工業主要依靠阿拉伯人的石油，一旦缺乏了「源頭活水」，許多工業企業只得倒閉、破產。為了維持工業集團的生存，日本人不惜放下自尊的面孔，向阿拉伯人搖頭乞「油」了。

　　從表面上看，日本人吃盡了「石油危機」的苦頭，但殊不知，石油危機的背後卻是日本的空前繁榮。

　　眾所周知，汽車工業是一種帶動整體工業發展的核心產業。汽車的出現，帶動了交通業、鋼鐵業、電機業、音響設備、製冷，甚至紡織、石化、橡膠等一系列產業鏈的發展。而且，供養汽車，需要石油、維修、保險以及銀行的借貸分期付款計畫等金融業務。因而將這些部門也給帶動起來。所以，汽車工業發達的國家，其他工業也一定發達。

　　日本人當然熟知這個淺顯的道理。在石油危機爆發之前，日本人就已發明了小排量汽車，準備打入美國市場。小排量汽車較之大排量汽車，有

耗油少的特性，但在當時石油多如流水的美國。耗油多、耗油少沒有什麼兩樣，不同的倒是大汽車要舒適、豪華、氣派得多。因而，儘管日本人挖空心思、削尖腦袋想擠進美國市場，但苦苦奮鬥了十餘年仍未能如願以償。日本人在等待時機。

在石油危機爆發前的一個月，日本人在美國西海岸各大港口囤積了大約 70 萬輛小排量汽車等候上岸推銷，但因為無法掌握市場時機，沒有人敢去提取那些待價而沽的小排量汽車。眼看碼頭上的小汽車就要變成一堆廢鐵了，而日本的汽車工業也就只能面臨虧損坐以待斃。這時，爆發了中東石油危機，石油供應的空前緊張，給日本人帶來了福音，美國人懂得小排量汽車省油的特殊功能，而不再計較車子的大小舒適問題了。因此，一夜之間，小排量汽車成為搶手貨，由一位「嫁不出去的灰女孩」搖身一變成為「高貴的公主」，身值百倍。於是，在小排量汽車的帶動下，整個日本的工業便趁石油危機之機起飛了。

石油危機不僅給日本人帶來了諸多的好處，而且使得石油能源本身也得到足夠的重視。在這以前，人們總認為全球石油是取之不盡，用之不竭的，即使在那些悲天憫人的預言家們散布了世界的石油將浪費殆盡的恐怖思想後，人們也只是覺得這不過是十分遙遠的假設，並沒有具體的對策。而當石油危機出現後，嘗夠苦頭的人們終於知道動腦筋去想辦法了。各國一方面是大力提倡要盡力節省能源，不再作無謂的浪費，另一方面是努力地去找尋石油的替代品，一旦全球石油耗費殆盡時，便可利用水力發電、天然氣、煤和核能發電之類的東西去替代它。

有句俗語，叫做「置之死地而後生」，意思就是告訴我們，即使面對「死地」，也要抱著將生命拋於後頭的勇氣去奮鬥，然後才能獲得生存。所以我們說，逆境並不可怕，可怕的是我們缺乏面對逆境的勇氣。

困難是值得感謝的

有兩個強盜偶然經過一架「絞架」。其中一個說：「假如世間沒有了絞架這一類的刑具，我們做的真是一種很好的職業呀！」另一個強盜回答說：「你真是一個笨蛋！絞架是我們的恩人。因為，假如世間沒有絞架這一類刑具，則人人都想做搶劫的勾當，那你我兩人的買賣，豈不要做不成了？」

各種技藝、職業或事業，亦都如此。困難是我們的恩人，有了困難，才能擋住或淘汰掉一切不如我們的競爭者，使我們更容易得到勝利。因為，平坦的大路邊沒有鮮美的果實。

斯巴昆說：「許多人之偉大，來自他們所經歷的艱難困苦。」精良的斧頭，其鋒利的斧刃是從熊熊爐火的鍛鍊與磨礪中得來的。

因此說來，逆境也不是我們的仇敵，而是恩人。逆境可以鍛鍊我們「戰勝逆境」的種種能力。森林中的大樹，要是不同狂風暴雨搏鬥過千百回，樹幹就不能長得粗壯挺拔。同樣，人不遭遇種種逆境，他的品格、本領，也是不會長得結實的。所以一切的挫折、憂苦與悲哀，都是足以幫助我們，鍛鍊我們的。

有許多人不到窮困潦倒時，不會發現自己的力量，逆境的磨難，反能幫助他發現「自己」。逆境彷彿是將生命煉成「美好前程」的鐵錘與斧頭。

有一個著名的科學家說：每當他遭遇到一個似乎不可超越的難題時，他便知道自己快要有新的成果發現了。

一旦幼鷲的羽毛生成，母鷲立刻會將牠們逐出巢外，帶牠們進行空中飛翔的練習。那種經驗，使牠們能於日後成為禽鳥中的君王和覓食的能手。

▶▶▶ 第四章　逆風起舞，陽光總在風雨後

　　一些青年在艱苦環境中成長不順利，又到處被摒棄、被排斥，往往日後更有出息；而那些從小生活在優越環境裡的人，卻常常「苗而不秀，秀而不實」！

　　塞凡提斯（Miguel de Cervantes）寫《唐吉訶德》是在他困處馬瑞德獄中的時候。那時他貧困不堪，而在將完稿時，甚至無錢買紙，只得把皮革當作紙張。有人勸一位富裕的西班牙人去接濟他，但那人回答說：「上天不允許我去接濟他的生活，因為唯有貧困，才能使他的內心世界更豐富！」

　　監獄往往能喚起有志者心中已經熄滅的火焰。《魯賓遜漂流記》（Robinson Crusoe）是在獄中寫成的，《天路歷程》（The Pilgrim's Progress）是約翰‧班揚（John Bunyan）在貝德福郡監獄中寫成的。拉萊在他 13 年的幽囚生活中，寫成了他的《世界歷史》。

　　路德（Ruth）被囚禁在瓦特堡的時候，把《聖經》譯成了德文。大詩人但丁被判死刑，而過著流亡的生活達 20 年；他們作品就是在做囚徒的時期中完成的。

　　有史以來，被「壓迫」，被驅趕簡直是猶太人注定的命運。然而猶太人卻創作了許多最可貴的詩歌、最巧妙的諺語、最華美的音樂。對於他們，「迫害」彷彿總是同「幸福」攜手而來的。長期在逆境中生活的猶太人很勤奮也很樂觀，這給他們帶來智慧和富裕，一些國家的經濟命脈，幾乎是掌握在猶太人手中。對於他們，「困苦如春日的早晨，雖帶霜寒，但已有暖意；春寒料峭，足以殺掉土中的害蟲，但擋不住復甦植物的生長！」

　　貝多芬在兩耳失聰、生活最悲痛的時候，寫出了他的最偉大的樂曲。席勒（Friedrich Schiller）為病魔困擾 15 年，而他的最有價值的作品，也就是在這個時期中寫成的。彌爾頓在雙目失明、貧病交迫的時候，寫下了他的名著。所以彭揚說：「為了要得到更多的幸福起見，我寧願祈禱更多的

憂患到臨。」

　　一個大無畏的人，愈為環境所迫，反而愈加奮勇，不戰慄不逡巡，胸膛直挺，意志堅定，勇於對付任何困難，輕視任何厄運，嘲笑任何阻礙；因為憂患、困苦不足以損他毫髮，反而增強了他的意志、力量與品格，使他成為了不起的人物 —— 這真是世間最可敬佩、最可羨慕的一種人。

　　沒有什麼困難可以阻擋大無畏的人往前進，也沒有什麼逆境可以阻擋你前進的步伐。

　　西方有句名言：「你想成功，上帝一定給予，但你需要付出代價來。」孟子也有一句警世箴言：「天將降大任於斯人也，必先苦其心志，勞其筋骨，餓其體膚，空乏其身。」說的都是同一道理。

　　成功不等同於代價，但成功後面一定會有代價。屈原因為被放逐而著〈離騷〉；司馬遷因受腐刑而作《史記》；杜甫一生窮困，連愛子都養不活，卻寫出許多不朽詩篇；蘇東坡仕途失意，懷才不遇，卻吟出了不少豪氣奔放的千古名言；痛感國破家亡，李後主填出不少感人肺腑的詩詞；痛失丈夫、痛悼國亡，李清照由此寫出了不少驚心動魄的千古絕句；曹雪芹煮字療飢，足不出戶，卻寫出了流芳百世的名著《紅樓夢》。

　　要想成功，不可避免地要付出代價。這種代價，往往表現為挫折。一旦你在生活中不幸遇到挫折，是否就聽任自己一挫即敗，從而一蹶不振呢？答案無疑是否定的。你完全可以從他人那裡獲得鼓勵，吸取重新站起來的勇氣。在我們周圍，不乏能給予你幫助的人。當然，與你一樣處於低谷的也大有人在，不過，對於此時此境的你來說，這種「同是天涯淪落人」的感覺卻是應竭力避開的。否則，你的挫敗感將益發沉重。

　　學者柏楊先生曾經指出，歷史就是由戰爭、宮廷鬥爭、貧窮饑荒、被人奴役的悲慘歷史構成的，上下 5,000 年，最太平的日子，算是現在。柏

楊先生的話雖然有點偏頗，但還是從側面反映了民族歷史的坎坷。清朝以前的，每三五年間，就會遇上旱災和饑荒，常常弄得人民流離失所，家破人亡，甚至「易子而食」。而現在呢，社會安定，國富民強，人民安居樂業，豐衣足食，到處一片繁榮昌盛的景象。

拿破崙說得好：「在地獄中，人能創造天堂，在天堂中人能創造地獄。人只有盡善盡美的發揮自己的能動性，才能在艱難困苦中屹立不倒。人是環境的主宰，是不可戰勝的。」

死神也怕咬緊牙關

在《讀者》雜誌上看到一個驚心動魄的故事：

羅伯特和妻子瑪麗經過千難萬險終於攀到了山頂。站在山頂上極目眺望，遠處城市中白色的樓群在陽光下變成了一幅畫。仰頭，藍天白雲，柔風輕吹。兩個人高興得像孩子，手舞足蹈。對於終日勞碌的他們，這真是一次難得的旅行。

樂極生悲正是從這個時候開始的。羅伯特忽然一腳踩空，高大的身軀隨即向萬丈深淵滑去，周圍是陡峭的山石，沒有手抓的地方。短短的瞬間，瑪麗就明白發生了什麼事情，下意識地，她一口咬住了丈夫的上衣，當時她正蹲在地上拍攝遠處的風景。同時，她也被慣性帶向岩邊，在這緊要關頭，她抱住了崖邊的一棵樹。

羅伯特懸在空中，瑪麗牙關緊咬，你能相信嗎？兩排潔白細碎的牙齒承擔了一個高大魁梧身體的全部重量。

他們像一幅畫，定格在藍天白雲大山峭石之間。瑪麗的長髮像一面旗幟，在風中飄揚。

　　瑪麗無法張口呼救，一小時後，路過的遊客救了他們。而這時的瑪麗，美麗的牙齒和嘴唇早被血染得鮮紅。

　　有人問瑪麗如何能撐過那麼長的時間，瑪麗回答：「當時，頭腦裡只有一個念頭：我一鬆口，羅伯特肯定會死。」

　　幾天之後，這個故事像長了翅膀飛遍了世界各地。人們發現，死神也怕咬緊牙關。

　　生活中，我們常常會遇到各種危險情景，卻又無能為力，唯一的出路就是咬緊牙關堅持，相信一切都會過去。這就需要我們有一個鎮定的心態，堅強的意志，去承受時間一分一秒流逝的考驗。就像瑪麗那樣，咬緊牙關，別鬆口，別洩氣。如果死神都害怕我們咬緊牙關，那麼，失敗、挫折就統統算不上什麼了。卡夫卡（Franz Kafka）說：「切莫絕望，甚至不要為了你從不絕望這一事實而感到絕望。」

　　賽勒斯·韋斯特·菲爾德（Cyrus W. Field）先生退休的時候已經積賺了一大筆錢，然而這時他又忽發奇想，想在大西洋的海底鋪設一條連接歐洲和美國的電纜。隨後，他就全身心地開始推動這項事業。前期基礎性的工作包括建造一條 1,000 英里長、從紐約到紐芬蘭聖約翰的電報線路。紐芬蘭 400 英里長的電報線路要從人跡罕至的森林中穿過，所以，要完成這項工作不僅包括建一條電報線路，還包括建同樣長的一條公路。此外，還包括穿越布雷頓角全島共 440 英里長的線路，再加上鋪設跨越聖勞倫斯海峽的電纜，整個工程十分浩大。菲爾德使盡渾身解數，總算從英國政府那裡得到了資助。然而，他的方案在議會遭到了強烈的反對，在上院僅以一票多數透過。隨後，菲爾德的鋪設工作就開始了。電纜一頭拉在停泊於塞巴斯托波爾港的英國旗艦「阿伽門農」號上，另一頭放在美國海軍新造的豪華護衛艦「尼亞加拉」號上相對而開。不過，就在電纜鋪設到 5 英里的

時候，突然被卷到了機器裡面，被弄斷了。

　　菲爾德不甘心，進行了第二次試驗。在這次試驗中，在鋪好 200 英里長的時候，電流突然中斷了，船上的人們在甲板上焦急地踱來踱去，好像死神就要降臨一樣。就在菲爾德先生即將命令割斷電纜、放棄這次試驗時，電流突然又神奇地出現，一如它神奇地消失一樣。漆黑的夜裡，船以每小時四英里的速度緩緩航行，電纜的鋪設也以每小時四英里的速度進行著。這時，輪船突然發生了一次嚴重傾斜，制動器緊急制動，不巧又拉斷了電纜。

　　菲爾德並不是一個容易放棄的人。他又訂購了 700 英里的電纜，而且還聘請了一個專家，請他設計一臺更好的機器，以完成這麼長的鋪設任務。後來，英美兩國的技術專家聯手才把機器趕製出來。最終，兩艘軍艦在大西洋上會合了，電纜也對接成功；隨後，兩艘船繼續航行，一艘駛向愛爾蘭，另一艘駛向紐芬蘭，結果它們都把電線用完了。兩船分開不到三英里，電纜又斷開了。待再次接上後，兩船繼續航行，到了相隔 8 英里的時候，電流又消失了。電纜第三次接上後，鋪了 200 英里，在距離「阿伽門農」號 20 英尺處又斷開了，兩艘船最後不得不返回到愛爾蘭海岸。

　　參與此事的很多人一個個都洩了氣，大眾輿論也對此流露出懷疑的態度，投資者對這一專案也失去了信心，不願再投資。這時候，若不是菲爾德先生百折不撓的精神與強烈的說服力，這一項目很可能就此放棄了。而菲爾德抱著必勝的信心繼續為此日夜操勞，甚至到了廢寢忘食的地步。他絕不甘心在此失敗。

　　於是，第三次嘗試又開始了，這次總算一切順利，全部電纜鋪設完畢而沒有任何中斷，幾條消息也透過這條漫長的海底電纜發送了出去，一切似乎就要大功告成了，但突然電流又中斷了。這時候，除了菲爾德和一兩

個朋友外，幾乎沒有人不感到絕望的。但他們始終抱持信心，正是由於這種堅持不懈的毅力，他們最終又找到投資人，開始了新的一次嘗試。他們買來了品質更好的電纜，這次執行鋪設任務的是「大東方」號，它緩緩駛向大洋，一路把電纜鋪設了下去。一切都很順利，但最後在鋪設橫跨紐芬蘭 600 英里電纜線路時，電纜突然又折斷了，掉入了海底。他們打撈了幾次，但都沒有成功。於是，這項工作就耽擱了下來，而且一擱就是一年。

菲爾德沒有被這些困難所嚇倒。他又組建一間新公司，繼續從事這項工作，而且製造出了一種性能遠優於普通電纜的新型電纜。西元 1866 年 7 月 13 日，新試驗又開始了，並順利接通，發出了第一份橫跨大西洋的電報！電報內容是：「7 月 27 日。我們晚上 9 點達到目的地，一切順利。感謝上帝！電纜都鋪好了，運行完全正常。賽勒斯・□・菲爾德。」

不久以後，原先那條落入海底的電纜又被打撈上來了，重新接上，一直連到紐芬蘭。現在，這兩條電纜線路仍然在使用，而且再用幾十年也不成問題。

掌握自己人生的舵

伊索寓言有一則講的是：父子二人趕驢到市集去，途中聽人說：「看看那兩個傻瓜 —— 他們本可以舒舒服服地騎驢，卻自己走路。」父親覺得這主意不錯，便和兒子騎驢而行。不久，又遇到一些人，其中一個人說：「看看那兩個懶骨頭，把可憐的驢背都壓瘦了，沒有人會想買牠。」父親和兒子商量了一下，便決定用另一種方式前進。他們綁著驢的四足倒掛在扁擔上抬著走！臨近黃昏時，兩個來到市鎮附近一座橋邊，累得直喘氣。過橋時憤怒的驢子掙脫束縛，墜落河中淹死了。

這則已流傳 2,500 多年的寓言，提醒世人，遇事都必須學會有主見，掌握自己的生命。伊索寓言告誡我們：「你無法討好每一個人。」但是你能了解自己、掌握自己，這是不變的真理。

怎樣才能有自知之明？不要一開始就坐下來批評自己。不要擔心你比別人好或壞，而要設法了解自己到底是怎樣的人。

以下幾個問題是用來幫助你更清楚地找出答案，即使顯露出來的形象令你不快，也不要失望。

✧ 你認為生命中什麼東西最重要？什麼事物令你興奮？上一次真令你激動的事發生在什麼時候？以前五、六次又是在何時發生的？這些答案是令你了解自我的有力線索。假如你回答說很少會感到興奮，便要仔細想想了。

✧ 你怎樣排遣閒暇的時間？有沒有令你感興奮的嗜好？有的話，你也許找到了揭露自己祕密的線索。可如果你本來一有空就睡覺、遐想或看電視，而現在卻在閱讀可能改變你生命的文章，那就是個很好的現象。消極地沉迷幻想，可能表示你真正喜歡做的事，主要是存在你的幻想中。

✧ 你對工作有什麼感想？你喜歡工作或學校生活的那一部分你得到了什麼滿足？無論做什麼事，能不能找出其中的涵義和樂趣，可以衡量出你的創作力和適應力。要是你能將一樣工作哪怕不是你喜歡的工作，做得好而高興，那你就有了幸福和成功的基礎。

另一方面，如果你總是不喜歡一件迫於生活而非做不可的事情，你就造成了雙重負擔。我們經常有棘手或苦惱的事不能不辦。要是你只憑著自己的興趣，那你就失去了設法使工作做得更容易、更迅速而且更有趣的機會。

✧ 你能面對現實嗎？我們知道世人多半都是凡夫俗子，聖人有如鳳毛麟角，這是聊以安慰的事實之一。也許你一直深信不疑的事有些並不是真實的，你可能犯了錯誤，這一點你可以接受嗎？面對現實，是否把生命中的錯誤和誤解加以強調或誇大，而是不論好壞都要接受。

✧ 你願意改變嗎？畫家會偶爾退後幾步欣賞他的作品，看看怎樣使它更完美、更有深度。有創造力的人同樣地也會不時「退後幾步」，檢討反省一下，看看有什麼地方可能要改進。雖然有些方面是天生的，改變不了的，但你不必把自己看成預先包裝好的製成品。你在人生旅途中會不斷得到新的知識，使你進一步審視自己。事實上，完全依照自己認為適當的方式去改變自己，即使不是你的義務，也是你的權利。

✧ 你能聽到自己的心聲嗎？像許多人一樣，你也許認為只有從別處聽到或讀到的東西才是最重要的，而只聽從自己的主意無疑是放縱自己。假如你這樣想，就是在欺騙自己。你自己的思想和意識，可以在你一生中最重要的時刻有著關鍵的作用。

如果你堅定不移地面對一些令你困擾的情緒，例如憂慮和沮喪，便能使這種情緒緩和，而能夠控制。事實上，反應可能是一個信號，告訴你將會有新挑戰或新機會。

例如：一個 40 歲的男子坦白地告訴朋友說，他一直希望做醫生，可是怕自己年紀太大：「4 年後，我就超過 44 歲了。」

「即使你不去讀醫科，」朋友答得很中肯，「4 年後你也是 44 歲啊！」

最後是句鼓勵的話。你一旦能客觀地了解自己，一旦能認為自己有能力掌握自己，就會開始看到以前從未發現的機會和潛力，你就會有勇氣運用和發揮出自己從來不知道的力量和創造力。歌德在一首詩中，把這個意思表達得很美：

無論你會做什麼，或幻想你會做什麼，立刻做吧！
勇氣含有天才、力量和魔力。
現在就開始做吧！

亮出自己的招牌

　　我的一個朋友向我訴苦，說自己在一個大公司裡做了 6 年，卻一直默默無聞，既無大功也沒大過，因此一直得不到提拔。他認為自己有滿肚子的才學卻得不到施展，為此非常苦惱。「這分明是命運與我作對嘛！一些比我後進公司的人都升了官，唯獨我……」朋友憤憤不平。

　　逆境既是一種挑戰，又是一種機會。

　　馮諼本來是一個貧窮人士，他勤學上進，雖粗茶淡飯，但其學識遠近聞名，而其家中經常無隔夜之米，吃了上一餐沒有下一餐，受貧窮所迫他只好托人將自己推薦給孟嘗君做門客，開始時先被安排在三等地方居住。

　　幾天之後，孟嘗君問管家：「新來的馮先生是否習慣了生活？」管家說：「他很無聊，每天撫劍自唱，哀嘆我們供應的食物太差，連魚都沒有。」孟嘗君聽了之後將馮諼搬到二等房。

　　又過幾天，孟嘗君又問馮諼的情況，管家說馮諼仍撫劍自唱，哀嘆出門沒有車坐。於是孟嘗君又將他搬到頭等房，從此出門可以享受坐車的待遇。

　　又過幾天，孟嘗君再問馮諼的反應，管家極為不滿地說：「他貪得無厭，得寸進尺，現在又說自己不能照顧奉養高堂老母。」於是孟嘗君又派人送金銀、食物給他母親，使馮諼安下心來。

　　「受人滴水之恩，當以湧泉相報」、「士為知己者死」，「知恩圖報」是人生的原則，馮諼後來表現出了非凡的才智和過人的膽識，挽救了孟嘗

君瀕臨絕境的事業。

　　馮諼是積極進取的，不甘平凡，不甘平淡，使自己才盡其用，而比馮諼更積極，更勇於表現自己才能的是毛遂。

　　毛遂在越國丞相平原君門下過著平庸的食客生涯，三年來一直沒什麼表現。

　　一天，平原君要到楚國去求救兵，由於任務艱巨，需要挑選 20 人同行，但左挑右選只有 19 個，始終缺少一位，此時毛遂自告奮勇，將自己薦到平原君面前，平原君知道他寄居門下三年以來毫無作為，便說：「有才能的人好像錐子放在口袋裡，尖頭立刻刺破口袋而凸出來，你在這裡三年了，仍沒有特殊表現，還是留在家中算了。」

　　毛遂卻說：「從今天起，我才走入布袋之中，如果機遇早點到，我早就脫穎而出了」。

　　平原君無可奈何只有接納毛遂，湊足 20 個人，出使楚國，搬請救兵。結果全憑毛遂的力量，平原君才不辱使命。

　　馮諼、毛遂的成功都是在默默無聞的環境中，積極進取，很好地掌握機會推銷自己，亮出自己的招牌，我們的古人如此，處於現代文明社會的我們又該如何呢？

「守株」不能「待兔」

　　在逆境中，我們不僅要善於掌握機會，還要善於創造機會。創造機會比把握機會更難。以一部《孫子兵法》聞名中外，馳騁於古今的孫臏就是一位善於創造機會的人。

　　由於一山難容二虎，由於嫉妒，他被好朋友、老同事龐涓出賣，割掉

了膝蓋的髕骨，帶著殘疾的下肢孫臏逃到齊國避難，遇上大將軍田忌，受到田忌的禮待。

田忌好賭成性，經常和其他王孫公子賭馬，但是他的馬又沒有別人的好，因而屢賭屢輸。孫臏為他出主意：將馬分成上、中、下三等，用自己的下等馬對別人的上等馬，自己的中等馬對別人的下等馬，用自己的上等馬對別人的中等馬。這樣三賭兩勝，按照比賽規則，就算贏了。這樣，次次皆敗的田忌終於反敗為勝。

孫臏也因為這錦囊妙計而受到賞識，由田忌將他推薦給齊王，統率三軍，成為軍事史上一座不可攀越的高峰。

歷史上唯一的女皇帝 —— 武則天，冒著生命危險，在殘酷的宮廷鬥爭中表現出非凡的才智和高明的手腕，開創前無古人、後無來者的事業。

她剛進皇宮時正值青春年幼，天真爛漫，活潑無邪，在皇宮中嬉戲遊玩，無牽無掛，無拘無束。同樣是童心未泯，同樣嚮往自由，她和皇太子李治相遇、相識、相交，由於武則天年輕貌美，聰明伶俐，乖巧可愛，甚得太子喜歡，兩人常在一起談心嬉鬧。

一天，他們同遊上苑觀看金魚，美麗的金魚游來游去，體態婀娜多姿，武則天被吸引了，看著專注的武則天，李治頑皮性起，伸手伸入魚缸，將水輕彈到武則天臉上。

但是好景不長，唐太宗不久駕崩，按照宮廷規矩，所有嬪妃都削髮為尼。武則天也沒有能夠倖免，被送入感業寺。

削髮為尼，皈依佛門，跳出三界外，不在五行中，早晚一炷香，常伴古佛前，清茶淡飯，青燈古佛了殘生。武則天豈願安心過這樣的生活？皇宮內院「鳳閣龍樓連霄漢，玉樹瓊花作煙夢」何等令人羨慕，她企盼有朝一日重返宮門。

　　5 年後，皇帝——當年的太子李治來感業寺進香，武則天看著龍袍加身的皇帝，想著皇宮中許多趣事，無限感慨，而皇帝早已認不出眼前的小尼姑，兒時的玩伴已置於九霄雲外，大膽的武則天趁侍候皇帝上香的時機，用手指在香鼎上寫下了 10 個隱約的大字：「未得君王寵，先沾雨露恩。」李治看著字跡，才想起了那越走越遠的往事，認出眼前的小尼姑就是當年陪伴身邊的美人。

　　武則天終於離開了寺院，返回宮廷，開始了轟轟烈烈的政治生涯。

　　沒有機會就自己創造機會——這是每一個試圖戰勝逆境的的人所應該身體力行的。

　　女演員甘蒂絲‧柏根（Candice Bergen）親切熱情，泰然自若，衣著永遠優雅華麗。她曾經過兩次重大的事業的失敗，一次是她白手起家，辛苦創立的「龜甲油」公司因虧損轉讓，另一次是她主持的電視節目「老少皆宜」，收視率不高，這兩次的失敗經驗最能說明一個人不善抓機會以及背運的本質。

　　對於第一次的失敗，柏根說：

　　「我覺得就像自己的小孩死了，太讓我傷心了。自尊心也受到了傷害。雖然我早已把公司脫手，但多少還是有失敗的感覺。」

　　「老少皆宜」節目失敗的經歷卻大不相同，當年柏根取代華特斯角色，與菲勒斯共同主持這個節目。一年後柏根決定不再主持。正當她在卡卜克度假時，有一天她拿起一份報紙，看到標題後即雙手顫抖。報上的標題寫道：「柏根被國家廣播公司（National Broadcasting Company）開除。」雖然實情並非如此，但一般人卻認為是這麼一回事，使她感到羞恥。似乎那些欣賞她的人正望著她，指責她的失敗。她說：「這是我所遭遇的最嚴酷的打擊。我無力反抗，因為愈是抗議，人們就愈認為事情就是這樣。由

於這件事被公諸於世，人盡皆知，使我比失去公司時更加難過。當龜甲油公司破產倒閉時，我雖然痛苦，卻是私下的。國家廣播公司的做法卻使我受到公開的羞辱。一想到別人認為我是被開除的，我就快發狂，因為那等於說『她不行』！」

40歲出頭的史班利是紐約的一位女雕刻家，在一家頗有名氣的畫廊展出作品已多年，後來這家畫廊因老闆過世而結束營業。此時她驚訝地發現自己竟然擠不進其他畫廊。在前後兩年多的時間裡，她從一家雕刻商換到另一家，透過過去所有的生意關係、朋友的關係尋找機會，展示作品的幻燈片，把作品製成圖畫出售，出示珍藏品求售，然而仍然沒有人願意展售她的作品。她不了解原因何在。有時候她告訴自己可能是作品不好，有時候認為一定是自己的個性不夠成熟，有時候甚至覺得這個世界在懲罰她的早年得志。於是她變得非常消沉，無法工作。

有一天，一家雕刻商想把作品退還給她，並且說：「你是否想了解，我不打算展出你的作品的真正原因？」史班利拜託他告訴她。他坦率地望著她說：「你太老了。」43歲的史班利簡直不相信自己的耳朵。雕刻商繼續解釋說，畫廊老闆想要的是剛出道的「走紅」的青年藝術家，他們的作品不僅售價低，而且可以因被藝術「發掘」出來一鳴驚人，為畫廊帶來名氣；另一種原因是他們想要的是真正知名藝術家的作品。然而她兩者都不是。位於中等價格、中等年齡的不錯的藝術家，即不能為畫商帶來高利潤，也不能帶來名氣。雖然她才43歲，從藝術的角度看卻已經太老了。

柏根和史班利可以說是兩個不走運的女人，人生巨大的打擊使她們對發展的好機會望塵莫及。然而上帝是公平的，機會無處不在，機緣會降臨每個人的人生，關鍵看你是否能夠掌握。柏根和史班利都是明智的女人，她們沒有被一時的不幸擊倒，她們在命運中努力掙扎，當機遇再次來臨

時，她們緊緊抓住了它，從而改變了自己不幸的命運。

好運氣再次光顧柏根和史班利。如今，柏根經營的女鞋和珠寶的事業相當成功。從「龜甲油」公司的失敗經驗中，她學會了要完全把公司控制在自己的手中。因為「老少皆宜」節目使她備受侮辱的教訓，讓她決定一切事情都要以自己的判斷為準則，不能再讓別人有羞辱她的機會。

雖然史班利並不喜歡她所聽到的話，但是卻聽進去了。忽然之間她在所有的閉門羹中總結出了相同的緣由。她想起其他雕刻商所用過的關鍵字句——成熟的作品、古典的作品、不合時宜。

史班利告訴自己一個痛苦的事實：「我可能找遍全紐約也找不到一個代理商。」接受這個事實促使她改變作法。她不再漫無目的地去找畫廊。如果基礎穩定的代理商不願展售她的作品，那麼她就來做自己的代理人。

現在史班利親自策劃宣傳自己的展售畫廊。她在自己的畫廊裡準備了酒和乳酪，熱情地邀請人們來欣賞她的作品。雖然她從不喜歡用這種生意方式出售藝術品，但仍然學會了怎樣去做生意。具有諷刺意味的是，自從她開始經營自己的畫廊之後，反而獲得了前所未有的機會與成功。

世上總有那麼一些人，他們的人生之路走得十分順利。縱觀他們的一生，福、祿、壽、禧、財樣樣俱全，良好的發展機會總是與他們為伴。他們升遷迅速、出名很快、財源滾滾、心想事成，似乎所有的麻煩與他們無緣，困難給他們讓路，上帝也似乎特別照顧他們，他們的一生太有運氣。

運氣，這個不可捉摸的東西，過去人們總以為它是一種上天的安排。運氣總是從天而降，不期而至，是人力所無法掌握的。然而，只要仔細看一看那些走運的人，你會發現有多少「運氣」是人們自己創造出來的，實際情況是，運氣有時雖然是成功的機會因素，「運氣好的人」也分享了某些不變的特性。

第四章　逆風起舞，陽光總在風雨後

　　走運的人不斷讓自己處在十分順利的位置。換句話說，他們占上風，他們參與，並告訴別人他們願意接受幫助。多年前卡爾娜博士「有幸」在派伯汀大學上過一門財政學。她的朋友們都不相信教授會在這門課程上給她一個 A，他們認為她頂多只能拿到 B。他們不曉得卡爾娜博士利用了她的一切空閒的時間去拜訪教授。毫無疑問，教授知道卡爾娜很用功，也知道她非常熟悉課程內容。是她走運嗎？

　　從那一次起，卡爾娜已經又走運了許多次。她真的很幸運，例如，為了宣傳自己的作品，她上了全國某些廣播和電視節目。當他人抱怨缺乏行銷機會或等待電話鈴響時，卡爾娜卻忙著寄書，發新聞稿，向全國的製作人提供新點子，有時候每天做了好幾次，連續了好幾個月。卡爾娜幸運嗎？當然是啦！可是人們都看到她已經做好充分的準備，願意抓住每個機會，因此為自己創造了更多好運氣。

　　卡爾娜有位熟人剛剛在企業界「大大走運」。「他真的走運了」，人人都這麼說。他在人們還沒起床前就到達辦公室，或他記住老闆以及他的孩子的生日，或他犯錯時願意道歉，不單獨居功，總是與人分享，碰到好事時總是不忘說聲「謝謝你」，而且在其他人全部放棄後還不屈不撓。或許都有吧！他確實很幸運，是他讓自己處在一個幸運的位置。創造自己的機會，就好比在理想的環境中開墾一座花園。如果你提供最肥沃的土壤、水分、陽光和空氣的條件，你的植物將會「更幸運」。如果你不做這些事，還是可能走運，可能也會有極好的收成，可是機率就小多了。

　　我們的祕訣是設計將你放入一個有利的幸運位置，等待好機會的來臨。你會注意到大部分的祕訣都是來給你設計一個優勢，改進你的態度，幫助你永遠曉得好機會或好運氣會從何處降臨。走運的人知道這一點，所以他們總是表現得好像運氣就在前面的轉角處。或許你選擇對機會和運氣

綻放笑容而非皺著眉頭或忽略不計。當你牢記這些忠告時，你會發現機會已經開始向你走來了，然後就該別人說你走運了。

不做逆境的犧牲者

　　順境固然好，它可以讓你毫不費力地到達自己理想的彼岸，但如果一個人處於逆境之中怎麼辦？其實，只有秉著信念之燈繼續前行，我們才能真正到達陽光地帶，我們的目的地。正如大多數成功者所堅信的那樣：「我知道我不是逆境的犧牲者，而是它們的主人。」

　　克萊恩是古希臘的一個奴隸。在他生活的那個時代，奴隸只是主人的一種工具，法律規定，除了自由人之外，像他這樣的人不準從事和追求藝術，否則就要被宣判死刑。然而作為奴隸的克萊恩卻沒有被這不公正的法律所嚇倒，他以狂熱的心態執著追求崇拜著藝術和神聖的美，並決心要讓自己的雕塑作品在某一天得到偉大的雕塑大師菲迪亞斯（Phidias）的肯定。於是在深愛他的姐姐的幫助下，他把自己的工作放在了屋子裡的地下室進行。姐姐為他準備了兩盞油燈和足夠的食物。

　　地窖裡陰暗、潮濕、缺乏氧氣，但是為了自己心中的藝術，克萊恩什麼樣的困難都能克服。

　　時隔不久，所有的希臘人都被邀請到雅典參觀一場藝術品的展覽。這次展覽在當地的大市場上舉行，由雅典國王親自主持。在他的旁邊，站著他所寵愛的阿斯帕西亞（Aspasia）以及雕刻家菲迪亞斯（Pheidias）、哲學家蘇格拉底、悲劇詩人索福克里斯（Sophocles）以及其他許許多多的知名人士。

　　幾乎所有偉大的藝術巨匠的作品都被陳列於此。但是，在琳琅滿目、美不勝收和藝術珍品中，有一組作品顯得尤為出類拔萃、卓爾不群──

它們是那麼的精美絕倫，彷彿就是阿波羅本人鑿刻出來的。這組作品成了人們目光的焦點，其攝人魂魄的藝術美令人心蕩神怡、讚嘆不已，就連那些參與競爭的藝術家們也一個個心悅誠服地甘拜下風。

「誰是這組作品的雕刻者？」沒有人知道答案。傳令官重複了這個問題，人群中還是寂靜無聲。「那麼，這就是一個謎！難道它們會是一個奴隸的作品嗎？」

人群中突然出現了一陣很大的騷動，一個清純美麗的少女衣裳凌亂，頭髮蓬鬆，雙唇緊閉，大大的眸子裡充滿堅毅的神色，被拖到了大市場裡。「這個女人！」當地的行政官聲嘶力竭地喊道，「就是這個女人知道雕刻者的底細。我們確信這一點，但是她死都不肯說出雕刻者的名字。」

姐姐克莉恩受到了嚴厲的盤問，但是，她的回答只是沉默。她被告知了自己的行為應該受到的懲罰，然而，這位勇敢的女孩還是不發一聲。「那麼，」伯里克里斯（Pericles）說道，「法律是神聖不可違背的，而我是負責執法的大臣。把這位女孩關到地牢裡去。」

當他做出這番宣判的時候，一個長髮飛揚的年輕人氣喘吁吁地衝到了他的面前。這個年輕人儘管身材消瘦，滿臉憔悴，但那黑黑的眼睛卻閃爍著天才的耀眼光芒，彷彿夜空中的兩顆明星一樣。他高聲地央求道：「噢，伯里克里斯，請饒恕和赦免那個女孩吧！她是我的姐姐，我才是真正的罪魁禍首。那組雕塑出自我的雙手，出自我這個奴隸的雙手。」

憤怒的人群打斷了他的話，人們群情激昂地喊道：「把他關到地牢裡去，把這個奴隸關到地牢裡去。」

但伯里克里斯站了起來，威嚴地說道：「只要我活著，就不允許這種事情發生！看一看那組雕塑吧！阿波羅以他的名義告訴我們，在希臘有某些東西要比一部不正義的法律更為重要。法律的最高目的應該是發展美的

事物，扶植美的事物。如果說雅典會永遠活在人們的記憶中，會名垂史冊的話，那是因為她對藝術做出了巨大貢獻，是這種貢獻使得她永遠不朽。不要把那個年輕人關到地牢裡去，讓他站到我的身邊來。」

就這樣，當著會場上成千上萬的大眾的面，阿斯帕西亞把拿在自己手中的用橄欖枝編成的花冠戴在了克萊恩的額頭上。與此同時，在人群如雷般的掌聲和喝彩聲中，她溫柔地吻了克萊恩摯愛的姐姐。

在古希臘神話中，還有一個薛西弗斯的故事。薛西弗斯因為在天庭犯了法，被天神懲罰，降到人世間來受苦。天神對他的懲罰是：要他將一堆石頭推上山。每天，薛西弗斯都費很大的力氣把那塊石頭推到山頂，然後回家休息，可是，在他休息時，石頭又會自動地滾下來，於是，薛西弗斯又要把那塊石頭往山上推。這樣，薛西弗斯所面臨的是：永無止境的失敗。天神要懲罰薛西弗斯的，也就是要折磨他的心靈，使他在「永無止境的失敗」命運中，受苦受難。

可是，薛西弗斯不肯認命。每次，在他推石頭上山時，天神都打擊他，用失敗去折磨他。薛西弗斯不肯在成功和失敗的圈套中被困住，他在面對絕對注定的失敗時，表現出明知失敗也絕不屈服的抗爭意志。天神因為無法再懲罰薛西弗斯，就放他回了天庭。

薛西弗斯的命運可以解釋我們一生中所遭遇的許多事情，其中最關鍵的是：生活中的困難都是有「奴性」的，如果我們憑自己的努力戰勝了它，我們便成為它的主人，否則我們將永遠是它的奴隸。

在一次記者招待會上，一名記者問美國副總統威爾遜（Woodrow Wilson），貧窮是什麼滋味時，這位副總統向我們講述了一段他自己的故事。

「我在 10 歲時就離開了家，當了 11 年的學徒，每年可以接受一個月的學校教育，最後，在 11 年的艱辛工作之後，我得到了 1 頭牛和 6 只綿

羊作為報酬。我把它們換成了 84 美元。從出生一直到 21 歲那年為止，我從來沒有在娛樂上花過一美元，每個美分都是經過精心算計的。我完全知道拖著疲憊的腳步在漫無盡頭的山路上行走是什麼樣的痛苦感覺，我不得不請求同伴們丟下我先走……在我 21 歲生日之後的第一個月，我帶著一隊人馬進入了人跡罕至的大森林，去採伐那裡的大圓木。每天，我都是在天際的第一抹曙光出現之前起床，然後就一直辛勤地工作到天黑後星星探出頭來為止。在一個月夜以繼日的辛勞努力之後，我獲得了 6 美元的報酬，當時在我看來這可真是一個大數目啊！每個美元在我眼裡都跟今天晚上那又大又圓、銀光四溢的月亮一樣。」

在這樣的窮途困境中，威爾遜先生下決心，不讓任何一個發展自己、提升自我的機會溜走。很少有人能像他一樣深刻地理解閒暇時光的價值。他像抓住黃金一樣緊緊地抓住了零星的時間，不讓一分一秒無所作為地從指縫間流走。

在他 21 歲之前，他已經設法讀了 1,000 本好書 —— 想一想，對一個孩子而言，這是多麼艱巨的任務啊！

要想真正地戰勝逆境，就必須對自己說「我知道我不是逆境的犧牲者，而是它們的主人。」

大勝必經大忍

人生在世，誰都會有跌落逆境的時候。人只有經過無數次的打擊磨練後，才會變得更加堅強成熟。我們只要在失敗面前不灰心、不悲觀、不消極，一定能在最後有收穫、有成功。

有一句老話，「三十年河東，三十年河西」，這句告訴我們雖然目前

處於不幸的逆境中，但終究會有峰迴路轉的一天。對前途抱樂觀的希望，忍耐現在的痛苦，等待時來運轉是十分有價值的。

人們常說的「失敗是成功之母」，這不是甜美的格言，而是透過辛酸苦辣的生活得到的真理。人生中經過一次失敗，便增加一些知識長一次經驗。失敗越多取得最後的成就也越大。

成功的機會對於每個處在艱難困境中的人都是均等的，但是，成功並不是每個人都能獲得，它屬於堅忍者。在逆境中崛起須有堅忍之志，而堅忍之志來源於對事業孜孜不倦的追求。有了堅忍之志，才能戰勝險惡的環境，才能在逆境中崛起。

「人在失意之時，要像瘦鵝一樣能忍飢耐餓，鍛鍊自己的忍耐力，等待機會到來。」這就是養鵝曾經給台塑董事長王永慶帶來的重要啟示。

在抗戰時期，由於糧食不足，鵝飼料極為缺乏，因此，只能讓牠們在野外吃野草。一般說來，鵝養了 4 個月後，就有三至四公斤重；可是，當時養的鵝，由於只吃野草，4 個月下來，瘦得皮包骨，不到兩公斤重。

王永慶買下了許多的瘦鵝，然後用捲心菜的粗葉子餵牠們（這是當時一般人想不到的）。兩公斤重的瘦鵝，經過他兩個月用心飼養，重達將近五公斤，非常的肥。究其原因，是因為瘦鵝具有強韌的生命力，不但胃口奇佳，而且消化力極強，所以，只要有東西吃，牠們立刻就肥起來了。

在時間就是金錢現代社會裡，一切講求快速。放眼望去，吃的是速食面；讀的是速成班；走的是捷徑；渴望的是瞬間發財，以至於造成社會追逐功利、普遍短視的現象。

老祖宗告訴我們，雞肉要用小火慢慢地燉，才會好吃；拜師學藝，至少要 3 年以上才會有成；任何工匠，講究的是慢工出細活。可是，我們已經把這套寶貴的生活哲學遺忘了。

▶▶▶ 第四章　逆風起舞，陽光總在風雨後

在今天，人們不再腳踏實地按部就班；處處顯得浮躁馬虎，急功近利。

有個小孩在草地上發現了一個蛹，他撿回家，要看蛹如何羽化成蝴蝶。

過了幾天，蛹上出現了一道小裂縫，裡面的蝴蝶掙扎了好幾個小時，身體似乎被什麼東西卡住了，一直出不來。

小孩於心不忍，心想：「我必須助牠一臂之力。」於是，他拿起剪刀把蛹剪開，幫助蝴蝶脫蛹而出；可是牠的身軀臃腫，翅膀乾癟，根本飛不起來。

小孩以為幾小時以後，蝴蝶的翅膀會自動舒展開來，可是他的希望落空了，一切依舊，那隻蝴蝶注定只能拖著臃腫的身子與乾癟的翅膀，爬行一生，永遠無法展翅飛翔。

大自然的道理是非常奧妙的，每一生命的成長都充滿了神奇，瓜熟蒂落，水到渠成；蝴蝶一定得在蛹中痛苦地掙扎，一直到牠的雙翅強壯了，才會破蛹而出。

「揠苗助長」、「欲速則不達」，這是生活的真諦。燉、熬、磨練、挫折、掙扎，這些都是成長必經的過程。

「頭懸梁錐刺骨」、「臥薪嘗膽」，越王勾踐的忍辱復國之路也是艱難曲折的。

在吳越戰爭中，越國首先兵敗，越王勾踐作為人質被扣留在吳國，為了取得吳王夫差的信任，勾踐吃了不少苦，忍受常人無法忍受的痛苦。

有一次，吳王夫差病了，曾作為一國之君的勾踐竟然去吃夫差的大便，並大肆宣布：「人的糞便，如果是香的，性命便有危險，如果是臭的，表示他生理正常。吳王糞便很臭，他一定會痊癒的。」他的夫人和部下只能背後垂淚，無聲嘆息。

182

忍耐是爭取時間的方法，是創造時機等待機會的方法，正如拿破崙所說：「戰爭的成敗僅在最後 15 分鐘，因為堅持到最後的才是勝利者。」這也是我們所信奉的「笑到最後的才是笑得最好的！」

每一件新事物的產生都會程度不一地給予人們久已習慣的事物和觀念以極大的衝擊，令人們無法接受。發明者大多遭到人們的排斥，發明之父 —— 愛迪生所受的譏笑、指責，我們可以想像，他曾被人視為洪水猛獸，但他無視這一切，依然沉醉於自己的發明之中。發明電燈，他用了 1,000 種方法，每一次失敗，都受到別人的冷嘲熱諷，他卻笑笑說：「與此同時，我又找到了 999 種不能用電發光的方法。」

發明麥當勞速食的雷‧克洛克先生面對失敗和譏笑表明了他的態度：「繼續吧！繼續吧！沒有任何的東西可以取代忍耐和毅力。只憑自己小聰明的人不能成功，因為聰明而不能成功的人實在太多；有天才的人也不一定能成功，因為懷才不遇的人在這個世界上也著實不少；受教育也不能取代毅力和忍耐力，在今日的社會中，不是有很多自暴自棄的人嗎？只有忍耐、毅力和決心方是成功的唯一要素。」

「昨夜西風凋碧樹，獨上西樓，望斷天涯路。」成功的道路是孤獨的，腳下的路必須自己走，無數日與夜的煎熬，多少懷疑和不解，都必須承受。「高處不勝寒」，高手從來都是孤獨的。

「衣帶漸寬終不悔，為伊消得人憔悴。」成功的道路不會是鮮花遍地，彩霞滿天，內因外難從各個方面向你襲來，令你不勝負荷，不堪忍受。

但你必須忍，只為那「驀然回首」之間，「在燈火闌珊處」的「伊人」。

渴望成功的人們，正在逆境頑強跋涉的人們，千萬別氣餒，請將「忍」字深鑠在心頭。

機會產生在有準備的頭腦裡

　　我們發現成功人士之所以能夠獲得命運更多的青睞，他們之所以能在機會來臨時牢牢地掌握命運，就是因為他們較之常人為此進行了更為漫長和充分的準備。他們就像一顆顆種子，在黑暗的泥土中蓄積營養和能量，一旦聽到春風的呼喚，它們就會破土而出，生長成挺拔俊秀的棟梁之材。

　　這就很好地解釋了這樣一些問題，即：為什麼有的人總能得到比別人更多的機會？為什麼面對同樣的機會，有人成功了有人卻失敗了？為什麼有些天資本來不好的人卻能得到命運的垂青，而某些天資甚佳者卻最終庸碌無為？為什麼成功者總顯得比別人更幸運？等等。

　　這些問題的回答可歸結為一句話，那就是：機會只偏愛那些為了事業的成功作了最充分準備的人。換句話說，只有在「萬事俱備」的情況下，東風才顯得珍貴和富有價值。

　　從某種意義上講，機會是被人創造出來的，是人的主觀能動性和外界環境的變化客觀必然性的結合。主觀方面條件的增強，會影響到客觀環境的變化，使好的機會更容易產生。同樣，當一定的客觀機會已經出現後，那些不斷在提高自身素養方面進行努力的人，則要較之常人更容易接近和抓住這些機會。

　　許多名人就是創造機會的高手，他們總是在努力，總是在奮鬥，開始時他們只是在追尋機會，而一旦當他們自身的實力累積到一定的程度時，機會便會自動登門拜訪。而且，隨著他們自身才能的不斷提高，知名度的不斷增加，其所面臨的發展機會也會相應地產生質和量的提高。可以說，沒有他們的這些主觀努力，就不會有這麼多的良好機會。從這個角度上說，機會是為那些有準備的人創造的，是對其努力的一種肯定和回報。

　　如果機會可被每個人輕而易舉地得到，那麼這種機會便顯得沒有多少價值了。事實上，機會往往是一種稀希的、條件苛刻的社會資源，要想得到它，必須要付出相當的代價和成本，必須具備相應的足以勝任的資格，而這一切都離不開長期艱苦的準備。

　　這就是機會為什麼更偏愛有準備的人的原因。

　　我們還發現，雖然命運有時是不公正的，有些毫無準備的人卻獲得了某種機會，但從長遠來看，這些人很少能長遠地有所建樹。而在我們視力所及的當代名人的成功史上，無不記載著人們為迎接機會所作的種種準備。

　　但有時命運是常愛捉弄人的。由於客觀原因的限制，並不是每個人都能從事自己心愛的職業。

　　當面臨這種情況時，有人將之視為不幸，而有人卻將之視為機會，他們能重新調整自己的人生目標，不是自怨自艾、怨天尤人；也不是消沉沮喪、灰心喪氣，而是以「既來之，則安之」的心態，做一行‧愛一行，把自己全部精力投入到所從事的新領域，從而開創出嶄新的事業。

　　我們發現「把不幸也當作是一種機會」這種積極的人生態度是成功者的一大祕訣。

　　許多成功的人不僅是開拓機會、捕捉機會的能手，而且還有發掘高潛能、高效運用機會的能力。他們的成功啟示我們，一定要提高機會的利用率，把機會發揮到最大值。

有些時機需要耐心等待

在逆境之中，學會耐心地等待時機是非常重要的。

戰國時，安陵君是楚王的寵臣。有一天，江乙對安陵君說：「您沒有一點土地，宮中又沒有骨肉至親，然而身居高位，接受優厚的俸祿，國人見了您無不整衣下拜，無人不願接受您的指令為您效勞，這是什麼呢？」

安陵君說：「這不過是大王過高地抬舉我罷了。不然哪能這樣！」

江乙便指出：「用錢財相交的朋友，錢財一旦用盡，交情也就斷絕；靠美色交結的朋友，色衰則情移。因此狐媚的女子不等臥席磨破，就遭遺棄；得寵的臣子不等車子坐壞，已被驅逐。如今您掌握楚國大權，卻沒有辦法和大王深交，我暗自替您著急，覺得您處於危險之中。」

安陵君一聽，恍如大夢初醒，方知自己其實正處於一個非常危險的境地。他恭恭敬敬地拜請江乙：「既然這樣，請先生指點迷津。」

「希望您一定要找個機會對大王說，願隨大王一起死，以身為大王殉葬。如果您這樣說了，必能長久地保住權位。」

安陵君說：「我謹依先生之見。」

但是又過了三年，安陵君依然沒對楚王提起這句話。江乙為此又去見安陵君：

「我對您說的那些話，至今您也不去說，既然您不用我的計謀，我就不敢再見您的面了。」

言罷就要告辭。安陵君急忙挽留，說：「我怎敢忘卻先生教誨，只是一時還沒有合適的機會。」

又過了幾個月，時機終於來臨了。這時候楚王到雲夢去打獵，1,000多輛馬車連接不斷，旌旗蔽日，野火如霞，聲威十分壯觀。

這時一條狂怒的野牛順著車輪的軌跡跑過來，楚王拉弓射箭，一箭正中牛頭，把野牛射死。百官和護衛歡聲雷動，齊聲稱讚。楚王抽出帶犛牛尾的旗幟，用旗杆按住牛頭，仰天大笑道：

「痛快啊！今天的遊獵，寡人何等快活！待我萬歲千秋以後，你們誰能和我共有今天的快樂呢？」

這時安陵君淚流滿面地上前來說：「我進宮後就與大王共席共座，到外面我就陪伴大王乘車。如果大王萬歲千秋之後，我希望隨大王奔赴黃泉，變做褥草為大王阻擋螻蟻，哪有比這種快樂更寬慰的事情呢？」

楚王聞聽此言，深受感動，正式設壇封他為安陵君，安陵君自此更得楚王寵信。

後來人們聽到這事都說：「江乙可說是善於謀劃，安陵君可說是善於等待時機。」

等待時機的來臨需要充分的耐心。這個過程也是積極準備、待條件成熟的過程，等待時機絕不等於坐視不動。

《淮南子‧道應》云：「事者應變而動，變生於時，故知時者無常行。」

儘管江乙眼光銳利，料事如神，然而事情的發展卻不會像人們設想的那樣順利和平靜，而安陵君過人之處在於他有充分的耐心，等候楚王欣喜而又傷感的那個時刻，這時安陵君的表白，無疑是雪中送炭，溫暖君心，因此也改變了險境，保住了長久的寵臣地位和榮華富貴。

強者主動創造機會

　　披著神祕外衣的「機會」，給人生塗上了很多撲朔迷離的色彩。它常常是不期而至，不辭而別，稍縱即逝。你一心等它，可能長期不見其蹤影；你不去想它，又可能「時來運轉」，受到它的光顧。所以，有的人常常把自己能否碰到好的機會；歸結為「運氣」，有的甚至歸之為「命運」。其實，機會雖然難料，但也不總是命運之神操縱的東西。

　　對於把握機會，有人歸於運氣的好壞。例如有人確有工作時挖出金條、揀到鑽石等可遇不可求的好運氣。但把握機會更要靠我們自己。偉大的音樂家貝多芬一生窮困潦倒，在愛情上屢遭不幸，成年後又遭耳聾的厄運，但他能夠「扼住命運的咽喉」，終於成為一代「樂聖」，他所憑藉的正如他給一位公爵的信中所說：「公爵，你之所以成為公爵，只是由於偶然的出身，而我成為貝多芬則靠我自己。」

　　「弱者等候機會，而強者創造機會」。機會雖受各種因素的綜合影響，但不管如何，有一點是可以肯定的，經過個人的努力，機會是可以掌握的。美國有位學者曾透過對奧林匹克運動員、總經理、太空人、政府首腦以及其他獲得成功者的多年探訪，逐漸了解到成功者絕非是因為擁有特權環境、高智商、良好教育或異常天賦的結果，同樣也不是一時走運，而是由於他們對自己行為的負責；了解自己的才能，追求自己的目標；迎接挑戰，適應生活。他把這三點稱之為「成功者的優勢度」，是成功者與普通人之間存在著的一種微妙的差別。有的人天賦甚高，卻恃才自傲而短於行動，喪失了不知多少成就事業的機遇。有的人在一時走運，初建成果後，便陶醉於快樂而忘記自己面臨更多的機會，終究難成大器。唯有那些在創造奇蹟之後，能很快忘記快樂，並清醒地面對未來之人，才能終成偉

業。而所有這些，無不是為其積極的生活態度所決定。

面臨機會卻無能承擔，等於沒有機會，要把握住機會，還必須有淵博的知識。一個人的知識越多，才能越大，生活中可能出現的機會越多。金子總是要發光的，而發光的東西總是易於被人發現。弗萊明（Alexander Fleming）成功地發明了青黴素之後，有人問他是不是靠「運氣」幫忙，他說：「不要等待運氣降臨，應該努力去掌握知識。」知識豐富了，能力提高了，機會出現的機率會相應提高，獲得機會的係數也會相應地變大。

逆境給了成長的機會

任何一個人都會有境遇不順的時期。終其一生以幸運相伴的人這世上是不存在的。

創辦「世界本田」事業，在實業界中獲得相當成就的本田宗一郎也曾表示：「我的一生是一連串逆境的組合。」

林肯的少年期是以開拓民的身分在原野中輾轉度過的。由於每五六年就得遷移一次居住場所，因此在他 20 歲前未曾讀過書。20 歲他與友人共創事業，結果卻失敗了。他的友人因承受不了龐大債務的沉重壓力而自殺，林肯只能獨力負起清償龐大債務的責任。後來還清了債務東山再起，直到 33 歲當選了上院議員。但隨即又因為高唱解放奴隸之歌而在 35 歲時被政治界肅清。林肯的成功，雖是由此東山再起而獲得的，然而在他步入政界之後也是經歷了一連串的逆境。

《人人都能成功》的作者拿破崙‧希爾很喜歡講一個有關他祖父的故事。他的祖父過去是北卡羅來納州的馬車製造師傅。這位老人在清理耕種的土地時，總會在田野的中央留下幾株橡樹，不像森林中其他的樹一樣有

良好的庇蔭及養分。而他的祖父就用這些樹製造馬車的車輪。正因為這些田野中的橡樹要在強風烈日下百般掙扎，才能對抗大自然狂風暴雨的考驗，成長茁壯，所以它們才足以承受最沉重的負荷。

逆境同樣可以強化人們的意志。大多數的人們希望一生平坦順利，然而，未經逆境考驗，往往會庸庸碌碌過一生。

我們應該勇於面對逆境的考驗，努力奮鬥，才會有更大的發展。

逆境迫使我們向前進，否則我們將後退。它引導我們通過考驗，獲得成功。未經逆境，無法得到任何有價值的東西。簡單的事情每個人都做得到。每一個成功的人，在生活中都要經過一番奮鬥。人生是不斷奮鬥的過程，勇於面對逆境、克服逆境，繼續迎接下一個挑戰的人，就是最後的贏家。

欣然擁抱逆境，而不是設法逃避。你也應該如此，讓自己在逆境中學習、成長直致成功。

昂首面對各種艱難的挑戰吧！因為在你窮思竭慮要找出富有創意的方法來解決問題時，最好的機會也將隨之而來。在你生命中的每一個早上，你將會因為不斷地自我燃燒以度過許多難關，使你確信將來面臨更大的挑戰時，也能完全自制而感到自豪。就如同老橡樹一般，只有被迫去掙扎奮鬥之後，才能更加強壯。不經過逆境而來的機會是不可靠的，至少沒有長久價值。

錯誤背後的機會

在一般人的眼裡，錯誤導致的是失敗與逆境。所謂「一著走錯、滿盤皆輸」。有時一個錯誤可能導致你在逆境中很長時間掙扎不出來。

然而，犯錯誤彷彿又是人的一種天性，這個世界上絕對沒有不犯錯誤

的人，但人們對待錯誤的態度不一樣，就導致了在抓住和創造機會結果方面大不一樣。

錯誤本身雖然能夠產生機會，但這種機會是隱藏著的，只有細心和獨具慧眼的人才能從錯誤中發現機會，從而抓住機會。事實上，機會往往是一種稀缺的、條件苛刻的社會資源，要得到它，必須要付出相當的代價和成本，必須具備相應的足夠勝任的資格，而「將錯就錯」，能夠在錯誤中找尋新的機會，無疑就是至關重要的一個關卡。

其實，一個人從來不犯錯誤是不可能的，特別是探索未知領域和發明創造，乃至生活的每個細節中，關鍵在於要變壞事為好事。犯錯誤後能認真反省，能變錯誤為正確，這不僅是人格特質的表現，也是一個人發掘創造才能的保證，因為抓住機會才有可能產生這種綜合效應。

錯誤往往是正確的先導，失敗是成功之母。而那些怕犯錯誤的謹小慎微者，很少能有創造奇蹟獲得成功的機會。

美國加利福尼亞州門羅公園「創造性思考」公司創辦人兼總經理羅傑・馮・奧赫（Roger von Oech）在《如何激發創造力》中認為把犯錯誤列為禁錮開創精神的「心智枷鎖之一」，他說：「如果你不經常犯錯誤，你就無法發揮潛力。」

事實上，錯誤本身並不可怕，怕的是人們自認為錯誤的心理，一旦犯了錯誤就認定已經是錯誤的了，自暴自棄不再去做過多的努力。有句老話：「浪子回頭金不換」，在你犯錯誤的時候，機會或許已經悄然來到你的身邊，只要分辨是非主動改變錯誤，才能抓住這來之不易的千金難得的機會！

第四章　逆風起舞，陽光總在風雨後

第五章

隨機應變，條條大路通羅馬

▶▶▶ 第五章　隨機應變，條條大路通羅馬

> 每種逆境，都會有等量利益的種子。
>
> ——拿破崙·希爾

古代傳說中，有一種叫「泥魚」的動物。每當天旱，池塘裡的水逐漸乾涸時，其他魚類都因失水而喪失了生命，泥魚卻依然悠閒自得，牠只要找到一塊足以容身的泥灘地，便把整個身體藏進泥中不動。由於牠躲藏在泥中動也不動，處於一種類似休眠的狀態，所以可以待在淤泥中半年、一年之久而不死。

等到天下了雨，池塘中又積滿了水，泥魚便慢慢從泥中鑽出來，重新活躍在池塘中。其他死去魚類的屍體成了牠最好的食物。這時牠快速繁殖，成為池塘中的獨占者和統治者。

物競天擇，適者生存。由於泥魚有這種適應天道的能力，所以成為有不死之身的奇魚。泥魚的聰明之處就是懂得應變之術。

人在逆境之中，能不能隨著外界的變化及時調整自己的行為，以維護自身的利益，這是聰明和愚蠢的分別。不管具體情況如何，抱著既定的條條框框，不調整變革，這是蠢人的作法；以自身利益為核心，以外界環境的變化為參數，本著靈活機動、具體問題具體分析的原則，進退自如，隨機取捨，這是聰明的行為。

大路車多走小路

一次我搭乘計程車去參加一個重要會議。因為時間較緊迫，我囑咐司機找一條最快的路。「那麼，只有走小路了，不過要繞多一點距離。」我好奇地問為什麼走小路比大路更快。司機說：「現在是上班時間，大路上的汽車和公車很擁擠，因此想要快的話最好是走繞一點的小路，因為小路

不塞車反而會更快一點。」司機的話給我上了一場人生哲理課。

魯迅先生曾說過：「其實地上本來沒有路，走的人多了，也就成為了路。」而世間之路又有千千萬萬，綜而觀之不外乎兩類：直路和彎路。

毫無疑問，人們都喜歡走直路，沐浴著和煦的微風，踏著輕快的步伐，踩著平坦的路面，這無疑是一種享受。相反，沒有人樂意去走彎路，在一般人眼裡彎路曲折艱險而又浪費時間。然而，人生的旅程中是彎路居多，山路彎彎，水路彎彎，人生之路亦彎彎，所以喜歡走直路的人要學會繞道而行。

學會繞道而行，迂迴前進，適用於生活中的許多領域。比如當你用一種方法思考一個問題和做一件事情時，如果遇到思路被堵塞之時，不妨另用他法，換個角度去思索，換種方法去重做，也許你就會茅塞頓開，豁然開朗，有種「山重水複疑無路，柳暗花明又一村」的感覺。

在一次歐洲籃球錦標賽上，保加利亞隊與捷克斯洛伐克隊相遇。當比賽只剩下 8 秒鐘時，保加利亞隊僅以 2 分優勢領先，按一般比賽規則說來已穩操勝券，但是，那次錦標賽採用的是循環制，保加利亞隊必須贏球超過 5 分才能取勝。可要用僅剩的 8 秒鐘再贏 3 分絕非易事。

這時，保加利亞隊的教練突然請求暫停。當時許多人認為保加利亞隊大勢已去，被淘汰是不可避免的，該隊教練即使有回天之力，也很難力挽狂瀾。然而等到暫停結束比賽繼續進行時，球場上出現了一件令眾人意想不到的事情：只見保加利亞隊拿球的隊員突然運球向自家籃下跑去，並迅速起跳投籃，球應聲入網。這時，全場觀眾目瞪口呆，而全場比賽結束的時間到了。但是，當裁判員宣布雙方打成平局需要加時賽時，大家才恍然大悟。保加利亞隊這一出人意料之舉，為自己創造了一次起死回生的機會。加時賽的結果是保加利亞隊贏了 6 分，如願以償地出線了。

▶▶▶ 第五章　隨機應變，條條大路通羅馬

　　如果保加利亞隊堅持以常規打完全場比賽，是絕對無法獲得真正的勝利的，而往自家籃下投球這一招，頗有迂迴前進之妙。在一般情況下，按常規處理事情並沒有不錯，但是，當常規已經不適應變化了的新情況時，就應解放思想，打破常規，善於創新，另闢蹊徑。只有這樣，才可能化腐朽為神奇，在似乎絕望的困境中尋找到希望，創造出新的生機，取得出人意料的勝利。

　　當我們在生活中遇到走到路的盡頭，無路可走的情況時，回過頭來，繞道而行便可以找到一條新路，所以世上只有死路沒有絕路，而我們之所以往往會感到面對「絕路」，那是因為我們自己把路給走絕了，或者說我們的目光短淺、思路狹隘，缺乏「繞道」迂迴的意識。

　　《孫子兵法》中說：「軍急之難者，以迂為直，以患為利。故迂其途，而誘之以利，後人發，先人至，此知迂直之計者也，」這段話的意思是說，軍事戰爭中遇到最難處理的局面時，可把迂迴的彎路當成直路，把災禍變成對自己有利的形勢。也就是說，在與敵的爭戰中迂迴繞路前進，往往可以在比敵方出發晚的情況下，先於敵方到達目的地。

　　美國矽谷專業公司曾是一個只有幾百人的小公司，面對競爭能力強大的半導體器材公司，顯然不能在經營項目上一爭高低。為此，矽谷專業公司的經理決定避開競爭對手的強項，並抓住當時美國「能源供應危機」中節油的這一資訊，很快設計出「燃料控制」專用矽片，供汽車製造業使用。在短短 5 年裡，該公司的年銷售額就由 200 萬美元猛增到 2,000 萬美元，成本則由每件 25 美元降到 4 美元。由此可見，雖然經商者尋求的是不斷增加盈利，然而經營者在激烈的競爭中每前進一步都會遇到困難，很少有投資者能以單一經營方式直線發展取勝，因此迂迴發展是大多數經商者都走過的相同道路。

　　在逆境當中，我們也應有迂迴前進的概念，凡事不妨換個角度和思路多想想。世上沒有絕對的直路，也沒有絕對的彎路。關鍵是看你怎麼走，怎麼把彎路走成直路。有了繞道而行的技巧和本領，彎路也成了直路了。

　　學會繞道而行，撥開層層雲霧，便可見明媚陽光。也許你曾經奮鬥過，也許你曾經追求過，但你認定的路上紅燈卻頻頻亮起。在你焦急無奈，恨天怨地時，不如繞道而行！

　　繞道而行，並不意味著你面對人生的逆境望而卻步，也並不意味著放棄，而是在審時度勢。繞道而行，不僅是一種生活方法，更是一種豁達和樂觀的生活態度和靈活應變的處事理念。大路車多走小路，小路人多爬山坡，以豁達的心態面對生活，勇於和善於走自己的路，這樣你永遠不會是一個失敗者，而是一個勇於開拓的創新者。

直路不通走彎路

　　如果把一隻蜻蜓放飛在一個房間裡，牠會拼命地飛向玻璃窗，但每次都撞到玻璃上，在上面掙扎好久恢復神智後，牠會在房間裡繞一圈，然後仍然朝玻璃窗上飛去，當然，牠還是「碰壁而回」。

　　其實，旁邊的門是開著的，只因那邊看起來沒有這邊亮，而追求光明是多數生物的天性，所以蜻蜓根本就不會朝門那裡飛。牠們不管遭受怎樣的失敗或挫折，總還是堅決地尋求光明的方向。而當我們看見碰壁而回的蜻蜓的時候，應該從中悟出這樣一個道理：有時，我們為了達到目的，選擇另一個看來較為遙遠、較為無望的方向反而會更快地如願以償；相反，只盯著一條走下去，則會永遠在嘗試與失敗之間徘徊。

　　百折不回的精神雖然可嘉，但如果面前望得見目標，而卻是一片陡峭

的山壁，沒有可以攀援的路徑時，我們最好是換一個方向，繞道而行。為了達到目標，暫時走一條與理想相背馳的路，有時正是智慧的表現。

小李失業後一直找不到一份理想的工作。一天，他漫不經心地翻閱報紙時，一則廣告映入他的眼簾，廣告上標明著「英雄不問出處！」6 個大字。那是一家報社招聘編輯、記者的廣告！

什麼叫「英雄不問出處」？小李的理解是不管你的學歷高低，只要你有能力，這裡就有你的舞臺。看到這個廣告後小李十分高興，因為他雖然只有國中畢業，但是他發表過 30 多萬字的各種類型的作品，小李心想自己正是他們所說的「英雄」。

於是，小李滿懷信心地前去報名。可是負責接待的人員接過他的作品影本後又向他要畢業證書。小李不解地問：「不是英雄不問出處嗎？」那位接待人員感到奇怪地看了他一眼，然後朝他後面喊「下一位」，就再也不理睬他了，小李只好敗興而歸。

小李的朋友知道這件事後便勸他還是去混個學歷，還說這年頭公司就在乎那些東西。可小李偏不信邪，他發誓非進那家報社不可。從那以後，小李開始大量向那家報社投稿，絲毫不計較稿費的高低。由於這家報社新開了不少副刊，小李悉心加以研究後，抓住其特點專為他們量身訂做，因此他的作品幾乎篇篇被採用，甚至還創造過這樣的「奇蹟」：有一次，他們的副刊總共只採用了 7 篇稿件，其中 3 篇是小李的「大作」，只是署名不一樣。

於是小李的作品被這家報社的編輯競相爭搶，常常是剛應付完文學版的稿件，雜文版的邀稿又來了。有時候他的創作速度稍慢一點，那些編輯就會心急如焚地打電話催稿。

有一天，這家報社的一位編輯找到他，透露了他們即將擴版急需人才

的消息，希望他能前去應聘。小李對他說自己沒有學歷。那位編輯表示相信小李的能力，並說只要他想去，他可以跟主管說一聲。

第二天，那位編輯打電話給小李，向他轉達了主管的意思：如果他願意，現在就可以去上班。

小李成功了。我們可以從中得到了一個很重要的啟示——當你不能透過直接的方式達到目的時，為什麼不選擇另一條迂迴曲折的道路呢？儘管它看起來可能要比較複雜和麻煩。

不要逞匹夫之勇，圖一時之快碰壁而歸，你完全可以像小李一樣運用你的智慧和耐心，不妨暫時屈就你所不喜歡的職業，你可以暫時應付一下你所討厭或輕視的人，你可以暫時走進一個黑暗的涵洞，只要你不忘記從它的另一端鑽出來，只要你時刻知道這一切都僅僅是手段，而不是你的終極目標，你就用不著灰心和難過，也用不著在乎周圍的人怎樣批評或嘲笑你。

法國作家雷諾·加繆（Jean Renaud Gabriel Camus）曾說過：「你不要焦急！我們所走的路是一條盤旋曲折的山路，要拐許多彎，兜許多圈子，我們時常覺得好似背向著目標，其實，我們總會越來越接近目標。」的確，我們時常必須把目標放在背後，而耐心地去做披荊斬棘、鋪路修橋的艱苦工作，我們時常必須嘗試去走很多條看來非常晦暗無望的道路之後，才發現距離目標越來越近了。因此，只要我們記住自己理想的方向，就算多兜幾個圈子也不算錯誤。

換個角度看問題

　　探索洞穴是美國青年羅伯特大學時代最幸福的時光，他為南伊利諾大學地質系繪製了不少洞穴圖。在多數人眼裡，伊利諾牧場的一個石頭山，不過是一處亂石堆，而羅伯特發現或許這就是一次地下探險的入口。

　　羅伯特和三個朋友匍匐前行，穿過一道狹縫，發現了一個特大的地下岩洞。順著手電筒光羅伯特探入到洞穴深處，直至一處峭壁，借助隨身攜帶繩子，他們順勢下滑了約有 15 英尺左右。

　　又探索一陣子洞裡已無法再走了，他們決心打道回府。當他們來到懸掛繩子的岩壁邊，卻發現洞內的濕氣已使繩索又濕又滑。不論他們如何使力，誰也無法抓牢繩子往上爬。早些時候當他們興致勃勃地開始探險時，他們忽略了一些細節，而正是這些不經意之處，如今卻讓大家身臨險境。

　　作為默默無聞的探險新手，沒有人知道他們的行蹤，他們唯恐麻煩別人，不曾告訴任何人他們將去往某處探看某個洞穴，他們只是碰巧發現了這樣一個入口。從表面看來，洞穴並無顯眼的豁口，只是在牧場中央的岩石堆中有一道窄縫，這個世上知道這個洞穴的人，除了他們之外，恐怕別無他人。

　　電筒的光線越來越弱，洞裡空氣越來越悶。處境愈是危險，彼此間的緊張氣氛就愈濃，羅伯特他們開始討論出路問題。似乎沒有任何顯而易見的好辦法。事後羅伯特回想：「當時我們不曾意識到，傳統思考方式正是最大的障礙。我們的錯誤在於，我們只想儘快找到那些『立竿見影』的辦法。」

　　直到他們為節省電池關上電筒時，羅伯特才開始注意些先前未曾考慮的種種可能性。在漆黑的地下岩洞裡，他發現散落在周圍的木筏碎片正幽幽發光。借著電筒光探路時，他們從來不曾注意到布滿真菌的木片會反出

磷光,在黑暗中閃閃發亮。

洞內的光亮卻激發了他們創造力,它讓羅伯特意識到,只要換個角度看問題,答案或許就唾手可得。最後,他們又回到滑得無法握住手的繩子邊,恍然悟到或許手腳並用更好些。他們將繩子繫成一個個的圈,權且把繩子當作梯子,最終攀上了峭壁,安全地爬出了岩洞。

揚長避短求對策

在和煦明媚的春光下,一群生性溫馴的羚羊,正在肥美的北非草原上悠閒自得地嬉戲覓食。清澈的水潭中,倒映著一幅幅令人嘆為觀止的自然風光。突然羚羊中一聲尖厲的啼叫,劃破了寧靜的原野。一隻凶猛的獵豹,正以驚人的高速向羊群奔襲而來,如詩如畫的自然景色,旋即被一場驚心動魄的生死搏鬥場面所取代。成群的羚羊被獵豹衝擊得四散而逃。一隻健壯的羚羊,憑藉著靈活多變的拐彎技術,一次又一次地在千鈞一髮之際,躲過了窮追不捨的獵豹的凶猛擒撲,居然創造了死裡逃生的奇蹟,只給氣喘吁吁的獵豹留下一串清晰的蹄印。

羚羊既無尖牙利齒,又無鐵蹄銳角。而牠的天敵獵豹不僅生性凶殘本領非凡,而且奔跑速度最快達每小時百餘公里之上,比羚羊整整快 30 多公里。若按此速度對比的話,應該是沒有一隻羚羊能倖免於殺身之災的了。然而,事實上獵豹能捕食到的往往只是一些老弱病殘的羚羊。羚羊家族不僅沒有因此絕跡,相反的由於獵豹的存在,幫助羚羊優化物種,更加「羊丁興旺」。其中奧妙,就在於羚羊面對獵豹高速奔跑的優勢,不是盲目地「以快制快」,而是立足自身條件,採取靈活多變,急速拐彎,以巧制勝。

在人類社會中，強者與弱者，總是相對而言的，你有你的優勢，我有我的專長。因此，揚長避短歷來為有識之士所推崇。

現代偉大的文學家魯迅，當初的志向是學醫救國。他到日本學醫，儘管他很專心也很用功，但學習成績卻平平，當他意識到自己從文更為合適，便毅然棄醫學文，從此蜚聲文壇，成為一代文學巨匠。

達爾文年輕時對詩歌發生興趣，每天上午背誦幾十行詩。不過，他很快發現自己的「詩才」平庸，就轉向生物學了，並取得了研究生物演化論的偉大成就。

這樣的事例，可以舉出許許多多。揚長避短，充分發揮自身的特長和優勢，是十分重要的。所以，一個人要在這個世界上立足，關鍵還是在於能否正確了解自己，發現自己，從而合理確定自己的人生座標。

生活中，常有這樣的現象，面對強勁有力的對手，一些人不是在自身條件基礎上確定揚長避短的對策，而是不切實際地強求自己要比別人的長處更長，其結果往往只能是東施效顰，不僅短時間內難以趕上別人，而且還會喪失自己原有的優勢。

由於歷史和地理、資源、環境等複雜的原因，國家與國家之間，民族與民族之間，地區與地區之間，以至人與人之間都客觀地存在著種種差異距離。面對這種種差異和距離，有的人博取「他山之石」為己攻玉，有的則為縮短差距和儘快趕上先進，借鑑、模仿甚至移植別人成功的經驗，這都未嘗不可。但是，一切最有生命力和競爭力的，必然是最充分地發揮自身優勢發明創新，而不是簡單地模仿別人的東西。許多有所建樹，獨樹一幟的藝術家，都不可否認地學習甚至模仿過別人，但他們最終必定是吸收了別人的長處，又發揮了自己的特長優勢才能獨樹一幟，自成一派的。學藝如此，經商如此，戰爭亦如此。

因此，我們要在生活的競爭場上取勝，不僅要揚棄自身業已失去活力的原有長處，還要善於揚棄競爭對手正在運用的，有時哪怕是自己已經具有很大優勢的長處，立足環境因素、自身條件和欲求目標的三元動態平衡中，求得全新的對策。這樣，我們才能最終戰勝逆境成就自己。

把問題倒過來看

善於改變自己的思考模式，不按照常理去想問題，就會取得非同一般的成效。這就是說，換一種思考方式就能夠化解問題。

美國有一家大百貨公司，門口的看板上寫著：無貨不備，如有缺貨，願罰 10 萬。

一個法國人很想得到這 10 萬元，就去見經理，開口就說：「潛水艇，在什麼地方？」

經理領他到第 18 樓，真的有一艘潛水艇。法國人又說：「我還要看看飛船。」經理又領他到第 10 樓，果然有一艘飛船。法國人不肯甘休，又問道：「有肚臍眼長在腳下面的人嗎？」他以為這樣問，經理一定會愣住。經理也的確抓耳撓腮無言以對。這時，旁邊的一位店員應道：「我做個倒立給這位客人看看！」

人們都已經熟悉了逆向思考這種方式，但到了實際情況下，特別是一些特殊情況下，人們還是習慣於常規思考。因此，很多實際可以解決的問題，也就被人們看成無法做到、難以解決的問題。

「如果你討厭一個人，那麼你就應該試著去愛他。」這是一位在社會風雨中歷練多年的人告訴我的。

基克爾大學畢業初入社會，在某家公司外貿部就職，不幸碰上一個愛

拍馬屁，什麼本事也沒有的主管，此人每天下班後沒有什麼事也要跟著上級主管拚命「加班」，無事生非，把白天理好的檔弄得一團糟，轉眼出了錯，又把責任推給基克爾。

　　一氣之下，基克爾辭職去了另一家公司。在那裡，他出色的工作博得了許多同事的稱讚，但無論怎樣也沒法使苛刻、暴躁的經理滿意。心灰意冷間，他又萌動了跳槽之念，於是向總裁遞交了辭呈。總裁先生沒有竭力挽留基克爾，只是告訴他自己處世多年得出的一條經驗：如果你討厭一個人，那麼你就要試著去愛他。總裁說，他就曾「雞蛋裡挑骨頭」一般地在一位上司身上找優點，結果，他發現了老闆的兩大優點，而老闆也逐漸喜歡上了他。

　　基克爾雖然依舊討厭他的經理，但已悄悄收回了辭呈。他說：「現在我想開了，作為一個成熟的人應該放開心胸去包容一切、愛一切。換一種觀點看待人生，你一定會發現樂趣比煩惱要多得多。」

　　再看一則故事：在西元 1912 年，有一位歐洲的神父到東方傳教。他看到當地人民的生活非常困苦，引發了他的惻隱之心，他苦思良策想改善教友們的生活。

　　有一天，神父走過一戶人家，看見婦人在門口梳頭，有些頭髮掉落在地上。這一幕觸發了他的靈感。

　　神父想起了他的家鄉 —— 歐洲，工業革命後工廠紛紛設立，廠內的女工操作時都必須佩髮髮網，這麼一來，不但可避免頭髮捲入機器中，而且也可做裝飾品。如果把婦女們掉落的頭髮收集起來，然後編織成髮網銷到歐洲去，豈不是可以改善教友們的生活嗎？

　　於是，神父就告訴婦女們，在梳頭時，可把落髮收集起來。另一方面，他告訴商人，拿些針線與火柴來與婦女們交換零碎的頭髮，並教會商

人把頭髮編織成髮網，外銷歐洲。

再說一則故事：日本北海道冬季嚴寒，積雪的時期長達 4 個月。積雪對農作物而言，固然有防蟲與防寒等好處，但積雪期間太久的話，會影響農民播種的時間。

剷除殘雪，得花大錢；等陽光來融雪，天公又常不作美。因此，農民只好撒泥土來融解積雪，但泥土太重，融雪的效果也不好。所以，幾十年來，積雪的問題一直困擾著北海道的農民。

有一天，一個老農夫試著把爐中掏出的黑灰撒在積雪上，沒想到，效果非常好，一舉解決了數十年的難題。

黑灰不但較泥土易於搬動，而且吸熱程度高，融雪的效果數倍於泥土，再說掏出黑灰，等於把火爐消除乾淨，真是一舉三得。

落髮與黑灰原來都是無用的廢物，經過神父與農夫的動腦之後，都變成極有用之物，這真是應驗了一句話：只要肯動腦，垃圾也能變黃金。

某大鞋廠的老闆派兩名行銷經理到非洲考察新鞋銷售的市場潛能，兩人回國後先後向老闆報告，甲經理興趣索然地說，「非洲人不穿鞋子，因此市場沒有開發的價值，我們不必去了。」

乙經理則另有一種說法，興致勃勃地指出：「非洲大多數的人都還沒有買鞋子。顯示這個市場潛力無窮，應趕快進行開發，先搶得商機。」結果乙經理受到重用，甲經理不久後離職。

為了生涯發展與提高生活品質，人人應充實自己、擴大視野，在日常生活中培養健康、合理與貼切的思考模式，作為自己行動的指導原則。

換一種思考方式，把問題倒過來看，不但能使你在逆境中找到峰迴路轉的契機，也能使你找到生活上的快樂。換一種想法，就會從另外一個方面重新判斷問題，從而把逆境變為坦途。

掌握一套「變位術」

　　一個人變與不變，不能一概而論，應該根據不同的情況而定。一個人竭盡全力去做一件事而沒有成功，並不意味著他做任何事情都無法成功。因為他可能選擇了不適合自己天性的職業，這就注定難以成功。莫里哀（Molière）和伏爾泰（Voltaire）都是失敗的律師，但前者成了傑出的文學家，而後者成了偉大的啟蒙思想家。因為他們施行了「變位術」。

　　世界上有半數的人從事著與自己的天性格格不入的職業，而做自己的天賦所不擅長的事情往往會徒勞無益，因此失敗的例子數不勝數。在職業生涯的選擇方面，要揚長避短。你的天賦所在就是你擅長的職業。西德尼·史密斯（Sidney Smith）說：不管你天性擅長什麼，都要順其自然，永遠不要丟開自己天賦的優勢和才能。

　　瓦特也說：「天才人物往往被一種無法抗拒的衝動吸引到一種職業上去，而他本人就是為這種職業而存在的。無論在他周圍存在多少困難，也無論他的前途多麼渺茫，但這種職業仍然是他按照自己的興趣和愛好所追求的唯一一種職業。而一旦他在那個方面的努力不能維持他的生計時，當他發現自己非常貧窮卑微、窮困潦倒時，他或許就會像波恩斯一樣經常嘆息著回憶過去，並設想著如果自己以前從事另一種的職業，境遇將會比現在好多少。但儘管如此，他仍然會繼續堅持著並執著地追求他所鍾愛的事業。」

　　當每一個人都選擇了適合他的工作時，這就標誌著人類文明已經發展到了至高境界。只有找到了適合自己的位置時，人們才有可能獲得理想的成功。就像一個火車頭一樣，只有在鐵軌上它才是強大的，一旦脫離軌道，它就寸步難行。

　　曾經有很多人說，上帝任命了兩位天使，一位去掃大街，另一位去治理帝國，他們兩個人的職責不能被交換。事實上，當一個人認為上帝已經交給他一項特殊的工作時，只有他全身心地投入其中，他才能得到幸福。當一個人在年輕時就找到了他夢想中的職業時，他是幸福的，但是，如果連這份夢想中的工作都不能勝任的話，那麼也就沒有其他任何工作能做得讓自己或別人感到滿意的了。因為永遠不停止追求夢想是一個人天生的傾向，除非他已經找到了真正屬於自己的位置，他內心的理想向會一直縈繞著他，並驅使他行動，直到他那天賜的才能都充分發揮，直到他回歸到真正適合他的港灣時才會甘休。

　　卡內基曾經這樣總結自己的教訓：「當我由密蘇里州的鄉下到紐約去的時候，考入了美國戲劇學院，希望能做一個演員。我當時有一個自以為非常聰明的想法，一條到達成功的捷徑；這個想法非常簡單，也非常完美，所以我不懂得為什麼成千上萬雄心勃勃的人居然沒有發現這一點。這個想法是這樣的，我去學當年那些有名的演員怎樣演戲，學會他們的優點，然後把每一個人的長處學下來，使自己成為一個集所有優點於一身的名演員。當時我是多麼愚蠢！多麼荒謬！居然浪費了那麼多時間去模仿別人，最後終於明白，一定必須維持自己的本色，我不可能變成任何人。我對自己說，『你一定要維持自己的本色，不論錯誤有多少，能力多麼有限，你也不可能變成別人。』於是我不再試著做其他所有人的綜合體，而捲起我的袖子，做了我原先就該做的事：寫一本關於公開演說的教科書，完全以我自己的觀察、經驗，以一個演說家和一個演說教師的身分來寫。」

　　卡內基取得了成功，是因為他終於釐清了他自己的社會角色，及時調整自己的方向，從適合他自己的角度來從事社會活動。

207

▶ ▶ ▶ 第五章　隨機應變，條條大路通羅馬

　　威靈頓公爵（Duke of Wellington）曾經被他的母親認為是一個笨孩子。在伊頓公學時，他被大家稱為笨蛋、白痴、弱智，他在那裡被列入最差勁的學生行列，因為他什麼都不懂，所以人們認為他什麼都得從頭學起。在學校時，他沒有表現出任何天賦，也沒有表現出任何要參軍的意願。但是，在他的父母和老師的眼裡，他那勤奮和堅毅的性格特徵是對他缺陷的唯一補償。在 46 歲那年他戰勝了「戰無不勝」的拿破崙。

　　林尼厄斯當年被他的老師稱做蠢豬。當他的父母發現他不適合成為教士時，就把他送進大學去學習醫學。但是，一個默默無聞的、卻比其他人更有耐心也更有智慧的老師，引導他進入了適合的領域。此後，無論是疾病、災難，還是貧窮，都不能把他從這個領域裡拉出來，因為這是他內心的真正選擇。後來，林尼厄斯成為了他那個時代最偉大的指揮家。

　　只有極少數人在沒有經歷挫折和痛苦的情況下，就能在任何工作或任何研究領域表現出偉大的天賦與非凡的才能。而絕大多數人，即使按照他們內心的期望給予他們相應的職位，他們也很難在 15 歲甚至 20 歲之前確定他們一生的職業。每一個人都會在自己思想的入口處徘徊不定，想要以自己擁有的天才來明確知曉自己適合哪種具體的工作，但是，這種天才其實是不存在的。

　　英國作家賽謬爾·斯邁爾斯曾從事過一種完全不適合他的天性的職業，然而，他非常虔誠地去做好這一工作，這些經歷對他日後的作家生涯起了很大的作用，而作家才是最適合他的職業。忠實地對待你的本職工作和一切社會職責，滿懷著忠誠的責任心來對待我們的父母、老闆、我們自己，這些東西將會在適當的時刻把我們中的大多數人帶到光明的道路上去。無論是林肯還是尤利西斯·S·格蘭特（Ulysses S. Grant），都不是從嬰兒時就有入主白宮的天才特徵或領導駕馭人的天賦。因此，沒有人會因為

208

自己在搖籃裡沒有收到巨大的禮物餽贈而感到失望。我們的任務就是盡力做好每一件手頭的工作，並且按照自己內心的天賦所指引的方向抓住每一個重大的機會，從而使自己不斷進步。讓職責成為指路的明星，從這個意義上講，成功則是衡量人的工作能力和努力程度的王冠。

很多人在問：什麼是一生的職業？我一生所要從事的職業應該是什麼呢？

如果你的天賦和內心的理想要求你從事木工工作，那麼你就做一個木匠；如果你的天賦和內心要求你從事醫學工作，那麼你就做一個醫生。堅信自己的選擇並進行不懈的努力，你就一定能夠成功。但是，如果你沒有任何內在的天賦，或者沒有一個明確的理想，那麼，你就應該在最適應你的方面和最好的機會上慎重地做出選擇。不必懷疑這個世界是任由你去創造的，真正的成功是在於努力扮演好自己的角色、出色地履行自己的職責，這一點是每一個人都能夠做到的。做一個一流的搬運工也要比做一個二流的其他角色強。

有這樣一句話曾經廣泛流傳：沒有哪一個了解自己天賦的人會成為無用之輩；也沒有哪一個出色的人在錯誤地判斷自己天賦時，能夠逃脫平庸的命運。

富蘭克林說，有事可做的人就有了自己的事業，而只有從事擅長天性的職業，才會給自己帶來利益和榮譽。站著的農夫要比跪著的貴族高大得多。

如果我們遵從馬修·阿諾德（Matthew Arnold）的說法，那麼，寧可做鞋匠中的拿破崙，寧可做清潔工中的亞歷山大，也不要做根本不懂法律的平庸律師。

一個人的職業能比其他任何事情都能更強烈地影響到他的生活。一個人的職業使他肌肉結實，身體強壯，思維敏捷，能糾正他的失誤和偏差，

激發他的創造發明天才；職業使他得以施展才華，使他開始積極地生活，激勵他的進取心，讓他覺得自己是個真正的人，因此必須處在你認為真正適合自己的位置上，完成真正的人所應完成的工作，承擔真正的人應該承擔的職責，並表現出真正的人的勇氣與膽識。如果沒有從事這樣的職業，他就不會覺得自己是個真正的人。無事可做的人稱不上是完整意義的人。他無法透過工作來表現自己堅強的個性。

　　粗壯結實的肌肉和骨骼不足以構成真正的人，一個大腦袋也不足以成為真正的人，骨骼、肌肉和大腦必須組合起來，進行健全完整的思考，知道怎樣完成適合自己的工作，開創一條與眾不同的道路，勇敢地承受巨大的壓力和職責，只有這樣，才能真正造就自己，使自己成為名副其實的人才。這是「變位術」帶來的成功之道。

另闢蹊徑的機智

　　根據經典的相反趨勢理論，人在最絕望的時候，孕育的正是反向思考的最佳機會。身臨絕地，按常規出牌，往往將必敗無疑，若能獨闢蹊徑，定能起死回生。

　　從前，有位商人和他長大成人的兒子一起出海遠行。他們隨身帶上了滿滿一箱珠寶，準備在旅途中賣掉，他們沒有向任何人透露過這一祕密。一天，商人偶然聽到了水手們在交頭接耳。原來，他們已經發現了他的珠寶，並且正在計劃著謀害他們父子，以掠奪這些珠寶。

　　商人聽了之後嚇得要命，他在自己的小屋內踱來踱去，試圖想出擺脫困境的辦法。兒子問他出了什麼事情，父親於是把聽到的全告訴了他。

　　「跟他們拚了！」年輕人斷然道。

「不，」父親回答說，「他們會制服我們的！」

「那把珠寶交給他們？」

「也不行，他們還會殺人滅口的。」

過了不久，商人怒氣衝衝地衝上了甲板，「你這個笨蛋！」他對兒子喊道，「你從來不聽我的忠告！」

「老頭子！」兒子也同樣大聲地說，「你說不出一句中聽的話！」

當父子開始互相謾罵的時候，水手們好奇地聚集到周圍，看著商人衝向他的小屋，拖出了他的珠寶箱。「忘恩負義的傢伙！」商人尖叫道，「我寧肯死於貧困也不會讓你繼承我的財富！」說完這些話，他打開了珠寶箱，水手們看到這麼多的珠寶時都倒吸了口氣。而商人又衝向了欄杆，在別人阻攔他之前將他的寶物全都投入了大海。

又過了一下，父與子都目不轉睛地注視著那個空箱子，然後兩人躺倒在地，為他們所做的事而哭泣不止，後來，當他們單獨一起待在船艙裡時，父親說：「我們只能這樣做，孩子，沒有其他辦法可以救我們的命了！」

「是的，」兒子答道，「您這個方法是最好的了。」

輪船駛進了碼頭後，商人與他的兒子匆匆忙忙地趕到了城市的地方法官那裡。他們指控了水手們的海盜行為和犯了企圖謀殺罪，法官派人逮捕了那些水手。法官問水手們是否看到老人把他的珠寶投入了大海，水手們都一致說看到過。法官於是判決他們都有罪。法官問道：「什麼人會棄掉他一生的積蓄而不顧呢，只有當他面臨生命的危險時才會這樣做吧？」水手們聽了十分羞愧得表示願意賠償商人的珠寶，法官因此饒了他們的性命。

故事中這個久經商場磨練的商人見識確實高人一籌，而這種絕處求生的應變智慧，使他和兒子既保住了命，又使錢財失而復得。

▶▶▶ 第五章　隨機應變，條條大路通羅馬

　　「山窮水盡疑無路，柳暗花明又一村」，人有逆天之處，但天無絕人之路。生活中，不管我們遇到什麼樣的艱難險阻，也不要輕言放棄。上帝總會在我們最絕望時給我們留下一線生機，只要我們善於抓住這些轉瞬即逝的機遇，就能轉危為安，重新揚起希望的風帆。

　　一場火災燒燬了保羅祖傳的一座美麗的森林莊園，傷心的保羅想貸款重新種樹，恢復原貌，可是銀行拒絕了他的貸款申請。一天，他出門散步，看到許多人排隊購買木炭。保羅忽然眼前一亮，他雇了幾個炭工，把莊園裡燒焦的樹木加工成優質木炭，分裝成 1,000 箱，送到集市上的木炭分銷店。結果，那 1,000 箱的木炭沒多久便被搶購一空。這樣保羅便從分銷商手裡拿到了賣木炭得來的一筆數目不少的錢。在第二年春天保羅又購買了一大批樹苗，終於讓他的森林莊園重新綠浪滾滾。一場森林大火，免費為保羅燒出了上等的木炭！

　　天災人禍往往不可預知、無法避免，遇到這樣的困難，是對我們生命的考驗。保羅處變不驚，沉著應對，化解了危機。在承受挫折的時候，我們也應像保羅一樣調整好心態，保持清醒的頭腦。坦然面對危機，在絕望之中找到另一種前進的動力。切記，如果面對危機自己亂了陣腳，不但找不到新的出路，而且還容易做出錯誤的決策，造成更大的損失。

　　當然，不是任何危機都可以利用，都能收到意外的收穫。但是，如果我們能善於掌握時機，沉著面對困境，就能把危機造成的損失降低到最低限度。

　　100 多年前，一個 20 多歲的猶太人隨著淘金人流來到美國加州，這個猶太人就是日後聞名遐邇的「牛仔褲之父」李維‧史特勞斯（Levi Strauss）。他看見這裡的淘金者人如潮湧，心想如果自己也參與進去，未必能撈到多少油水。於是靈機一動，想靠做一些生意賺這些淘金者的錢。

他開了間專營淘金用品的雜貨店，經營鑽頭、做帳篷用的帆布等，前來光顧的人不少。

一天，有位顧客對他說：「我們淘金者每天不停地挖，褲子損壞很快，如果使用結實耐磨的布料做成褲子，一定會很受歡迎的。」

李維抓住了顧客的需求，憑著生意人的精明，開始了他的牛仔褲生意。剛開始時，李維把他做帳篷的帆布加工成短褲出售，果然暢銷，採購者蜂擁而來。李維靠此發了大財。

首戰告捷，李維馬不停蹄繼續研製。他細心觀察礦工的生活和工作特點，千方百計改進和提高產品的品質，設法滿足消費者的需求。考慮到幫助礦工防止蚊蟲叮咬，他將短褲改為長褲；又為了使褲袋不致在礦工放樣品進去時裂開，特將褲子臀部的口袋由縫製改為用金屬釘釘牢；又在褲子的不同部位多加了兩個口袋。這些點子都是在仔細觀察淘金者的活動和需求的過程中，不斷地捕捉到並加以實施的，使牛仔褲日益受到淘金者的歡迎，銷路日廣。

由於牛仔褲的式樣源於「底層」百姓，因而儘管它受到大量礦工和年輕人的熱烈歡迎，但能否打入城市？還是未知數。

經過一次城市銷售的失敗後，李維根據分析結果，對症下藥，認為上層社會排斥牛仔褲的原因，主要是因為它來自社會的底層，對上流人士是一種觸犯。為此，李維利用各種媒介大力宣傳牛仔褲的美觀、舒適，是最佳裝束，甚至把它說成是一種牛仔褲文化。這些鋪天蓋地的宣傳，把對牛仔褲「庸俗」、「下流」的斥責打得落敗而逃。於是，牛仔褲在各階層中牢牢地站穩了腳跟，並在美國市場上縱橫馳騁，繼而突破國界風靡全球。

在美國加州淘金熱潮中，不靠淘金而經營別的營生並成功致富的有很多例子。與李維·史特勞斯一樣，17 歲的小農夫亞默爾也加入了這支龐大

的尋金熱隊伍。他歷盡千辛萬苦趕到加州，經過一段時間，他同大多數人一樣沒有挖到一兩金子。

　　淘金夢是美麗的，山谷中艱苦的生活卻令淘金者難以忍受。特別是當地氣候乾燥、水源奇缺，尋找金礦的人最痛苦的是沒有水喝。許多人一面尋找金礦，一面不停地抱怨。

　　一個淘金者說：「誰能讓我痛飲一頓，我寧願給他一塊金幣。」另一個說：「誰給我喝一壺涼水，我寧願給他兩塊金幣。」還有一個人跟著發誓說：「我出三塊金幣。」

　　在一旁的亞默爾見這些人發完牢騷又繼續埋頭挖崛起金礦來，自己慢慢停住了手中的鐵鍬。他想：如果我把水賣給這些人喝，也許比挖金礦能更快賺到錢。於是，亞默爾毅然放棄找金礦，將手中挖金礦的鐵鍬變為挖水渠的工具，從遠方將河水引入水池，經過細沙過濾，成為清涼可口的飲用水，然後將水裝在桶裡，運到山谷一壺一壺地賣給找金礦的人。

　　當時，有人嘲笑亞默爾，說他胸無大志，他們似乎都沒有細想亞默爾選擇的出發點。亞默爾毫不介意，繼續賣他的飲用水。結果，許多人深入寶山空手而回，有些人甚至忍飢挨餓流落異鄉，而亞默爾卻在很短的時間內靠賣水賺到了 6,000 美元，這在當時可是一筆十分可觀的財富呀！

　　陽光普照大地，萬物生機勃勃。可以說，只要有人的地方就有了賺錢的機會。尋找、發現並最終抓住這種機會，使你所做的正是大多數人所需要卻沒有人去做的，這就是與眾不同，你就是一個高明的成功者。

　　許多人在逆境的泥濘中，雖窮盡心力，但終究得不到幸運女神的青睞，對於這種人，最好的勸導就是讓他另闢蹊徑。

簡單處理危機

英國某家報紙曾舉辦一項高額獎金的有獎徵答活動。題目是：在一個充氣不足的熱氣球上，載著三位關係世界興亡命運的科學家。

第一位是環保專家，他的研究可拯救無數人們，免於因環境汙染而面臨死亡的噩運。

第二位是核子物理專家，他有能力防止全球性的核戰爭爆發，使地球免於遭受滅亡的絕境。

第三位是農業專家，他能在不毛之地，運用專業知識成功種植糧食，使幾千萬人脫離因饑荒而亡的命運。

此刻熱氣球即將墜毀，必須丟出一個人以減輕載重，使其餘的兩人存活，請問該丟掉哪位科學家？

問題刊出之後，因為獎金的數額相當龐大，各地答覆的信件如雪片飛來。在這些答覆的信中，每個人皆竭其所能，甚至天馬行空地闡述他們必須丟掉哪位科學家的宏觀見解。

最後結果揭曉，巨額獎金的得主是一個小男孩。

他的答案是 —— 將最胖的那位科學家丟出去。

您比較想將哪位科學家丟出去呢？

這位小男孩睿智而幽默的答案，是否也同時提醒了許多聰明的大人們：最單純的思考方式，往往會比複雜地去鑽牛角尖，更能獲得更好的成效。

同時值得我們思考的是，在我們從事推銷、教育、新聞媒體等工作時，我們是不是常常太過於重視自己想法的表達，或著力於事物表面的熱切探討，卻忽略了對方的真正需要？

解決任何疑難問題最好的方式只有一種，就是真正能切合該問題的實際，而非自說自話、脫離問題本身的盲目探討。

所以，在往後如遭遇任何困境，我們不妨先仔細想清楚，問題真正的重點何在，對方的需要又是什麼。

我們可以透過單純化的思考，將這種思考的模式化，訓練成為日常的習慣。經過反覆的應用，假以時日，您將不會再為問題複雜的表像所困惑，而擁有足夠的智慧，得以找出自己能夠處理解決的答案來。

當然，您的這項成長，也就有助您在與任何人的溝通上，能夠更加得心應手，達到日臻圓滿融洽的更新境界。

非常時期要勇於打破常規

孔子居住在陳國，離開陳國到蒲國去。這時正好公叔氏在蒲國叛亂，蒲人擋住孔子對他說道：「你如果不到衛國去，我們就把你送出去。」於是，孔子就和蒲人盟誓絕不到衛國去。為此，蒲人把孔子送出東門。可是，出了東門，孔子就徑直向衛國走去。子貢不理解地問道：「盟約也可以違背嗎？」孔子答道：「這是被迫訂的盟約，神靈是不會承認的。」

可以看出，對孔子說來，在特殊的情況下只要能夠到達衛國，你提出什麼條件我都可以答應，說假話也在所不辭！這就叫不能死心眼！

張觳作同州觀察判官。當時朝廷命他制兵器以供邊關作戰用。一次，朝廷急令征 10 萬支箭，並限定必須用雕雁的羽毛做箭羽。這種鳥羽價格昂貴，很難購得。張觳說：「箭是射出去的東西，什麼羽毛不能用？」節度使說：「改變箭羽應該向朝廷報告，請求批示。」張觳說：「我們這裡離京城 2,000 多里路，而邊關又急需用箭，怎麼來得及呢？如果朝廷怪罪下

來，本官承擔一切責任！」於是便按新的標準造箭，一日之間，降低了幾倍購羽的開支，按時完成了造箭的任務。

後來，尚書省同意了張齵的做法。

張齵和孔子的行為特點，都可稱之為隨機應變。但他們所面對的外界環境，並不是白駒過隙稍縱即逝，相對而言，還有一些時間用來觀察和思考，為此，只要善於進行理性分析判斷並且不「死心眼」，就可以做到。

有些時候，外界環境的變化極其迅速，特別突然，令人猝不及防。究竟應做出什麼樣的反應才是合適的，幾乎來不及思考。這時的舉措言行，大多依賴直覺和靈感。

春秋時期，有這樣一段故事。齊國國君的大公子糾在魯國，二公子小白在莒國。後來聽說國君死了，齊國無君，公子糾和公子小白一齊歸返齊國，碰巧同時趕到，爭先而入。輔佐公子糾的管仲開弓放箭欲殺公子小白，但沒射中公子小白，射中了鉤。這時，輔佐公子小白的大臣鮑叔靈機一動，馬上讓小白倒下裝死，躺在車中。管仲以為公子小白已被射死，便告訴公子糾說：「你可以安穩地坐上國君的寶座了，公子小白已經死了。」這時，鮑叔抓緊時間，立刻驅車最先趕入齊國。於是，公子小白當了國君。

馮夢龍先生在評價這段故事時說：「鮑叔的應變能力真厲害，其心術的運用像疾飛的箭頭一樣快！」

三國時期的曹操和劉備，堪稱一代豪傑。曹操一向嫉恨劉備。有一天，曹操到劉備的住處飲酒閒談。當談到當今天下誰稱得上英雄時，曹操說道：「如今天下的英雄，只有我你兩人，袁本初不值一提！」這時，劉備正巧不慎掉落筷子，同時，天上打了個響雷，於是，劉備對曹操說：「聖人說迅雷風烈，必有大變，是真說得對呀！這一聲雷的威力，竟把我

嚇成這個樣子了！看來，我真不配當英雄啊！」當時，劉備正客居在曹操手下，每時每刻都在尋找時機，逃出曹營自立門戶，擔當起復興漢室的大業。為實現這一目的，他採取了韜晦裝蒜的心術。當曹操說他是英雄時，他誤以為曹操摸到了一點蛛絲馬跡，故意以言語試探，為此有些驚慌，隨之掉落了筷子。這是個意想不到的突發事件，擔心曹操很可能由此發現他內心的祕密。這時，老謀深算的劉備，直覺和靈感上來了，不慌不忙地解釋了一番。劉備的解釋可謂一箭雙雕，既解除了曹操對掉落筷子的猜疑，又為他胸無大志、平庸無能的假像增加了一層修飾。

宋文帝的時候，因為連年征戰，武器庫已為之空虛。有一次宋文帝舉行宴會，北國人也在座。閒談期間，宋文帝偶然問起武器庫中的兵器還有幾件，這時大臣顧琛立即機警地撒謊應對：「還有足夠 10 萬人用的兵器。舊武器庫祕藏的兵器還不知道有多少。」宋文帝發問完了，追悔自己失言。但得到顧琛隨機補救的回答，心裡十分欣慰。

關鍵時刻要保持冷靜

有人面對危難之事狂躁發怒亂了方寸。而成功者總是臨危不亂，沉著冷靜理智地應對危局。所以能這樣，是因為他們能夠冷靜地觀察問題，在冷靜中尋找出解決問題的突破口。可見，讓發熱的大腦冷卻下來對解決問題是何等重要。

思考決定行動的方向。那些成大事的人，都是正確思考的決策者。很顯然成大事源自於正確的決策，正確的決策源自於正確的判斷，正確的判斷源自於經驗，而經驗又源自於我們的實踐活動。人生中那些看似錯誤或痛苦的經驗，有時卻是最可寶貴的財產。在你縱觀全域，果斷決策的那一

刻，你人生的命運便已經注定。兩智相爭勇者勝，成大事者之所以成功，在於他決策時的智慧與膽識，能夠及時排除錯誤之見。正確的判斷是成大事者一個經常需要訓練的素養。為什麼呢？因為沒有正確的判斷，就會面臨更多的失敗和危急關頭。在失敗和危急關頭保持冷靜是很重要的。在平常狀況下，大部分人都能控制自己，也能作正確的決定。但是，一旦事態緊急，他們就自亂腳步，無法把持自己。

一位空軍飛行員說：「二次大戰期間，我獨自擔任 F6 戰鬥機的駕駛員。頭一次任務是轟炸、掃射東京灣。從航空母艦起飛後一直保持高空飛行，然後再以俯衝的姿態滑落至目的地的上空執行任務。」

「然而，正當我以雷霆萬鈞的姿態俯衝時，飛機左翼被敵軍擊中，頓時翻轉過來，並急速下墜。」

「我發現海洋竟然在我的頭頂。你知道是什麼東西救我一命的嗎？」

「我接受訓練期間，教官會一再叮嚀說，在緊急狀況中要沉著應付，切勿輕舉妄動。飛機下墜時我就只記得這麼一句話，因此，我什麼機器都沒有亂動，我只是靜靜地想，靜靜地等候把飛機拉起來的最佳時機和位置。最後，我果然幸運地脫險了。假如我當時順著本能的求生反應，未待最佳時機就胡亂操作了，必定會使飛機更快下墜而葬身大海。」他強調說，「一直到現在，我還記得教官那句話：『不要輕舉妄動而自亂腳步；要冷靜地判斷，抓著最佳的反應時機。』」

面對一件危急的事，出於本能，許多人都會作出驚慌失措的反應。然而，仔細想來，驚慌失措非但於事無補，反而會添出許多亂子來。試想，如果是兩方相爭的時候，對方就會乘危而攻，那豈不是雪上加霜嗎？

所以，在緊急時刻，臨危不亂，處變不驚。以高度的鎮定，冷靜地分析形勢，那才是明智之舉。

　　唐代憲宗時期，有個中書令叫裴度。有一天，手下人慌慌張張地跑來向他報告說他的大印不見了。為官的丟了大印，真是一件非同小可的事。可是裴度聽了報告之後一點也不驚慌，只是點頭表示知道了。然後，他告誡左右的人千萬不要張揚這件事。

　　左右之人看裴中書並不是他們想像一般驚慌失措，都感到疑惑不解，猜不透裴度心中是怎樣想的。而更使周圍的人吃驚的是，裴度就像完全忘掉了丟印的事，當晚竟然在府中大宴賓客，和眾人飲酒取樂，十分逍遙自在。

　　就在酒至半酣時，有人發現大印又被放回原處。左右手下又迫不及待地向裴度報告這一喜訊。裴度依然滿不在乎，好像根本沒有發生過丟印之事一般。那天晚上，宴飲十分暢快，直到盡興方才罷宴，然後各自安然歇息。

　　而後下人始終不能揣測裴中書為什麼能如此成竹在胸，事後好久，裴度才向大家提到丟印當時的處置情況。他教左右說：「丟印的緣由想必是管印的官吏私自拿去用了，恰巧又被你們發現了。這時如果嚷嚷開來，偷印的人擔心出事，驚慌之中必定會想到毀滅證據。如果他真的把印偷偷毀了，印又何從而找呢？而如今我們處之以緩，不表露出驚慌，這樣也不會讓偷印者感到驚慌，他就會在用過之後悄悄放回原處，而大印也不愁不失而復得。所以我就如此那般地做了。」

　　從人的心理上講，遇到突然事件，每個人都難免產生一種驚慌的情緒。問題是怎樣想辦法控制。

　　楚漢相爭的時候，有一次劉邦和項羽在兩軍陣前對話，劉邦歷數項羽的罪過。項羽大怒，命令暗中潛伏的弓弩手幾千人一齊向劉邦放箭，一支箭正好射中劉邦的胸口，傷勢沉重痛得他伏下自身。主將受傷，群龍無首。若楚軍乘人心浮動發起進攻，漢軍必然全軍潰敗。猛然間，劉邦突然

鎮靜起來，他巧施妙計：在馬上用手按住自己的腳，大聲喊道：「碰巧被你們射中了！幸好傷在腳趾，並沒有重傷。」軍士們聽了頓時穩定下來，終於抵住了楚軍的進攻。

西晉時，河間王司馬顒、成都王司馬穎起兵討伐洛陽的齊王司馬冏。司馬冏看到二王的兵馬從東西兩面夾攻京城驚慌異常，趕緊召集文武群臣商議對策。

尚書令王戎說：「現在二王大軍有百萬之眾，來勢凶猛，恐怕難以抵擋，不如暫時讓出大權，以王的身分回到封地去，這是保全之計。」王戎的話剛說完，齊王的一個心腹怒氣衝衝地吼道：「身為尚書理當共同誅伐，怎能讓大王回到封地去呢？從漢魏以來王侯返國有幾個能保全性命的？持這種主張的人就應該殺頭！」

王戎一看大禍臨頭，突然說：「老臣剛才服了點寒食散，現在藥性發作要上廁所。」說罷便急匆匆走到廁所，故意一腳跌了下去，弄得滿身屎尿臭不可聞。齊王和眾臣看後都捂住鼻子大笑不止。王戎便借機溜掉，免去了一場大禍。

正因為王戎很有冷靜的頭腦，才在危急之下身免一死。此事無疑給後人以啟示：遇事要沉著冷靜，靜中生計以求萬全。

當眾擁抱你的敵人

「當眾擁抱你的敵人」這是件很難做到的事，因為絕大部分人看到「敵人」都會有滅之而後快的衝動，若環境不允許或沒有能力消滅對方，至少也會保持一種冷漠的態度，或說一些讓對方不舒服的嘲諷話，可見要擁抱敵人是多麼難。

　　就因為難，所以人的胸懷城府才有高有下，有大有小，也就是說，能當眾擁抱敵人的人，他獲得的成就往往比不能擁抱敵人的人要高。此話怎講？能當眾擁抱敵人的人總是站在主動的地位，採取主動的人能「制人而不受制於人」。你採取主動，不只迷惑了對方，使對方搞不清你對他的態度，也迷惑了第三者，搞不清楚你和對方到底是敵是友，甚至有誤認你們已「化敵為友」的可能。可是，是敵是友，只有你心裡才明白，但你的主動卻使對方處於「接招」、「應戰」的被動態勢，如果對方不能也「擁抱」你，那麼就是他心胸狹窄，一經比較二人的分量立即有輕重。

　　所以當眾擁抱你的敵人，除了可在某種程度上降低對方對你的敵意外，也可避免惡化你對對方的敵意，換句話說，為敵為友之間，留下了條灰色的地帶，免得敵意鮮明，反而阻擋了自己的去路與退路；地球是圓的，天涯無處不相逢。

　　此外，你的擁抱動作也將使對方失去再次攻擊你的立場，若他不理睬你的擁抱而依舊攻擊你，那麼他必招致他人的譴責。

　　而最重要的是，一旦你做了出來當眾擁抱敵人這個動作，久而久之會成為習慣，讓你和人相處時，能容天下人、天下物，出入無礙進退自如，這正是成就大事業的本錢。

　　所以，競技場上比賽開始前，二人都要握手敬禮或擁抱，比賽後一樣再來一次，這是最常見的當眾擁抱你的敵人。另外，政治人物也慣常這麼做，明明是恨死了政敵，見了面仍然要握手寒暄……

　　事實上，要當眾擁抱你的敵人並不如想像中之難，只要你能克服心理障礙，你可以這麼做：

◇　在肢體上擁抱你的敵人，例如擁抱、握手。尤其是握手，這是較普遍的社交動作，你伸的出手來，對方好意思縮手嗎？

✧ 在言語上擁抱你的敵人，例如公開稱讚對方、關心對方；表示你的「誠懇」，但切忌過火，否則會造成反面效果。

為什麼強調「當眾」呢？做給別人看嘛，如果私下「擁抱」，那不是雙方言歸於好，就是你向對方投降。「當眾」擁抱，表面上不把對方當「敵人」，但心底怎麼想又有誰看得明白呢？

以低姿態化解別人的嫉妒

嫉妒是基本人性之一，只不過有的人會把嫉妒表現出來，有的人則把嫉妒深埋在心底。

嫉妒是無所不在的，朋友之間、同事之間、兄弟之間、夫妻之間、父子之間，都有嫉妒的存在，而這些嫉妒一旦處理失當，就會形成足以毀滅一個人的烈火，不過我們在這裡只談談朋友、同事之間的嫉妒。

朋友、同事之間產生的嫉妒大都是因為以下的情況，例如：「他的條件不見得比我好，可是卻爬到我上面去了。」「他和我是同班同學，在校成績又不比我好，可是竟然比我發達，比我有錢！」……換句話說，如果你升了官、受到上司的肯定或獎賞、獲得某種榮譽時，那麼你就有可能被同事中的某一位（或多位）嫉妒。女人的嫉妒會表現在行為上，說些「哼，有什麼了不起」或是「還不是靠拍馬屁爬上去」之類的話，但男人的嫉妒通常藏在心裡，有的藏在心裡就算了，有的則開始跟你作對，表現出不合作的態度。

因此，當你一朝得意時，你應該注意幾件事：

✧ ── 同單位之中有無比我資深、條件比我好的人落在我後面？因為這些人最有可能對你產生嫉妒。

▶ ▶ ▶ 第五章　隨機應變，條條大路通羅馬

✧ 觀察同事們對你的「得意」在情緒上產生的變化，以便得知誰有可能嫉妒。一般來說，心裡有了嫉妒的人，在言行上都會有些異常，不可能掩飾得毫無痕跡，只要稍為用心，這種「異常」很容易發現。

而在注意這兩件事的同時，你也要做這些事情：

✧ 不要顯出你的得意，以免刺激他人，加深他的嫉妒，或是激起本來並不介意的人的嫉妒，你若過於洋洋得意，那麼你的歡欣必然換來苦果。

✧ 把姿態放低，對人更有禮、更客氣，千萬不可有倨傲侮慢的態度，這樣就可降低別人對你的嫉妒，因為你的低姿態使某些人在自尊方面獲得了滿足。

✧ 在適當的時候適當地顯露你無傷大雅的短處，例如不善於唱歌、外文很差等等，好讓嫉妒的人的心中有「畢竟他也不是十全十美」的心理得到滿足。

✧ 和所有嫉妒你的人溝通，誠懇地請求他的配合，當然，也要指出、讚揚對方有而你沒有的長處，這樣或多或少可消滅他的嫉妒。

遭人嫉妒絕對不是好事，因此必須以低姿態來化解。而話說回來，嫉妒別人也不是好事，如果你有了嫉妒之心，又無法加以消除，那麼千萬不要讓它轉變成破壞的力量。因為這種力量會傷人也會傷己，而且嫉妒也會阻礙你的進步。因此，與其嫉妒不如想辦法追上對方甚至超越對方。

遭人暗算時如何應對

　　如果別人在背後「暗算」你，而給你確確實實地發現了事情的真相，那麼該怎麼辦呢？是不是應該洞悉其奸而直斥其非呢？還是裝作不知道？從做人的角度看，對此人一定要當面揭發他。揭發的方法不一定是直斥其非，而可能是轉彎抹角地說。

　　舉個例子，如果你申請升級，但知道了有某高級職員從中作梗，你不用直言點破他。你可以約此人吃午飯或早茶，然後裝作無意提到，你的升級因為有人作梗，結果如何還不知道。假如你說得誠懇帶著不解，那位仁兄可能還不知道你的箭頭其實指向他，他既然只是背後作梗而不是出面反對，顯然他對這樣做仍有所顧忌。聽你這樣一說，他說不定會趁機懸崖勒馬。

　　因為他心裡明白要是繼續這樣做，結果你一定會知道這件事，而他的假面具就會被識破。這種應付辦法引申起來其實適合許多情況，是一種重要的做人技術。這樣做可以維持表面關係，即使雙方造成「心病」也起碼不用翻臉。

　　當然你可直斥其非，不怕「不會做人」也要討個公道，逞一時之快。但這樣做可能是不顧後果的做法。

　　最會做人的人遇到這情況，會採取什麼行動呢？他大概會裝作不知道（那是說如果木已成舟，再沒法像上述例子那樣希望借阻嚇力量令那人改變主意的話）。

　　試想，如果有個高層人士阻礙你升級，但你事後直斥其非的話，此舉除了你可以發洩怒氣之外，在人際關係上最終會害多於益。

　　明顯的是，那位仁兄在背後作梗，表示他對你還有幾分忌憚，你斥責他便等於趕瘋狗入窮巷，結果徒然使你平添一個正面的敵人。

　　試問如果你在上層樹了一個敵人，而他既已和你翻臉便不再會顧慮得罪於你，對你有什麼益處？

　　相反，你大可佯裝不知真相，仍與此人保持一般的表面關係，也可在一些小的意見紛爭時贊同他的看法，以消除他隱藏的敵意。但與此同時，盡可令這人以為你們的關係不變，其實你已增強了對他的防範。

危機意識不能少

　　有句俗話是這樣說的，「生於憂患，死於安樂」，意思是人在困苦的環境中因為容易激發奮鬥的力量，反而容易生存；而在安樂的環境中，因為沒有壓力，容易懈怠便會為自己帶來危難。這一句話也可這麼解釋：人如果時刻都有憂患意識，不敢懈怠，那麼便能生存；如果安於逸樂，今朝有酒今朝醉，那麼就有可能自取滅亡。

　　不管將這句話做何解釋，它的基本精神都是一致的，也就是說：「人要有憂患意識！」用現代的流行語言來說，就是要有「危機意識」。

　　一個國家如果沒有危機意識，遲早會出問題；一個企業如果沒有危機意識，遲早會垮掉；個人如果沒有危機意識，必會遭到不可測的橫逆。

　　也許你會說，你命好運好，根本不必擔心明天，也不必擔心有什麼橫逆；你還會說，「未來」是不可預測的，「是福不是禍，是禍躲不過」，既是如此，一切隨興隨緣，又何必要有「危機意識」呢？

　　沒錯，未來是不可預測的，而人也不是天天都會走好運的，就是因為這樣，我們才要有危機意識，在心理上及實際作為上有所準備，以應付突如其來的變化。如果沒有準備，發生意外時不要說應變對策，光是心理受到的衝擊就會讓你手足無措。有危機意識，或許不能把問題消除，但卻可

把損害降低，為自己找到生路。

伊索寓言裡有一則這樣的故事：有一隻野豬對著樹幹磨牠的獠牙，一隻狐狸見了，問牠為什麼不躺下來休息享樂，而且現在也沒看到獵人和獵狗。野豬回答說：「等到獵人和獵狗出現時再來磨牙就晚啦！」

這隻野豬就有「危機意識」。

那麼，個人應如何把「危機意識」落實在日常生活中呢？

這可分成兩方面來談。

首先，應落實在心理上，也就是心理要隨時有接受、應付突發狀況的準備，這是心理準備。心理有準備，到時便不會慌了手腳。

其次是生活中、工作上和人際關係方面要有以下的認知和準備：

✧ 人有旦夕禍福，如果有意外的變化，我的日子將怎麼過？要如何解決困難？

✧ 世上沒有「永久」的事，萬一失業了，怎麼辦？

✧ 人心會變，萬一最信賴的人，包括朋友、同伴變心了，怎麼辦？

✧ 萬一健康有了問題，怎麼辦？

其實你要想的「萬一」並不只我說的這幾樣，所有事你都要有「萬一……怎麼辦」的危機意識，且預先做好各種準備。尤其關乎前程與事業，更應該有危機意識，隨時把「萬一」擺在心裡。心裡有「萬一」，你自然就不會過於高枕無憂。人最怕的就是過安逸的日子，我曾有一位同事，因為過了整整 20 年平順的日子，如今工作技術毫無進展，前進後退都無路，而年已五十，又不甘心淪為人人看不起的小角色，後來呢？他還是只能當一個小角色每天混日子。他正是「死於安樂」的最典型的例子。

不知你現在的狀況如何，是憂患？還是安樂？憂患不足畏，應擔心的是安於安樂而不去憂於憂患。

227

一葉落知天下秋

　　即使是突如其來的橫禍，其實大多數也是有預兆的。如果我們善於從一些細小的事件中洞悉趨勢的發展，無疑會給我們行事提供了一個「趨利避害」的可能。「一葉落知天下秋」，這是孔子的名言，意思是，透過細微的現象，可以洞察事物的演變，預測未來的趨向。在複雜的人際交往和激烈的社會競爭中，見微知著的眼光尤為重要。它是勝利的前奏，避禍的法寶，它是人的智慧靈光的閃現。古往今來，有識之士無不重視。

　　見微知著主要有以下幾個方面。

● 察言觀色

　　人的喜怒哀樂難免形諸於色，儘管有人城府很深，掩藏不露，但總不能沒有蛛絲馬跡。察言觀色就成為了解人和事物的一個通用方法。

　　齊桓公早朝時和管仲商量要攻打衛國，退朝回官後，一名從衛國獻來的妃子看見了他，就走過來拜了拜，問齊桓公，衛國有什麼過失。齊桓公很驚奇，問她為什麼問這件事。那妃子說：「我看見大王進來，腿抬得高高的，步子邁得大大的，臉上有一種驕橫的神氣，這都是要攻打某個國家的跡象。並且看到我時，臉色全變了，這分明是要攻打衛國。」

　　第二天，齊桓公早朝時朝管仲一揖，召他進來。管仲說：「大王不想攻打衛國了嗎？」齊桓公驚訝地問：「你怎麼知道的？」管仲笑著說：「大王上朝時作了一揖，並且很謙恭，說話的聲調很緩和，見到我也面有愧色。我由此判斷您改變了主意。」

● 行為分析

人是有理性的動物，人的行為大多是有目的有計畫的。從一定意義上說，一個人的行為是他的心理活動的結果。而人的心理藏於內心深處，如果本人不願意流露，很難掌握。但心理總是要透過一定的跡象外現出來，「寓於內必形諸於外」，而人的行為就是心理跡象之一。為此，從現象發現本質，從行為觀察心理，就成為識人知事的一條重要途徑。

宋朝人陳瓘在一次朝會上，偶然發現了蔡京用眼睛直盯著太陽，很久很久，眼睛都不眨一下。於是，他逢人便說：「以蔡京這種神態，以後肯定能夠升為顯貴。但他目空一切，居然敢和太陽為敵，恐怕得意之後，要獨斷專橫，肆意妄為，心中沒有君王。」後來，他做了諫官，就不斷地攻擊蔡京。可因為蔡京的面目還沒暴露，人們都說陳瓘有些過分。後來事實證明，蔡京真的像陳瓘所說的那樣。這時，大家才想起陳瓘的話。

三國的時候，東吳武陵郡將樊佃，誘使附近的外族作亂。州都督請求發兵萬人征伐他們。孫權召問潘浚，潘浚說：「容易對付，5,000 人足夠了！」孫權問：「你為什麼如此輕視他？」潘浚答道：「樊佃善於誇誇其談，實際上並無真才實學。過去他曾經為州裡人整治酒飯，等到下午，酒飯還沒吃到嘴裡，他十幾次站起身來觀望，這個小問題可以驗證出他是個飯桶。」孫權大笑起來，隨即派遣潘浚率兵出征。潘浚果然用 5,000 人斬了樊佃。

● 言論判斷

從一定的意義上說，語言是一種現象，人的欲望、需求、目的是本質，現象反映本質的，本質總要透過現象表現出來。語言作為人欲望、需求和目的的表現，有的是直接明顯的，有的是間接隱晦的，甚至是完全相

反的。對於那些直接表達內心動向的語言來說，每個人都能理解，而那些含蓄隱晦甚至以完全相反的方式表現心理動向的語言，就不是每個人都能理解的，人與人的差別，也就在這裡。這是創造性思考的用武之地。若能夠舉一反三、觸類旁通，反過來想想，倒過去看看，最後透過言談話語，發現人的深層動機，那就說明，你比別人聰明得多。

　　明朝洪武元年，浙江嘉定安亭有一個叫萬二的人，他在安亭堪稱首富。一次，有人從京城辦事歸來，萬二問他在京城的見聞。這人說：「皇上最近作了一首詩，詩是這樣的：『百僚未起朕先起，百僚已睡朕未睡。不如江南富足翁，日高丈五猶蓋被。』」萬二一聽，嘆口氣說：「唉，跡象已經有了！」他馬上將家產託付給僕人掌管，自己買了一艘船，載著妻兒和貴重的細軟，向江湖泛遊而去。

　　兩年不到，江南大族富戶都被收繳了財產，門庭破落，只有萬二倖免。

● 究之情理

　　所謂究之情理，就是考察事物和行為是否合乎規律。事物的存在和運行都是有規律的，當你發現一個事件或行為是不合乎規律的、是反常的，其中肯定另有原因，如果找到了這個原因，便發現了事物的本來面目。

　　春秋時期，齊國攻打宋國，宋王派臧孫子向南求救於楚國。楚王很高興，答應得也很爽快。然而，臧孫子卻滿懷憂慮地回去了。他的車夫問：「你求救成功了，怎麼還面帶憂色？」臧孫子說：「宋是小國，齊是大國，為救一個小國而得罪一個大國，這是人們所不願意的。然而，楚國卻很高興地答應了，這不合情理。他們不過想以此堅定我們的信心，讓我們一起抵抗齊國，以此削弱齊國，這樣就對楚國有好處了。」

藏孫子回國後，齊國攻占了宋國的 5 座城池，而楚國的援軍連影子都沒見到。

● 由近察遠

事物的運行和發展，都有其一貫的秩序和規律性，無緣無故、雜亂無章的事物是不存在的。如果我們善於發現、收集並分析整理事物的現象，就能見人所未見，知人所未知，對事物的發展趨勢和結局，有一個清晰的掌握，即高瞻遠矚、預知未來。

齊國握有實權的田常，透過武裝政變，擁立了順從自己意願的君主，他自己做了相國。在事變之前，曾發生過這樣一件事：

一天，齊國的重臣隰斯彌到田常家來訪，田常和他一起登上高臺，向四周眺望。東、西、北三面什麼障礙物也沒有，視野十分開闊，只有南面，因為隰斯彌家前的大樹擋著而望不遠，田常對此什麼也沒說。

隰斯彌回到家後，馬上叫家奴們把大樹砍掉。但還沒砍幾下，隰斯彌突然改變主意，急令停止砍樹。家奴們都驚訝地問他原因。他答道：「古人說：『知道深淵處藏著烏龜是十分危險的。』你們還記得這句話嗎？我感覺到現在田常好像在謀劃什麼大事，如果我們砍了樹，他就會認為我這人很細心，可能察覺到他心中的計畫，就很危險了。不伐樹，不會被怪罪，但若是知道別人心底的祕密，其罪過可就大了！所以我才讓你們住手的。」

這是由近察遠的典型例證，給人以深刻的啟迪。

偉人和凡人、眼光長遠與短視的人，差別只在咫尺之間。就是在那很微小的地方，有的人發現了重要的甚至石破天驚的事件，有的人卻視而不見。因此，我們活在世上，絕不可忽略小事，往往就在對眼前的一件小事上，就在對一個人舉手投足的理解上，一失誤成千古恨！對此，不可不慎啊！

有備無患者勝

　　戰爭的爆發，是很難準確預測。一旦爆發卻又無法阻擋。而且戰爭的消耗又是巨大的，這個時候再來做準備，是根本無法應付的。如果事先準備好了，在戰爭中就能做到有求必應，而不至於使自己輸在了第一步。

　　其實，不僅在戰爭中，在生活中也是一樣的，只要平時能防患於未然，就不會在緊要關頭慌了手腳。

　　春秋末期，智伯聯合韓、魏兩國軍隊攻打趙國。

　　趙襄子和張孟談商量防禦的方法，張孟談說：

　　「董安於是先王趙簡子的才臣，過去治理晉陽時，一直因善政被人讚美，其遺風仍留傳至今。依我看，還是到晉陽去堅守為好。」

　　於是趙襄子便轉移到晉陽，到了晉陽城才發現，不但城牆不高，倉庫沒有存糧，府庫沒有金錢，兵器庫沒有武器，就連四周的村落，也沒有任何防禦設施，他不由得大為驚恐，趕緊把張孟談找來商量。

　　「在一無所有的狀態下，叫我如何來防禦敵人呢？」他問道。

　　張孟談回答道：「聖人之治，儲藏財物於民間，而不在府庫；致力於教化人民，而不注重營造城牆，這樣民則無不心服。因此，如今可下令要人民保留三年的生活必需品，多餘的金錢和糧食都交出，讓那些年輕的人修築城池，人民是會服從命令的。」

　　下令之後，第二天人民就送來了難以估量的糧食、金錢及兵器。5 天後，城池修理完畢，一切用具也都重新整治，趙襄子又找張孟談商量道：

　　「一切都已經齊備了，可是沒有箭，該怎麼辦呢？」

　　「董安於治理晉陽時，官署四周都種植了荻蒿等高杆植物，現在已長到一丈多高了，可以用來做箭杆。」張孟談答道。

趙襄子立即將其砍下，製成箭杆。這箭杆比起洞庭湖產的竹箭，毫不遜色。但有了箭杆卻沒有箭頭，又該怎麼辦呢？於是趙襄子又把張孟談找來說：

「雖然有箭，但卻沒有箭頭。」

「官署的柱子，是用銅打造的，您儘管使用就是了。」

趙襄子馬上利用柱上的銅，來製造所需的箭頭，結果糧草兵箭萬事齊備。

不久，智伯的軍隊來攻，趙襄子堅守晉陽，最終大破智伯軍，並且還將智伯殺死了。

還有一則民間故事，一個大財主_日正撞見有人在他的地裡偷紅薯。他不僅沒有責備小偷，反倒好言相勸。小偷感激涕零，對財主說：「我乃一時落難，救命之恩他日必會相報。」財主並未放在心上。

若干年後，財主進城做了生意，忽一日在飯店裡遇見一人上前拜見，稱自己就是當初偷紅薯的人，如今已是一個富豪。聞知財主生意一時未得進展，就稱：「我有一商鋪，顧不上經營，可盤給你。」並囑鋪中有一堵影壁，需要時可推倒重修，可能會對他有所幫助，財主接了鋪子，對「影壁」之說並未在意。第二年適逢大災，財主不經意想起這席話，便命人拆去影壁，卻發現壁中藏有黃金數兩，方知那人報恩於今日，不禁慨嘆萬分。

可見，「備」不一定是物質上的，更可以備下仁慈之心，或者也可說是所謂的「感情投資」，換來意料不到的回報。

第五章　隨機應變，條條大路通羅馬

第六章
懂得放棄，大捨才會有大得

> 沒有所謂命運的東西，一切無非是考驗、懲罰或補償。
>
> ── 泰戈爾

在印度的熱帶叢林裡，人們用一種奇特的狩獵方法捕捉猴子：在一個固定的小木盒裡面，裝上猴子愛吃的堅果，盒子上開一個小口，剛好夠猴子的前爪伸進去，猴子一旦抓住堅果，爪子就抽不出來了。人們常常用這種方法捉到猴子，因為猴子有一種習性，不肯放下已經到手的東西。

人們總會嘲笑猴子的愚蠢：為什麼不鬆開爪子放下堅果逃命？但審視一下我們自己，也許就會發現，並不是只有猴子才會犯這樣的錯誤。

有些人因為放不下到手的職務、待遇，整天東奔西跑，耽誤了更遠大的前途；有人因為放不下誘人的錢財，費盡心思，利用各種機會去大撈一把，結果常常作繭自縛；有些人因為放不下對權力的占有欲，熱衷於溜鬚拍馬、行賄受賄，不惜丟掉人格的尊嚴……如此種種，硬將自己置於逆境之中。

如本書第二章中所說的，人生中有些逆境的實質是「保護性」的，是在提示你別再往前走。前進一步是深淵，後退一步海闊天空。

鍥而不捨的反面

「鍥而不捨，金石可鏤。」這是古人留下的一句著名的治學格言，也是為世人推崇的成才之道。

其實，苦學不輟持之以恆，只是一個人成才的條件之一，而其他條件，譬如機遇、天賦、愛好、悟性、體質諸項也是缺一不可的。如果你研究某一學問、學習某一技術或從事某一事業確實條件太差，而經過相當的努力仍不見效，那就不妨學會「放棄」，以求另闢蹊徑。

　　受教育資源限制，不論你如何「鍥而不捨」，使盡渾身解數，錄取率就決定了必然要有近一半的考生自願或不自願地「放棄」上大學的願望。如果差距不大，偶爾失手，自然不妨厲兵秣馬，來年再戰；倘若成績實在差距太大，再考幾次也難有多大提高，那就應該機立斷，學會「放棄」。有道是「成才自有千條道，何必都擠獨木橋」，世界首富比爾‧蓋茲（Bill Gates）大學沒有畢業，大發明家愛迪生不過才小學畢業，照樣成名成家，或許，你只退這麼一步，便會海闊天空。

　　人生苦短，韶華難留。確立目標，就要鍥而不捨，以求「金石可鏤」。但若目標不適，或主客觀條件不允許，與其蹉跎歲月，師老無功，就不如學會放棄，「見異思遷」。如此，才有可能柳暗花明，再展宏圖。班超投筆從戎，魯迅棄醫學文，都是「改換門庭」後而大放異彩的楷模。可見，如果能審時度勢，揚長避短，掌握時機，放棄，既是一種理性的表現，也不失為一種豁達之舉。

　　生活在五彩繽紛、充滿誘惑的世界上，每一個心智正常的人，都會有理想、憧憬和追求。否則，他便會胸無大志，自甘平庸，無所建樹。然而，歷史和現實生活告訴我們：必須學會放棄！

你在追求什麼

　　在墨西哥海岸邊，有一個美國商人坐在一個小漁村的碼頭上，看著一個墨西哥漁夫划著一艘小船靠岸，小船上有好幾尾大黃鰭鮪魚；這個美國商人對墨西哥漁夫抓這麼多高檔的魚恭維了一番，問他要多少時間才能抓這麼多？

　　墨西哥漁夫說，才一下子就抓到了。美國人再問，你為什麼不待久一

點，好多抓一些魚？墨西哥漁夫覺得不以為然：這些魚已經足夠我一家人生活所需啦！美國人又問：那麼你每天剩下那麼多時間都在做什麼？

墨西哥漁夫解釋：我呀？每天睡到自然醒，出海抓幾條魚，回來後跟孩子們玩一玩，再跟老婆睡個午覺，黃昏時晃到村子裡喝點小酒，跟幾個朋友玩玩吉他，日子過得充實又忙碌呢！

美國商人不以為然，給了他建議，他說：我是美國哈佛大學企管碩士，我倒是可以幫你忙！你應該每天多花一些時間去抓魚，到時候你就有錢去買條大一點的船，自然就可以抓更多魚。再買更多漁船，然後你就可以擁有一個漁船隊。到時候你就不必把魚賣給魚販，而是直接賣給加工廠。或者你可以自己開一家罐頭工廠。如此你就可以控制整個生產、加工處理和行銷。然後你可以離開這個小漁村，搬到墨西哥城，再搬到洛杉磯，最後到紐約。在那裡經營你不斷擴充的企業。

墨西哥漁夫問：這要花多少時間呢？

美國人回答：「15～20年。」

墨西哥漁夫問：「然後呢？」

美國人大笑著說：「然後你就可以在家坐享清福啦！時機一到，你就可以宣布股票上市，把你的公司股份賣給投資大眾。到時候你就發財啦！你可以幾億幾億地賺！」

墨西哥漁夫問：「然後呢？」

美國人說：「到那個時候你就可以退休啦！你可以搬到海邊的小漁村去住。每天睡到自然醒，出海隨便抓幾條魚，跟孩子們玩一玩，再跟老婆睡個午覺，黃昏時，晃到村子裡喝點小酒．跟幾個朋友玩玩吉他羅！」

墨西哥漁夫回答：「這種生活真好，不過我為什麼要花幾十年的時間去爭取？我現在不就是過著這種生活嗎？」

　　人生中有時我們擁有的內容太多太亂，我們的心思太複雜，我們的負荷太沉重，我們的煩惱太無緒，誘惑我們的事物太重多，大大地妨礙我們，無形而深刻地損害我們。

　　我們的人生要有所獲得，就不能讓誘惑自己的東西太繁多，心靈裡累積的煩惱太雜亂，努力的方向過於分散。我們要簡化自己的人生，要經常地有所放棄，要學習經常否定自己，把自己的生活中和內心裡的一些東西斷然放棄掉。

　　如果我們永遠循著過去生活的慣性，日常世故的經驗，固守已經獲得的功名利祿，想要獲取所有的權錢職位，什麼風頭利益都要去爭，什麼樣的生活方式都讓我們眼花繚亂，什麼朋友熟人都不願得罪，這樣我們會疲於應付，把很多時間和精力都花在無謂的紛爭和無窮的耗費上。不僅自己的正常發展受到限制，甚至迷失自己真正應該前行的方向。

　　在人生的一些關口，我們的生命中會長出一些雜草 —— 腫瘤，侵蝕我們美麗豐富的人生花園，破壞我們幸福家園的田地。我們要學會對這些雜草剷除和放棄。放棄不適合自己的職業，放棄異化扭曲自己的職位，放棄暴露你的弱點缺陷的環境和工作，放棄實權虛名，放棄人事的紛爭，放棄變了味的友誼，放棄失敗的戀愛，放棄破裂的婚姻，放棄沒有意義的交際應酬，放棄壞的情緒，放棄偏見惡習，放棄不必要的忙碌壓力。

　　放棄我們人生田地和花園裡的這些雜草害蟲，我們才有機會同真正有益於自己的人和事親近，才會獲得適合自己的東西。我們才能在人生的土地上播下良種，致力於有價值的耕種，最終收穫豐碩的糧食，在人生的花園採摘到鮮麗的花朵。

　　放棄得當，是對圍剿自己思想的障礙的一次突圍，是對消耗精力的事件的有力回擊，是消除你在更大範圍生存和發展等不利因素·。

放棄得當，是對捆綁自己的背包的一次清理，丟掉那些值不得你帶走的包袱，拋棄拖累你的行李雜物，你才可以行裝簡便一身輕鬆地走自己的路，人生的旅程才會更加愉快，你才可以登得高行得遠，看到更美更多的人生風景。

知道自己「有限」

知道自己「有限」的聰明是一件幸運的事。有一個聰明的男孩，有一天媽媽帶著他到雜貨店去買東西，老闆看到這個可愛的小孩，就打開一罐糖果，要小男孩自己拿一把糖果。但是這個男孩卻沒有任何的動作。幾次的邀請之後，老闆親自抓了一大把糖果放進他的口袋中。回到家中，母親很好奇地問小男孩，為什麼沒有自己去抓糖果而要老闆抓呢？小男孩回答得很妙：「因為我的手比較小呀！而老闆的手比較大，所以他拿的一定比我拿的多很多！」默想：這是一個聰明的孩子，他知道自己能力有限，而更重要的是他也明白別人比自己強。凡事不只靠自己的力量，學會適時地依靠他人，是一種謙卑，更是一種聰明。

但我們更欣賞那種大聰明、大智慧。

第二次世界戰結束後，以美英法為首的戰勝國幾經磋商，決定在美國紐約成立一個協調處理世界事務的聯合國。美國著名的家族財團洛克斐勒家族經商議，果斷出資 870 萬美元在紐約買下一塊地皮，無條件地贈給了這個剛剛掛牌、身無分文的國際性組織。同時，洛克斐勒家族也把毗鄰這塊地皮的大面積地皮全買下了。

對洛克斐勒家族的這一出人意料之舉，當時許多美國大財團都吃驚不已。人們紛紛嘲笑說：「這簡直是愚人之舉！」

　　但是，奇怪的是，聯合國大樓剛剛建成，毗鄰它四周的地價便立刻飆升，相當於當時捐贈款額數十倍、近百倍的巨額財富源源不斷地湧進了洛克斐勒財團。

　　「欲將取之，必先與之」，洛克斐勒家族勇於先與後取在放棄中賺大錢之舉，無疑是「大智若愚」的經典。

　　勇於放棄，取決於真正的聰明絕大的智慧。而一切斤斤計較、機關算盡的自以為得計，歸根結底都是「小聰明」，到頭來往往是聰明反被聰明誤。

別讓理想與追求成為一種負擔

　　在日常生活中，對於無用之物的處理往往展現出一個人的思考方式。隨著人們生活水準的提高，物盡其用的概念已經成為多餘。現在，家家都有不少已被更新淘汰但並未完全喪失功能的物品，有些人家捨不得丟棄，日積月累，無用之物越積越多，等到堆放不下了，只能惋·惜地集中扔掉，並在疲勞的同時慨嘆著「早知今日，何必當初」。

　　有些人隨時淘汰那些不再需要的東西，省去了集中處理的精力，平時家中也顯得簡潔舒適。其實人生又何嘗不是如此，即便過著平凡的日子，也依然會不斷地累積，小到一張名片，大到人生感悟，都是從無到有，積少成多。無論你的名譽、地位、財富、親情，還是你的煩惱、憂愁都有很多該棄而未棄或該儲存而未儲存的。人類本身就有喜新厭舊的癖好，都喜歡煥然一新的感覺，不學會放棄就無論如何也無法煥然一新的，學會放棄也就成了一種境界，大棄大得、小棄小得、不棄不得。學會放棄生命中可有可無的東西，心胸自會坦然。

▶▶▶ 第六章　懂得放棄，大捨才會有大得

　　比如從事證券交易，要以平和的心態介入市場，胸襟坦然大度才能做到旁觀者清。股市是一個綜合智力的競技場，股票操作的前提是要善於發現和掌握股市中的規律，才能找到賺錢的方法，因此必須學會放棄。故此不必天天滿倉，至少要像農民那樣根據不同的季節調整自己的狀態，總結累積賺錢的方法。股市中存在賺錢的方法，但又沒有必贏或必輸的方法，對過去業績再好的績優股，一旦發現行情下滑的苗頭時就必須捨得放棄，及早拋出以保收益。

　　有一個聰明的年輕人，希望任何方面都比他身邊的人強，他特別想成為一名大學問家。可是，許多年過去了，他其他方面都不錯，學業卻沒有進步。他很苦惱，就去向一個大師求教。

　　大師說：「我們登山吧！到山頂你就知道該如何做了。」那山上有許多晶瑩的小石頭，煞是迷人。每見到他喜歡的石頭，大師就讓他裝進袋子裡背著，很快，他就吃不消了。「大師，再背，別說到山頂了，恐怕連動也不能動了。」他疑惑地望著大師。「是呀！那該怎麼辦呢？」大師微微一笑：「該放下就放下，不然背著石頭怎麼登山呢？」大師笑了。

　　年輕人一愣，忽覺心中一亮，向大師道了謝後輕鬆地向山頂走去。之後，他專注於追求學問，進步飛快……其實，人要有所得必要有所失，只有學會放棄，才有可能登上人生境界的頂峰。

　　很多時候我們羨慕在天空中自由自在飛翔的鳥，因為小鳥們總是歡唱於枝頭，跳躍於林間，與清風嬉戲，與明月相伴，飲山泉，覓草蟲，無拘無束，無羈無絆。從來沒有誰見過鳥們因為對自己不滿意而停止了跳躍。

　　與人類相比，小鳥面對的誘惑要簡單得多。而人類，卻要面對來自紅塵之中的種種誘惑，於是，人們往往在這些誘惑中迷失了自己，從而跌入了欲望的深淵，把自己裝入了一個個打造精緻的所謂「功名利祿」的金絲籠裡。

　　這，是小鳥的悲哀，也是人類的悲哀。然而更為悲哀的是，小鳥被囚禁於籠中，被人玩弄於股掌之上，仍歡呼雀躍放聲高歌，甚至於呢喃學語博人歡心；而人類置身於功名利祿的包圍中，仍自鳴得意唯我獨尊。這應該說是一種更深層次的悲哀。

　　人生在世，有許多東西是需要不斷放棄的。在仕途中，放棄對權力的追逐，隨遇而安，得到的是寧靜與淡泊；在淘金的過程中，放棄對金錢無止境的掠奪，得到的是安心和快樂；在春風得意，身邊美女如雲時，放棄對美色的占有，得到的是家庭的溫馨和美滿。

　　古人云：無欲則剛。這其實是一種境界、一種修養。沒有太多的欲望，就會活得更加簡單、更加灑脫、更加自由。

　　於是，在滾滾紅塵中，懷一顆平和心，擋住各種誘惑；做一件平常事，學會果斷地放棄；當一個平凡人，簡簡單單生活，這也是一種獨自享有的人生。如果你總是在誘惑面前而心旌搖曳患得患失，你必然會面對更多的煩惱，更多的不愉快，更多的失意。

　　傳說有一種小蟲，每遇一物便取來負於背上，越積越重，又不願放下一些，終於被壓趴在地上。有人可憐牠，幫牠取下一些負重，牠爬起來繼續前行，遇物又取之背負如故。牠的目的是越過一堵高牆，卻氣力不支，墜地而死。

　　緊閉的窗戶前有一隻蠻蜂，牠不斷地振起翅翼向前衝去，撞上玻璃跌落下來，又振翅飛起撞過去……如是反覆不斷，直至力竭而死。

　　人亦如此，較之動物更是固執。人總喜歡給自己加上負荷，輕易不肯放下，自謂為「執著」。執著於名與利，執著於一份痛苦的愛，執著於幻美的夢，執著於空想的追求。數年韶華逝去，才嗟嘆人生的無為與空虛。我們總是固執得任性，由「我想做什麼」到「我一定要做到什麼」，理想

243

與追求反而成為一種負擔。冥冥之中有人舉著鞭子驅使著我們去追趕，我們追得到什麼？就像逐日的誇父始終也沒能追上太陽的東升西落。

　　適當地放棄何嘗不是一種美德？或許有另一扇窗戶開著，蜜蜂掉頭就能飛出去。外面是自由的天，自由的地，自由的空氣，自由的心。

果斷放棄無意義的固執

　　什麼是「無意義的固執」？即頑固堅持已經毫無前景的目標而不思改變。當你確定了目標以後，下一步便是鑑定自己的目標，或者說鑑定自己所希望達到的領域。如果你決心做一下改變，就必須考慮到改變後是什麼樣子；如果你決定解決某一問題，就必須考慮到解決過程中可能遇到的困難是什麼。實在不行一定要果斷地放棄無意義的固執。

　　當描述了理想的目標以後，你必須研究一下達到新目標所需的時間、財力、人力的花費是多少，你的選擇、途徑和方法只有經過檢驗，方能估量出目標的現實性。

　　華裔科學家、諾貝爾獎獲得者楊振寧的成功，也是因為勇於放棄。楊振寧於 1943 年赴美留學，受「物理學的本質是一門實驗科學，沒有科學實驗，就沒有科學理論」觀念的影響，他立志寫一篇實驗物理論文。於是，由恩里科·費米（Enrico Fermi）教授安排，他跟有「美國氫彈之父」之譽的愛德華·泰勒（Edward Teller）博士做理論研究，並成為塞繆爾·金·艾利森（Samuel King Allison）教授的 6 名研究生之一。在實驗室工作的近 20 個月中，楊振寧成為艾利森實驗室流行的一則笑話的主角：「凡是有爆炸（出事故）的地方，就一定有楊振寧！」楊振寧不得不正視自己的實作能力比別人差！

在泰勒博士的關懷下，經過激烈的思想交鋒，楊振寧放棄了寫實驗論文的打算，毅然把主攻方向調整到理論物理研究上，從而踏上了物理界一代傑出理論大師之路。假如他一條道走到黑，恐怕「楊振寧」至今還是一個寂寂無名的符號。

成功者的祕訣是要善於隨時審視自己的選擇是否有偏差，合理地調整目標，放棄無謂的固執，輕鬆地走向成功。

從前有兩個年輕人，一個叫小山，一個叫小水，他們住在同一村莊，成為最要好的朋友。由於居住在偏遠的鄉村謀生不易，他們就相約到外地去做生意，於是同時把田地變賣，帶著所有的財產和驢子遠行了。

他們首先抵達一個生產麻布的地方，小水對小山說：「在我們的故鄉，麻布是很值錢的東西，我們把所有的錢換取麻布，帶回故鄉，一定會有利潤的。」小山同意了，兩人買了麻布細心地捆綁在驢子背上。

接著，他們到達了一個盛產毛皮的地方，那裡也正好缺少麻布，小水就對小山說：「毛皮在我們故鄉是更值錢的東西，我們把麻布賣了，換成毛皮，這樣不但我們的本錢回收了，返鄉後還有很高的利潤！」

小山說：「不了，我的麻布已經很安穩地捆在驢背上，要搬下來多麻煩呀！」

小水把麻布全換成毛皮，還多了一筆錢。小山依然有一驢背的麻布。

他們繼續前進到一個生產藥材的地方，那裡天氣寒冷，正缺少毛皮和麻布，小水就對小山說：「藥材在我們故鄉是更值錢的東西，你把麻布賣了，我把毛皮賣了，換成藥材帶回故鄉一定能賺大錢的。」

小山拍拍驢背上的麻布說：「不了，我的麻布已經很安穩地在驢背上，何況已經走了那麼長的路，卸下裝上太麻煩了！」小水把毛皮都換成了藥材，還賺了一筆錢。小山依然只有一驢背的麻布。

▶▶▶ 第六章　懂得放棄，大捨才會有大得

後來，他們來到一個盛產黃金的礦區，那充滿金礦的地區是個不毛之地，採金者非常欠缺藥材，當然也缺少麻布。小水對小山說：「在這裡藥材和麻布的價錢很高，黃金很便宜，我們故鄉的黃金卻十分昂貴，我們把藥材和麻布換成黃金，這一輩子就不愁吃穿了。」

小山再次拒絕了：「不！不！我的麻布在驢背上很穩妥，我不想變來變去呀！」小水賣了藥材，換成黃金，又賺了一筆錢，而小山依然守著一驢背的麻布。最後，他們回到了故鄉，小山賣了麻布，只得到蠅頭小利，和他辛苦的遠行不成比例。而小水把黃金賣了，不但帶回一大筆財富，還成為當地最大的富豪。誰能讓思考變得更及時更快，誰就能贏得精彩；那些固守死理、一成不變的人，則只能永遠平庸無所建樹。

堅持雖是一種良好的品性，但在有些事上，過度的固執己見，會導致更大的浪費。

歷史上的永動機，曾使很多人投入了畢生的精力，浪費了大量的人力物力。因此，在一些沒有勝算把握和科學根據的前提下，應該見好就收，知難而退。

諾貝爾獎得主萊納斯‧卡爾‧鮑林（Linus Carl Pauling）說：「一個好的研究者知道應該發揮哪些構想，而哪些構想應該丟棄，否則，會浪費很多時間在毫無用處的構想上。」有些事情，你雖然用了很大的努力，但你遲早要發現自己處於一個進退兩難的地位，你所走的研究路線也許只是一條死胡同。這時候，最明智的辦法就是儘快抽身退出，去研究別的項目，尋找成功的機會。

牛頓早年就是永動機的追隨者。在進行了大量的實驗之後，他很失望，於是很明智地退出了對永動機的研究，在力學中投入更大的精力。最終，許多永動機的研究者無疾而終，而牛頓卻因擺脫了無謂的研究，而在

246

其他方面脫穎而出。

在人生的每一個關鍵時刻，審慎地運用智慧，做出最正確的判斷，選擇正確方向，同時別忘了及時檢視選擇的角度，適時調整。放掉無謂的固執。冷靜地用開放的心胸做正確決擇。每次正確無誤的決擇將指引你走向通往成功的坦途。

有的人失敗，不是沒有本事，而是定錯了目標，成功者為避免失敗，時刻檢查自己的目標是否合乎實際、合乎道德。

艾爾弗雷德・福勒（Alfred Fowler）出身於貧苦的家庭，成年後，他雖然努力卻先後失去了三份工作。之後，他嘗試推銷刷子，不久他就明白了自己十分喜歡這項工作，於是他將全部精力集中於從事世界上最好的銷售工作。

他成了一個成功的業務員。在攀登成功階梯時，他又為自己定下一個目標：那就是創辦自己的公司。如果他能經營買賣，這個目標就會十分適合他的個性。

艾爾弗雷德・福勒停止了為別人銷售刷子。這時他比過去任何時候都更為興高采烈。他在晚上製造自己的刷子，第二天就到市場上出售。銷售額開始上升時，他就在一所舊棚房裡租下一塊空間，雇用了一名助手為他製造刷子。他本人則將精力集中於銷售。那個最初失去了三份工作的人得到了什麼樣的最終結果呢？

福勒的刷子公司最終擁有幾千名銷售員和數百萬美元的年收入！

一個人要獲得事業上的成功，首先要有目標，這是人生的起點。沒有目標，就沒有動力，但這個目標必須是合理的，即合乎實際情況和客觀規律、合乎社會道德的，如果不是，那麼即使你再有本事，付出千百倍努力也不會獲得成功。

重新選擇另外一條路

　　頑固不化的人有可能一開始方向就是錯誤的，他們注定不會成大事。南轅北轍、背道而馳固然不行，方向稍有偏差，也會「失之毫釐，謬之千里」。還有一種可能是當初他們的方向是正確的，但後來環境發生了變化，他們不能適時調整方向，結果只能失敗。杜邦家族就懂得這個道理，他們懂得隨機應變。「我們必須適時改變公司的生產內容和方式，必要的時候要捨得付出大的代價以求創新。只有如此，才能保證我們杜邦永遠以一種嶄新的面貌來參與日益激烈的市場競爭。」這是一位杜邦專業人士對他的家族和整個杜邦公司的訓誡。事實正是如此，世界上很少有幾家公司能在為了創新求變而開展的研究工作上比杜邦花費更多的資金。每天，在威爾明頓附近的杜邦實驗研究中心，忙碌的景象猶如一個蜂窩，數以千計的科學家和助手們總是在忙於為杜邦研製成本更低廉的新產品。數以千萬計美元的科研投入終於換來了層出不窮的新發明：高級瓷漆、奧綸、滌綸、氯丁橡膠以及革新輪胎和人造橡膠。這裡還產生了使市場發生大變革的防潮玻璃紙，以及塑膠新時代的象徵 —— 甲基丙烯酸。也正是在這裡研製成了使杜邦賺錢最多的產品 —— 尼龍。

　　那是在西元 1935 年，杜邦公司以高薪將哈佛大學化學教師華萊士・休姆・卡羅瑟斯（Wallace Hume Carothers）博士聘入杜邦。此時卡羅瑟斯正在著手研製了一種人造纖維，它具有堅韌、牢固、有彈性、防水及耐高溫等特性。不久卡羅瑟斯走進杜邦經理室時興奮地說，「我替你製成人造合成纖維啦。」杜邦的總裁拉摩特祝賀卡羅瑟斯博士取得成功的同時，微笑著說：「杜邦永遠都需要像博士這樣善於創新的人。繼續努力吧！博士，我們需要更能賺錢的產品。」於是，卡羅瑟斯用了杜邦 2,700 萬美元的資

本，憑著自己 9 年潛心研究的心血，研製出了更能適應杜邦商業需要的新產品——尼龍。世界博覽會上，杜邦公司尼龍襪初次露面就立刻引起了巨大的轟動。

一個真正的企業家不僅要有經營管理的才能，更需要有一種遠見卓識的商業預見能力。正如杜邦公司第六任總裁皮埃爾所言「如果看不到腳尖以前的東西，下一步就該摔跤了。」的確，在日趨激烈的商業競爭中，如果沒有一定敏銳的眼光，不能作出比較切合實際的預見，那企業是很難發展下去的。

第一次世界大戰使杜邦公司很快地撈了一大筆，然而，杜邦並沒有滿足於短暫的超額利潤。早在大戰初期，皮埃爾就已意識到天下沒有不散的筵席，戰神阿瑞斯總有一天要收兵，不再撒下「黃金之雨」，於是他開始使公司的經營多樣化，一方面他緊盯著金融界，一心要打人新的市場，開闢新領域；另一方面他必須為杜邦公司開闢有著扎實根基的新領域。幾經斟酌，皮埃爾選定了化學工業作為杜邦新的發展方向，他要將杜邦變成一個史無前例的龐大化學帝國。

「我們不能在求變創新的同時把企業引向死局，我們的創新變革必須有相當充分的依據。」皮埃爾如此說，事實上他的選擇也正印證了這一點。杜邦之所以將軍火生產轉向了化學工業，一則因為化學工業與軍工生產關係密切，轉產容易，不必作出重大的放棄行為，而且將來一旦烽火再起，再回頭生產軍火也很方便，不需太大變動；二則其他行業大多被各財團瓜分完畢，唯有化學工業比較薄弱，且潛力極大。事實上，杜邦家族第二代由於經營化工用品而發跡的家史，就證明了這一轉變是極為成功的。

也許是杜邦家族財大氣粗的緣故吧！杜邦公司求變創新的主要途徑便是不惜重金，但求購得。杜邦不僅要買新產品的生產方法，還要買產品的

專利權，甚至連新產品的發明者也一併買回為杜邦效力。西元 1920 年杜邦與法國人簽訂了第一項協定，以 60% 的投資額與法國最大的黏膠人造絲製造商 —— 人造紡織品商行合辦杜邦纖維絲公司，並在北美購得專利權。在法國技術人員指導下，杜邦家族在紐約建立了第一家人造絲廠。人造絲的出現，引起了從發明軋棉機以來紡織工業最大的一次技術革命，導致了 1924 年以後棉紡織業的衰落。杜邦公司又趕緊買進法國人的全部產權，以微小的代價，購得了美國國家資源委員會在 1937 年列為 1900 年代 6 大突出技術成就中的一項，它與電話、汽車、飛機、電影和無線電事業居於同等重要的地位。接著，杜邦公司如法炮製，將玻璃紙、攝影膠捲、合成氨的產權買回美國，一個真正的化學帝國建立起來了。

當第二次世界大戰的烏雲在歐洲雲集的時候，杜邦公司的又一次適時求變，大刀闊斧地轉向軍火工業，大轉換速度之快足以令人瞠目結舌。一年之間，杜邦公司召集了 300 個火藥專家，將龐大的化學帝國變成了世界上最大的軍火工業基地。

杜邦在生產內容和方式上的創新及前面講過的形象改變，是杜邦家族半個多世紀以來得以保持輝煌的關鍵，否則他們早在人們的罵聲中敗落。

放棄不是退步

放棄是一門藝術。在物欲橫流的今天，既需要你作出選擇，更需要你做出放棄。許多人成功的經驗告訴我們，與其說是決擇得當，不如說是放棄得好。人生苦短，要想獲得越多，就得放棄越多。那些什麼都不放棄的人，是不可能有多少獲得的，其結果必然是對自身生命的最大的放棄，讓自己的一生永遠處在碌碌無為之中。

　　放棄是一種讓步，但讓步不是退步。讓一步避其鋒，然後養精蓄銳以利更好地向前衝刺。

　　美國幽默大師皮卡說了一個有趣的故事：他曾經和女友做了一個小測驗，說如果同時丟了三樣東西：錢包、鑰匙、電話簿，最可惜哪一樣？女友毫不猶豫地選擇了電話簿，而他毫不猶豫地選擇了鑰匙。答案說，女友是一個念舊的人，他是一個現實的人。

　　後來他們分手了，女友的確總被過去糾纏得不快樂，那一段大學時代未果的愛情至今還讓她念念不忘，而當年愛情中的他早已為人夫，為人父。女友的心停在了過去，一直後悔當初沒有堅持到底，因此，又錯過了很多不錯的人。他問她：「還可以挽回嗎？」她搖搖頭。他說：「那為什麼不放棄？」她無奈地說：「放棄不了。」

　　他說：「其實是你不想放棄。」

　　人的情感就是這樣，總是希望有所得，以為擁有的東西越多，自己就會越快樂。所以，這人之常情就迫使你沿著追尋獲得的路走下去。可是，有一天，你忽然驚覺：你的憂鬱、無聊、困惑、無奈、一切不快樂，都和你的奢望有關，你之所以不快樂，是你渴望擁有的東西太多了，或者，在這個問題上太執著了，不知不覺你已經執迷在某個事物上了。

　　韓非子講過這樣一個故事：一個人丟了一把斧頭，他認定了是鄰居偷的。在這個時候，他的心思都凝結在斧頭上了，斧頭就是他的世界，他的全部。後來，斧頭找到了，他心裡的迷霧才豁然開朗，又怎麼看都不像是那個鄰居偷的。仔細觀察我們的日常生活，我們都有一把「丟失的斧頭」，這「斧頭」就是我們熱衷而現在還沒有得到的東西。

　　譬如說，你愛上了一個人，而她卻不愛你，你的世界就微縮在對她的感情上了，她的一舉手、一投足甚至經過時衣裙細碎的聲響，都足以吸引

▶▶▶ 第六章　懂得放棄，大捨才會有大得

你的注意力，都能成為你快樂和痛苦的源泉。有時候，你明明知道那不是你的，卻偏偏想去強求，或可能出於盲目自信，或過於相信精誠所至、金石為開，結果不斷地努力，卻遭遇不斷的挫折，弄得自己苦不堪言。世界上有很多事，不是我們個人的努力就能實現的，有的靠緣分，有的靠機遇，有的我們只能以看山看水的心情來欣賞。因此，不是自己的不強求，無法得到的就放棄。

懂得放棄才有快樂，背著包袱走路總是很辛苦。我們可以得出這樣一個結論：放棄是一種解脫，放棄是一種釋重。但是有很多人難以做到，往往鑽進「牛角尖」中去，自尋煩惱。無怪乎有人說：「執迷不悟的人，最容易得到的一種東西叫『煩惱』」。

還有一個女孩四年前在女友的宿舍玩時，一念之差想偷屋裡的一副耳環，後來被耳環的主人識破，女孩羞愧難當，自此離開家鄉，再也沒回去過。

人生有些錯誤是無法挽回的，有時需要付出代價，這個代價就是放棄。外在的放棄讓你接受教訓，心裡的放棄使你得到解脫。生活中的垃圾既然可以不皺一下眉頭就輕易丟掉，情感上的垃圾也就無須抱殘守缺了。

不要總想著挽回，有時人生需要放棄。

放棄是量力而行，明知得不到的東西，何必苦苦相求，明知做不到的事，何必硬撐著去做呢？

放棄需要明智，該得時你便得之，該失時你要大膽地讓它失去。老話說：「塞翁失馬，焉知非福。」有時你以為得到了某些東西時，可能因此而失去了更多；有時你以為失去了不少，卻有可能獲得許多。不以得喜，不以失悲。盡自己最大的努力去做，我已經盡力了，還用管它花開花落雲卷雲舒嗎？

棄車保帥

逆境中的每個決定都很重要，但是，如果同時有好幾個問題出現，都需要你在第一時間做出決定時，怎麼辦？

此時你應仔細斟酌後，擇重棄輕，選定一個最重要的決定，然後集中精力去做。

其他的決定或許對你也很重要，可是你畢竟一次只能做一個決定，因此，應把其他決定擺在第二位，如果時間不允許，那就放棄吧！這就是所謂的「棄車保帥」戰術。

例如，你正在做菜，當鍋裡的湯沸騰時，門外正好有人敲門，而你的孩子也正巧在這個時候打破一個杯子，手被劃破了痛哭不止。

這個時候，你必須選擇一個最重要的目標，先去處理一個問題，再處理第二個問題。也就是說，在第一時間裡，你只能採取一種行動。

這時正在廚房的你，聽到孩子的哭叫聲和門鈴聲，應先把瓦斯爐上的火關掉，接著就去幫孩子包紮，第三步驟再去門邊，看看是誰在按門鈴，就算叫門的人等得不耐煩走掉了也沒關係。

在這個例子中，先處理已經沸騰的湯鍋是個正確的做法。因為孩子的手被劃破了，雖然一直哭，但一般來說傷口都不會太嚴重，而鍋裡沸騰的湯水一旦溢出來澆熄爐火，就很可能讓瓦斯外洩，造成瓦斯中毒或者爆炸。

通常在這種情況下，你能思考的時間或許只有幾秒鐘，如果你潛意識裡沒有這種「棄車保帥」的反射模式，加上又急又慌，很容易把事情搞得一團糟，甚至釀成悲劇。

現實生活中，有些火災或煤氣外洩的慘案，就是家庭主婦在面對這類同時到來的問題時慌了手腳，沒有處理好問題所致。

　　因此，不管你所面對的問題有多重要、多緊急，你一定要急中生智，迅速決定去做最重要的事，這樣才能減少那些不必要的損失。

　　事實上，我們每個人的智慧都相差無幾，那些成功的人，都是充分運用腦力進行有效思考的人。或許你以前不會很在意運用腦力這回事，認為這並不重要，那是因為你還沒遇到一些繁雜的問題，當你面臨做一個大決定的時候，或是遇到一個大場面，你沒有習慣迅速規劃腦力資源，可能就會做不出決定，就算做出決定，也不是個好決定。

上錯舞臺演不出好戲

　　有些逆境並非你不夠努力，也並非沒有機會，而是你根本就上錯了舞臺──你不是做這一行的料，你的能力應該在另一片天地去散發它應有的光輝。

　　你的才能就是你的天賦。你能做什麼？這是你必須面對自己的問題。

　　如果一個人的位置不當，無法在工作中發揮自己的長處，他就會處在永久的卑微和失意中沉淪。

　　「瓦特！我從來沒有看見過像你這樣無聊的年輕人。」他的祖母勸說著，「念書去吧！這樣你才會有用一些。我看你半個多小時一個字也沒念，你這些時間都在忙什麼？把茶壺蓋打開又蓋上，蓋上又打開做什麼？用茶盤壓住蒸汽，還加上湯匙，浪費時間玩這些東西，你不覺得羞恥嗎？」幸虧這位老夫人的勸說失敗了。瓦特受蒸汽頂起壺蓋現象的啟發，從而發明了蒸汽機，全世界都從他的失敗中受益匪淺。

　　伽利略被家中送去學醫。但當他被迫學習解剖學和生理學的時候，他還藏著歐幾里得幾何學和阿基米德數學，偷偷研究複雜的數學問題。當他

從比薩教堂的鐘擺上發現鐘擺原理的時候，他才 18 歲。

再也沒有什麼比一個人熱衷的事業使他受益更大的了。這事業磨練其肌體，增強其體質，促進其血液循環，敏銳其心智，糾正其判斷，喚醒其潛在的才能，迸發其智慧，使其投入生活的競賽中。

在你選擇職業時，切不要考慮怎樣賺錢最多，怎樣最能成名，你應該選擇最能使你全力以赴的工作，應該選擇最能使你的品格發展得最堅強和最善於團結人的工作。

若用黃金做成炒菜的鍋，火一燒就化了，還不如用鐵做的鍋好使。可見，好的東西放錯了地方就是垃圾。人也是如此。

大衛·布朗（David Brown），是一個美國最成功的電影製片人，他曾先後三次被三家公司解僱過。他覺得自己不適應在商業銷售的公司工作，就到好萊塢去碰運氣。結果若干年後，一舉發跡成為西元 1900 年代福克斯電影公司的第二號人物，後來由於他力薦拍攝《埃及豔后》這一耗資巨大的影片造成公司財務危機，他被解僱了。

在紐約，他應聘出任美國圖書館副主任，但是，他跟上級派來的同僚格格不入，結果又被解僱了。

回到加利福尼亞後，他在西元 1900 年代福克斯公司復出，在高層做了 6 年。然而，董事會並不欣賞他所舉薦的片子，他又一次被解僱了。

布朗開始對自己的逆境進行反思：敢想敢說，勇於冒險，鋒芒畢露，不憚逞能 —— 他的作為與其說是雇員，倒不如說更像老闆，他恨透了礙手礙腳的管理委員會和公司智囊團。

找到了失敗的原因以後，布朗重新開始獨自創業經營，連續拍攝了《裁決》、《繭》等一系列優秀影片，獲得了巨大的名氣與收益。由此可見，當年布朗並非是個失敗的經理，他是個潛在的企業家。當初的逆境是

▶▶▶ 第六章　懂得放棄，大捨才會有大得

由於他的性格、作為跟環境及職業不協調。

　　三百六十行，行行出狀元。選對自己為之奮鬥的舞臺極為重要。選對了，可以成為成就事業的基礎；選不對，將會遇到不少彎路及坎坷。所以在確定職業之前，應該考慮你所從事的職業是否符合自己的志向、興趣和愛好，與所學專業是否相近，還要考慮其社會意義和未來發展前景如何，必要的工作環境和保障條件如何。

　　首先認清現實的處境。現實需要生存的本領、競爭的技巧和制勝的捷徑，要勇於面對社會無情的選擇或殘酷的淘汰。這個時候，你在選擇別人，別人也在選擇你，沒有退路，只有向前走。要理解到有成功者就有失敗者，這很正常。千萬不可爭強好勝，鑽進牛角尖出不來。遇到難題，不妨換一個角度思考，試試把自己的位置放低一點，說不定很快就能柳暗花明了。

　　其次要結合自己的興趣。興趣，是一個人力求了解、掌握某種事物、並經常參與該種活動的心理傾向，有些時候，興趣還是學習或工作的動力。當人們對某種職業感興趣，就會對該種職業活動表現出肯定的態度，就能在職業活動中調動正面心理活動的積極性，表現出開拓進取，刻苦鑽研努力工作，有助於事業的成功。反之，如果對某種職業不感興趣，硬要強迫做自己不願做的工作，這無疑是一種對精力、才能的浪費，也無益於工作的進步。

　　再者要符合自己的性格。性格是指一個人在生活過程中所形成的、對人對事的態度和透過行為方式表現出的心理特長，是一種生活態度也是行為習慣。譬如有的人對工作總是赤膽忠心、一絲不苟，踏實認真；有的人在待人處事時總是表現出高度的原則性，堅毅果斷，有禮貌，樂於助人；有的人在對待自己的態度上總是表現出謙虛、自信的特質。人的性格的差

異是很大的。有的人傲氣、潑辣；有的人熱情、活潑；有的人深沉、內向；有的人大膽自信有餘而耐心細緻不足；有的人耐心細緻有餘而大膽自信不足等等，不一而足。性格是由各種不同特徵所組成的，性格與氣質不同，其社會評價有明顯的好壞之分。性格對氣質有深刻的影響。在一定程度上性格能夠掩飾或改造氣質。性格還對能力的形成和發展有著制約作用。社會上幾乎每一種工作都對性格特質有著特定的要求，要選擇某一職業就必須具備這一職業所要求的性格特徵。例如：作為一名文藝工作者，除了要具備這一職業所要求的氣質、能力外，其性格應具有活潑、開朗、情感豐富的特徵；作為一名教師除了具有豐富的知識外，還應具備熱愛學生，對工作熱情負責，正直、謙遜、以身作則等良好特質；作為醫生則被要求有人道主義精神，富有同情心、責任感和一絲不苟地工作態度。實踐證明，沒有與職業要求恰當的良好的性格特質，很難順利地適應工作。

最後要根據自己的能力。能力直接影響工作的效率，是工作順利完成的個性心理特徵。它可以分為一般能力和特殊能力。例如，觀察力、記憶力、理解力、想像力、注意力等屬於一般能力，它們存在於廣泛的工作範圍；而節奏感，色彩鑑別能力等屬於特殊能力，它們只會在特殊領域內發生作用。社會上的任何一種職業對從業人員的能力都有一定的要求，如果缺乏某種職業所要求的特殊能力，即使你有機會真的吃上這碗飯，也難以勝任工作。所以，在選擇職業時絕不能好高騖遠或單從興趣出發，要實事求是地檢驗一下自己的學歷程度和職業能力，這樣才能找到「有用武之地」的合適工作。對於會計、出納、統計等職業，工作者必須有較強的計算能力，過於「豪放」的「粗放能力」就不適於做這類工作；對於工程、設計、建築規劃甚至裁縫、電工、木工、修理工等職業的工作者，需要具備對空間判斷的能力和抽象思考能力；而對於駕駛員、飛行員、牙科醫

生、外科醫生、雕刻家、運動員、舞蹈家等職業工作者則要具備手眼與肢體的協調能力。

男怕入錯行，女怕嫁錯郎。上錯了舞臺的人，無論怎樣賣力地表演，都演不出一出好戲。迎接他的，也許是臺下撲面而來的噓聲與礦泉水瓶。

任何時候都不要捨棄生命

有人在遭逢人生大轉折，或遭受大的打擊時，產生求死的念頭，認為活著很痛苦不如死掉算了！

求死或許也是一種解脫。是不是真的解脫很難說，不過這裡我們只討論現實的問題。孔子說「未知生，焉知死」嗎？他也一樣強調現實的重要，對於這個問題，人們常說「好死不如賴活著」，也從另一側面反映了逆境中的生存智慧。

「好死不如賴活著」強調的是：活著總比死了好，因為不管死得如何痛快，這代表的是一切現實的結束，包括希望。可是只要活著，雖然活得很痛苦，很絕望，但總是存在著希望。這麼說，似乎不太能體會想死的人的心情。事實上，心情是個人的事，你的心情如何，沒有人在乎。

自殺是懦弱的象徵，實際上他不是被對手打敗，而是自己把自己打敗！

因此，與其「好死」不如「賴活」。

所謂「賴活」是指辛苦地活著，委屈地活著，卑微地活著，雖不滿意但可以接受現實地活著。當一個人有了這樣的態度，其實就不會想死，因為他已經對「活著」的要求降到最低，這種心境已與「死」差不多了。當

一個人有了「賴活」的態度，一切境遇便會開始轉好 —— 不是境遇真的轉好，而是因為心境已從原先處於「死」的狀態中，逐漸由死而生，任何事物都充滿了新鮮的意義與價值，而由於心境歷經了一趟「死亡之旅」，再由死而生之後，人生觀也會產生改變，成為一個嶄新的人！

人生競技場上生存競爭的勝負是沒有規則的，既看過程，也看結果，而有了結果過程就不重要。人們只會向最後的勝利者獻花，而不會向中途棄權的人致敬。要想做個打敗別人的勝利者，首先要做個戰勝自己的勇者，而你唯一依靠的便是在大徹大悟後繼續堅持的韌性。

只要軀體不死，心境絕對有甦醒的一天，軀體一死，便什麼都沒有了。

弱者也有一片天，但死者只有一坯土，這就是逆境中的智慧！

第六章　懂得放棄，大捨才會有大得

第七章
激發潛能，喚醒沉睡的火山

▶▶▶ 第七章　激發潛能，喚醒沉睡的火山

那些優秀的人，只不過是懂得如何充分挖掘自身潛力的人而已。

—— 戴爾·卡內基

我們每個人的身體內部都蘊含著相當大的潛能，如同一座沉睡的火山。愛迪生曾經說：「如果我們做出所有我們能做的事情，我們毫無疑問地會使自己大吃一驚。」下面這則真實的故事深刻地說明了這一點。

一位媽媽在穀倉前面注視著一輛輕型卡車快速地開過她的土地。她14歲的兒子正開著這輛車，由於年紀還小，他還不夠資格考駕駛執照，但是他對汽車很著迷 —— 而且似乎已經能夠操縱一輛車子，因此她就准許他在農場裡開這輛客貨兩用車，但是不准開到外面的路上去。

但是突然之間，媽媽看見車子翻到水溝裡去了，她大為驚慌，急忙跑到出事地點。她看到溝裡有水，而她的兒子被壓在車子下面，躺在那裡，只有頭的一部分露出水面。

這位媽媽並不高大，身高162公分，體重55公斤。但是她毫不猶豫地跳進水溝，把雙手伸到車下，把車子抬了起來，足以讓另一位跑來援助的工人把那失去知覺的孩子從下面抬出來。

當地的醫生也很快趕來了，替男孩檢查了一遍，只有一點皮肉擦傷需要治療，其他毫無損傷。

這個時候，媽媽卻開始感到奇怪了起來，剛才她去抬車子的時候根本沒有停下來思考自己是否抬得動一輛輕型卡車，出於好奇，她就再試一次，結果根本就動不了那輛車子。醫生說這是奇蹟，他解釋說身體機能對緊急狀況產生反應時，腎上腺就大量分泌出激素，傳到整個身體，產生出一種超常的能量。這就是她可以抬起卡車的唯一解釋。

這個媽媽在危急情況下產生出一種超出正常的力量，並不光是肉體反

應，還涉及到心智和精神的力量。當媽看到自己的兒子可能將被淹死的時候，她的直覺反應是要去救兒子，一心要把壓在兒子身上的卡車抬起來，而再也沒有其他的想法。可以說是精神上的腎上腺在瞬間引發出潛在的力量，而如果情況需要更大的體力，心智狀態就可以產生出更大的力量。

由此可見，一個人的潛能是何等神奇與巨大。特別是在一個人身處危急的逆境時，潛能的迸發足以改變一切。

開發潛能就像開發寶藏

一說到財富，以前的人們就馬上聯想到阿里巴巴透過「芝麻開門」進入的寶洞，或是基度山上那富有傳奇、幻想氣息的珠寶；當代人呢，不由得幻想起美國百老匯大街的富佬們、中東石油王國的主人，甚至在太平洋上汶萊那金子鋪成的王宮，這些無疑是財富的象徵，但並不是真正的財富，總有一天會用光的，而那無窮無盡的財富在那裡呢？它就在地球上每個人的頭腦中，無論你發現了多少金礦、銀礦、鑽石礦或石油、天然氣，挖出來的財產總及不上 IT 業的奇才比爾·蓋茲的一個念頭。

每一個人都有一座無窮的潛能寶藏，只要自己善於去挖掘這座寶藏，你肯定會成為世界上最富有的人。

曾經有一段資料報告中說，人的潛能到底有多大？一個人的潛能大概只開發了大約 10% 或 5%，像愛因斯坦這樣聰明的人，他的潛能大概只開發了 12% 左右，只比一般人多了 2%。

連這麼成功的人都只開發了 12% 的潛能，人的潛能到底有多大？於是這個報告中說一個人如果開發了 50% 的潛能，他到底能做哪些事情呢？他大概能背 400 本的《百科全書》，堆起來能有好幾個房子那麼高；大約

可以念完十幾所大學，還可以念十七八種不同國家的語言，這是多麼驚人的一件事情啊？400 本百科全書加上十幾所大學，再加上十幾國的語言，可見人的潛能到底有多大，這是任何人都想像不到的。

可是一般人都認為自己只能這樣而已，無法再發揮了，無法再到達極限了，這樣浪費資源，尤其是自己大腦的資源，是非常可惜的。

日本的《朝日新聞》有一則報導，一位媽媽有一個 9 歲的女孩，因為已經跟先生離婚了，她跟小女兒相依為命，女兒每天早上起來的時候，都會很高興地看著媽媽，擁抱媽媽。

有一天她媽媽要去買菜，她知道女兒 10 點才會起床，於是她計算好 9 點去買菜，10 點以前回到家裡面就可以了。沒想到她女兒 9 點半就起床了，當她女兒起床看不到媽媽時非常著急，就大聲地叫：「媽媽……」她媽媽去買菜當然聽不到，於是小女孩到處找，最後跑到陽臺上去找，這時她看見媽媽回來就大聲叫：「媽媽！」而她媽媽看到她女兒，怕女兒掉下來，就揮著手喊她女兒不要跳，由於她女兒看不懂她媽媽的手勢，以為媽媽讓她跳下來，就往下跳，當她媽媽看見女兒往下跳，火速跑過去把女兒接住了。

可是當時她媽媽不可能在 1 ～ 2 秒之內跑 100 多公尺的距離。這個新聞發布出來以後，立刻震驚了整個日本，很多新聞界的記者採訪她們，都說不可能，所有的記者都不相信。她媽媽說再試一次，可是不能拿她女兒試，就拿枕頭試一試，把枕頭裝上一樣重量的棉花，拿到四樓，當上面試驗的人一喊開始，她媽媽跑不到一半這枕頭就掉下來了，根本接不到。

她媽媽說：「我當時真的跑過去接到了，你看我女兒還在這裡。」

當時找到日本跑得最快的選手來試試看，結果一開始跑，枕頭就掉下來了，根本沒有人能做到。

　　後來心理學家分析了這奇特的現象，原來這位媽媽跟丈夫離婚了，女兒是她這輩子唯一的精神支柱，唯一心愛的寶貝，如果失去女兒，一切都沒了，所以她非常珍愛她的女兒，她把女兒視為生命中的一切。在這個時候，她看見女兒快掉下來了，就發揮生命中的最大潛能，用盡生命中這股能量接住了女兒。

　　類似這樣的例子我們前面也講過一個，它們都告訴我們，只要真正找到你所想要的，而且對它有強烈的渴望，願意全力以赴去做它，任何事情都是辦得到的。

　　我們試想，假如當時是一位鄰居走在路上看見她女兒掉下來了，她的鄰居會在一兩秒之內跑過去嗎？我想不太可能，她的鄰居可能一跑，她的女兒就掉下來，她可能心想自己跑不過去但已經盡力了，換任何人都做不到。

　　所以，身處逆境中的人，只要把突破逆境當作是你生命中最重要的事情，把它當作你的女兒、兒子，甚至你的生命一樣去對待，我相信你就能發揮你生命中的潛能。

　　記住，生命的潛能無極限，沒有任何的限制。

將目標視覺化

　　我們說過，人有無法估量的潛能，那麼這些潛能又是如何發揮出來呢？這就必須找到適合自己的發展方向。尋找發展的方向，也就是找到自己的目標。有目標的人生才是有意義的人生，那麼什麼是我們的目標、方向呢？大家應該不會忘記，小時候我們寫的作文題目，往往是我的理想、我的志願之類的，我們那時是要成為醫生、教師、科學家的。

▶▶▶ 第七章　激發潛能，喚醒沉睡的火山

　　一般人在成年前或成年之後，都大致有了如何走自己人生道路的想法，往後所做的一切不過是圍繞和實現這些想法而已。如當一個人打定主意要經商時，他懂得如何訂立計畫，如何向銀行或股東借錢，搞政治的人懂得如何去了解、順應國情民意，去選擇那些政黨和集團作自己的政治靠山。

　　許多人之所以碌碌無為，不是因為沒有能力，而是因為他的人生沒有目標、沒有方向，漫無目的闖蕩了一生。

　　尋找發展自己的方向，換句話說，也就是為自己確立目標。確立目標該注意些什麼呢？我們一定要將自己的眼光放遠些，看看別人的成就，增加見識，自己的志向自然也就大了。目標又有多方面的，如健康、體重、財富、職業、家庭等，都要有計畫和目標。在確定目標時還要切忌好高騖遠、脫離實際。就像短跑一樣，目標近在咫尺，才會產生吸引作用。

　　許多成功者在實現目標的過程中，幾乎都在使用一個方法來幫助自己開發潛能，這就是用目標視覺化的力量。

　　目標視覺化有相當多的方法，其中一個最簡單的方法就是使用夢想板。

　　我個人使用夢想板已經有兩三年的時間了，每一次我都為我自己定的目標找一個適當的圖片，貼在夢想板上持續地看它，幾乎只要能貼上我都能夠實現，我看到雜誌，有一套很漂亮的西裝圖片我也把它剪下來，手錶圖片我也剪下來，把想買的任何傢俱圖片也剪下來，一直到現在我穿的西裝、戴的手錶、家裡用的傢俱幾乎都是我貼過的圖片。

　　第二個方法，早晚起床的時候，把你的目標在紙上不斷重複地寫。要寫多少遍？成功學大師陳安之說：「早晚起床的時候一定要把目標寫 10 遍。」

　　世界首富「鋼鐵大王」安德魯・卡內基（Andrew Carnegie），他也是用同樣的方法，只不過他是把目標寫 1,000 遍。

幾乎越成功的人重複的次數就越多，他們可能不知道，但是他們都用了這個方法，我訪問過很多人，他們也許沒有上過這樣的課程，看過這樣的書籍，但是他們無意間或多或少都使用了目標視覺化的方法。

有時候，我剛剛貼上夢想板的一個圖案，竟然沒多久，就會有人把它當作禮物送給我，我發現這非常奇妙，記得我以前年收入還沒有到 10 萬的時候，我就天天夢想能賺到 100 萬，可是一直都沒有實現，當我拿了很多的鈔票，拿相機把它拍下來，然後上面寫著 100 萬年收入，把它貼到我的夢想板上後，不到一年我就實現了。

潛意識的力量實在是太驚人了，今天不妨把你的目標做成圖片，剪下來，貼出來，每天想像，每天看它，早晚輸入到你的潛意識裡面來影響自己。

如果你有一片肥沃的土地而不使用是非常可惜的，天長日久會雜草叢生，做內在的潛意識的規劃，就是要好好耕耘你這份土地，千萬不要讓它荒蕪了。

假如好的東西你不種進去，壞的東西你又不敢種，早晚你的潛意識會雜草叢生的。

你去嘗試，你就會有意想不到的結果，不管什麼目標都是可以實現的。這一點對身處逆境中的人尤其重要。

想像自己達到目標

心理學家近幾十年來，有一個非常偉大的發現：他們發現宇宙中有一股非常偉大的力量，叫做想像力，也就是你可以借助自己不斷地想像，而成為自己理想中的人物。

▶▶▶ 第七章　激發潛能，喚醒沉睡的火山

　　一幅心靈圖畫，勝過千言萬語，任何圖畫只要你相信它，用你的信念支撐它，你的潛能就會令它實現，這是非常有名的潛能專家摩菲博士說的。

　　你心裡面的想像就是你未來的藍圖，無時無刻都要借助你的想像、你的構思、你所接受的信念和你心中不斷重複的畫面，來營造一個光輝燦爛的未來，這個未來是健康的，是成功的，是充滿財富的，是非常快樂的，這就是你天天都要想像你目標的方法。

　　有一個人叫麥可‧詹森（Michael Johnson）的運動員，是 1996 年亞特蘭大奧運會 400 公尺、200 公尺短跑的雙料冠軍。他花了 10 年的時間，讓 200 公尺短跑加速了一秒半。這「一秒半」雖花了他 10 年的時間，但卻讓他脫離了平庸、邁向了偉大，這一秒半讓他成為有史以來 200 公尺和 400 公尺兩個不同項目的冠軍一人獨享，使他成為全世界跑得最快的人，使他由一個默默無聞的無名小卒，一躍成為年收入千萬美金的名人。

　　在麥可的自傳裡，他說在比賽前，立刻想像自己是一臺充滿動力的機器，有完美的設計，裡面有完美的構造，完全可以完成眼前的任何任務。

　　為什麼有那麼多人會失敗呢？因為大部分的人都把想像力用在想像和懼怕失敗上面，他們每天都在想自己萬一失敗怎麼辦？萬一沒錢怎麼辦？萬一破產怎麼辦？他們做每一件事情都在想被拒絕的畫面、失敗的畫面、不會成功的畫面。

　　推銷員在上門之前都在想別人不會買他產品的畫面，甚至潑他冷水的畫面；男孩子在追求女孩子的時候都在想像被女生拒絕的畫面，甚至想像女生不理他的時候那副沮喪的樣子。

　　我遇見一位朋友，他說，他跟女朋友交往了 10 年，就是不求婚，我說：「你們都相愛為什麼不敢結婚呢？」他說：「她萬一拒絕我怎麼辦？」

　　為什麼有這麼多人把自己想像力用在失敗上面呢？你想像失敗就會有失敗的結果。

　　有一次，某保險公司的一位新進業務員問主管：「為什麼我沒有辦法順利的成交每一筆生意呢？」

　　主管跟他說：「你只要開口就行。」他說：「開口求人家，有這麼容易嗎？」

　　主管說：「就這麼容易。」他說：「那萬一別人拒絕怎麼辦？」

　　主管就問他：「那萬一成功了怎麼辦？萬一別人答應你怎麼辦？你為什麼沒有這樣想過呢？」他說：「可總要考慮失敗呀？」

　　主管說：「既然考慮，為什麼不考慮成功呢？」

　　隔天，該業務員就打電話給主管，告訴主管說：「昨天聽了你那幾句話以後，我決心突破自我，開始要求別人簽單，今天我簽下了三個保單！」

　　任何人都要打破自我限制，也許這樣就可以令你明天發生一些意想不到的奇蹟。改變一個想法，頭腦中的畫面改變了，他的行動就改變，他的成就就改變了。

　　所以，天天想著你所有的目標，每天早晚不但要寫，要看著你的夢想板，同時頭腦裡還要發揮想像力，啟動頭腦中的錄影機，開始做一個心靈目標的預演，這會讓你脫離逆境，邁向成功。

要有強烈的成功欲望

　　到底什麼是強烈的欲望呢？美國 NBA 飛人喬丹在 17 歲的時候就夢想將來進入 NBA 球隊打球，於是他就擬了一個計畫，他必須先進入高中球隊，然後考上大學之後再進入大學球隊，這樣才有可能進入 NBA 球隊，

於是，他就報考了高中球隊。

教練後來告訴他：「喬丹，你不能參加球隊。」喬丹就問：「我為什麼不能參加球隊？」

教練說：「因為你的身高太矮了，你只有一百七十公分。」喬丹說：「你不讓我參加球隊無所謂，只要讓我跟球員們一起練球，我可以不上場比賽，可是我想跟他們練球，我願意在他們下場時替他們倒水、替他們擦汗、替他們整理球場，願意做一切的事情，只要讓我與他們一起練球就可以了。」

於是，教練答應他。

當喬丹開始參加球隊的時候，真的每天練球比誰練的都晚。他除了幫隊員們倒水、擦汗之外，他繼續在場上練球，一直練到天黑別人回家了，他仍然在練球，有時三更半夜就睡在球場上。歷經了 3 年的時間，一直到高中畢業的時候，喬丹去報考大學的球隊終於被錄取了。當時他去測量身高居然達到了一百九十八公分。

更加不可思議的是，他的父親竟然說：「我們喬丹家族沒有一個人超過一百七十五公分的。」喬丹為什麼能長到一百九十八公分呢？他的父親分析說：「完全是喬丹強烈的欲望所導致的。」

要經常培養自己強烈的欲望，經常與成功者交往，閱讀成功者的傳記，經常去增加你的見識。看那些成功者，他們同樣是人，他們為什麼過著比較好的生活，過得比較快樂？他們可以享受人生中可以享受到的一切，而我們為什麼不行？

當我們能夠持續培養我們的欲望的時候，強烈到想立即拿出積極的行動的時候，然後不斷強化欲望，讓你的行動不斷地堅持，一直到成功為止。

　　沒有欲望的人就像一個活死人，每天早晨起床吃飯，吃完飯上班，上完班等下班，下了班又等吃飯，吃了飯等洗澡，洗完澡等睡覺。

　　很多家庭主婦或退休的人就這樣過生活，每天在屋子外面看別人下棋、喝酒、打牌，等老公、小孩回來，等吃飯，等洗澡，等睡覺，然後等生病，直至等死亡。

　　這跟活著的死人有什麼兩樣呢？

　　有一次，我聽到一個笑話，說有一個人在養羊，有人就問他：「你為什麼要養羊呢？」他說：「養羊為了賺錢啊！」這個人又問：「你為什麼要賺錢呢？」他又說：「賺錢是為了娶媳婦啊！」於是這個人又問他說：「你為什麼要娶媳婦啊？」他說：「為了生兒子啊？」別人問他：「你為什麼要生兒子呢？」他又說：「為了幫我養羊啊。」

　　你的一輩子真的要這樣過嗎？這輩子如果真的要這樣過，我想你就要闔上這本書了，因為，這本書不是要給一個沒有欲望的人看的。

　　欲望和希望有相似之處，然而卻又不是相同的。比如，新年之際，我們和朋友常互相祝福，說些「恭喜發財」、「新年發達」等話。這些話充其量是一種希望，而沒什麼意義，它既不可能使我們發財，也不能給我們帶來健康。因此我們常說：希望是美好的。言下之意，它未必能實現。如果是不切實際的希望不僅不能實現，而且轉瞬之間即從腦中消逝。

　　而欲望不同，欲望來自幻想，但比較接近現實，是可以達到或實現的。因此，欲望又是一種具有推動力的心理，一種可以發揮自己潛能的力量。

　　我們可以做一個大膽的假設。假設一位姓王的先生，他現在收入是每年萬元左右。因為租房子太貴且困難，他希望購買一套自己住的房子。他的同學、朋友都已買了房子，使他買房的欲望也就更加強烈了。在這種情

況下，他就開始儲蓄，節省一切不必要的開支；另一方面努力地工作，賺取更多的收入。買房成為他最大的欲望，他的一切行動都以此為依據，不出幾年就可實現。

我們常常痛心地看到，一些染上賭癮的人往往不惜身敗名裂，典當一切家產，為的是滿足一個「多搏一次」的欲望。戀愛中的青年男女，為了追求對方，盡量遷就對方以博歡心。這些都是欲望產生出來的行動。

欲望常常有一種魔力，它可以改變整個人，發揮出平時沒有的力量。我們有時說，某些人中了「邪」，往往就是強烈的欲望支配著他的原因。古代就有兩個著名的人物 —— 豫讓、伍子胥，可以說是這方面的典型。

豫讓是春秋戰國時晉國的義士。在他不得志時，曾受到當時的政治家智伯的欣賞和尊敬。然而，在一次政變中，智伯被趙襄子殺死。「士為知己者死」，豫讓逃了出來並發誓要為智伯報仇，雖萬死而不辭。

為報仇，豫讓改名換姓，到趙襄子門下作一名卑下的清掃工，身上卻懷著一把鋒利的匕首，隨時準備刺殺趙襄子。但事機不密，失手被抓，趙襄子覺得義士難得，自己又沒受傷，就放了豫讓。

但豫讓的報仇欲望並沒因此消失，反而更強烈了。為了便於行刺，他不惜毀掉自己的容貌：他把油漆塗在身上，使皮膚腐爛，好像生了癩瘡一樣，又剃了鬍鬚，刮了眉毛，吞食木炭，使聲音變啞。毀容程度之深，連他的妻子都認不出他。

毀容之後，豫讓便埋伏在趙襄子出遊的一座橋下。快過橋時，趙襄子的馬突然驚叫，豫讓再次被發現並捉住。趙襄子仔細辨認，認出這人正是一再要為智伯報仇的豫讓。毀己報仇，他再一次被豫讓堅定的報仇意志所感動，於是脫下自己的袍子，讓豫讓刺袍以了心願，而豫讓刺袍後也就心滿意足地自刎而死。

豫讓為報仇易容，伍子胥為報仇憂慮而一夜白頭。

伍子胥本是春秋時代楚國人。在一次權力之爭中，他父親伍奢和哥哥伍尚被楚平王殺害。楚平王又下令在全國各地懸賞捉拿他，為了報仇，伍子胥不得不躲入山林中野餐露宿，過度的憂慮和挫折，年輕的伍子胥一夜之間一頭黑髮全部變白。但伍子胥「因禍得福」，憑著一頭白髮，輕而易舉地逃過官兵的搜捕逃出吳國。

伍子胥初到吳國時，竟淪為街頭賣唱的乞丐，但他並未因此放棄報仇的念頭。在吳國他結交了一位武藝不凡、為人仗義的壯士 —— 專諸。在吳國的一次宮廷權力鬥爭中，他們兩人協助吳王奪取了王位。伍子胥又幫助吳王建立好政治制度，治理國家，使吳國成為當時的一個強國。

16 年過去了，伍子胥看到時機成熟，率領吳國的軍隊向楚國發動了大規模的攻勢，打敗了楚國。滿腔仇恨的伍子胥甚至把早已死去的楚平王屍體挖出，鞭其屍直至成為粉末。

豫讓易容、伍子白頭都是因為報仇心切，經歷了千辛萬苦而使然。遇到挫折而不甘休，支持他們的正是焚燒身心的欲望，當這種欲望驅使著人們時，必會發出驚人的神奇力量。不達目的誓不甘休。「不成功便成仁」，往往是具有強烈欲望者最好的寫照。

運用你的潛意識

潛能分為意識上的潛能和體力上的潛能。意識上的潛能即我們常說的潛意識。

什麼是潛意識呢？一個人的潛意識就像一個人的靈魂一樣，它支配自己的行動和思想，而潛意識的建立，是由自己以往的歷史、學問、接觸、

經驗等等累積而成的。

　　有很多請人看過相的人說某某看相的看得很準，是不是真的有這樣先知先覺的人呢？

　　說到這裡，我想起自己親身體驗的一件事：小學時期，我在文娛活動中都是踴躍積極地參加，後來，只因為一句話，使我在中學六年中再沒有參加過文娛活動。直到現在，我還是無法重新振起小學時在文娛活動中的雄風。這句具有如此深遠影響的話是我的一位姑姑說的：「你有駝背的習慣，跳起舞，舞姿不雅。」也許說者並不存心讓我遠離文娛，但我卻因此而無法激起對文娛活動的信心。

　　看相人說過的話就如我那位姑姑的話一樣，當然他的話也還具有一定的針對性，因而也更有影響力。

　　記得三國時代的曹操，年輕的時候請人相面，那位相士據說是當時最有名的預言家許劭，他看了曹操的相，只說了句：「你這個人，一定是治世的能手，亂世的奸雄。」曹操聽了之後，不以為然，竟哈哈大笑起來，心想：這位相士倒說得相當有道理，殊不知，這位星相學家隨便說了兩句話，竟對曹操的前途發生巨大的影響。

　　像這樣的情況並不是說這看相人是有先知先覺的人，而是這些人的本來存在就被外界罩上一層神祕的色彩，聽這些人的話，內心就不知不覺地產生與這些話相應的感覺，並用這種感情去對待外界的事物，其結果當然就會由這些所謂預言家所說的事態結果發展下來。

　　人的潛意識是一張等待描繪的白紙，外界環境是用來描繪潛意識這張白紙的類比對象，而溝通兩者的橋梁就是人的有意識。是意識這隻筆描繪出潛意識的內容來的，外界環境是五彩繽紛、令人目不暇給，有意識這支筆描繪外界環境的那一部分，是正對著陽光的這一部分，還是背著光線的

陰影呢？當然不能全部無選擇地畫下來，我們人的潛意識雖無分辨是非的能力，卻是有排斥對立情感的本能。

人的感情也分好的和壞的，好的就像信心、欲望、希望、熱心、愛心、溫柔、善良等；不好的東西，像恐懼、嫉妒、仇恨、報復、貪心、迷信、憤怒等等。如果有仇恨和愛心兩樣要我們選擇，在我們的潛意識中只能選擇仇恨或者愛心，而不能同時容納下仇恨和愛心這兩種互相對立的感情，正像聖經裡說：沒有人能同時侍奉兩個主人，不是恨這個就是愛那個……不是重這個就是輕那個，你不能同時侍奉上帝又侍奉財神。

因此要培養、建立正確的潛意識，需要我們有意識地控制自己的不良意念，努力地把外界不良的壓力變為推動自己進取的動力，這對於建立正確的潛意識具有建設性的意義。

所以，一般成功人士見到別人成功時，都懷有一種認同競爭對方的心，心理上時常以別人為榜樣，既然大家都是人，為什麼你能做到而我就不能做到呢？這樣因為愛慕別人成功的原因而不自覺推動自己和鞭策自己上進的心，比起那些否定別人的成功而眼紅、仇恨的人，來得更有積極意義。

潛意識是一塊肥沃的土地，種下糧食種子，就會獲得豐收；種下野花雜草的種子，就會得一片野草雜花。要使潛意識這塊沃土為我們自己所用，就得控制住我們的有意識。

控制有意識並不是件輕而易舉的事，有人把控制有意識、駕馭潛意識，比做園藝這門功夫。在沒有播種子之前，我們首先要耐心挖土鋤草選種除蟲，播種之後，要給予適當的肥料，然後再等待發芽。這還僅僅是開始，以後還有更多的事要做，若是澆水和施肥過多或過多的養分和肥料，都會使幼芽生長困難，水多了會淹死，少了會乾死，施肥的同時，更要殺

蟲和拔除野草，否則，野草便會搶走養料，使幼芽失去生長機會，還要有適當的天氣，陽光太強時，又要為植物遮陽，陽光過少了，又要用照明的光熱進行補救，若不幸遇上早來的霜雪，很可能會把以前的心血全部摧毀。

可見，培養我們的潛意識，跟耕種一樣，需要十二分心血和功夫來控制我們的有意識。

多給自己正面、積極的暗示

在二次世界大戰期間，德國納粹把一個美國兵抓住，將他的眼睛蒙起來，綁在一個手術臺上，告訴他：「我將要拿刀把你手腕割破，讓你的血流光，然後記錄你的死亡。」

美軍俘虜非常害怕，於是他交待完遺囑之後開始準備迎接死亡的到來，這時德國納粹只是拿了一塊冰塊在他手腕上輕輕劃了一下，並沒有流出血來，按著用一個水袋掛在天花板上，下面接了一個水桶，於是房間內只聽到「滴、滴、滴……」的聲音，美國俘虜以為血在滴，非常害怕，隔了 10 分鐘之後，他開始嘴唇發白、臉色發青，隔了 30 分鐘之後，他開始呼吸急促，大概經過了 45 分鐘，這個美軍俘虜死亡了。

後來醫生鑑定，他沒有任何外傷，卻在一個毫髮未傷的情況之下，經過 45 分鐘而死亡，這究竟是為什麼呢？原來他被自己的暗示給嚇死了，這是一個真實的事例，它說明任何的暗示，只要你重複的次數多，而且越來越逼真，都有實現的可能。

宇宙有一些非常奇妙的定律，其中最奇妙的就是「暗示定律」，因為人的潛意識分不清楚事情是真是假，透過你不斷重複的暗示，謊言重複一

萬遍，也就成了真理。你一旦相信了，謊言終究會成為事實。

　　事實上，當我們經常自我暗示和勉勵時，我們心中便會慢慢產生一種形象和感受，而這種形象和感受正是促使我們行動的動力。

　　因此，當你身處逆境時，千萬不要給自己施加負面的壓力，不妨多給自己一些正面的、積極的暗示。

第七章　激發潛能，喚醒沉睡的火山

第八章
穿越逆境，成功典範伴你行

> 風箏因為逆風而飛得更高。
>
> ── 英國民諺

孟子說：「故天將降大任於斯人也，必先苦其心志，勞其筋骨，餓其體膚，空乏其身，行拂亂其所為，所以，動心忍性，曾益其所不能。」孟子的意思是說如果上天要把治理天下的大任交給一個人的話，一定先要使他的精神、肉體承受磨難；只有這樣，才能增加他的智慧和才能。這段話不僅成為儒家的經典言論，也成為人在逆境中激勵自己自強不息的精神力量。值得注意的歷史事實是，凡是有作為的人無非是經過了一番艱難曲折的磨練，所不同的是，他們承受磨難的方式不同罷了。

看看那些在逆境中成功的典範，他們憑的是什麼？看透了其中的玄機之後，相信處於逆境中的你，一定會有一種豁然開朗的感覺。

坐了半輩子牢的曼德拉

在南非，人們總愛親熱地稱呼納爾遜·曼德拉（Nelson Mandela）為「馬蒂巴（Madiba）」，當地語就是「老爹」的意思，這反映了平民與領袖間一種難得的親近加崇敬的關係。確實，曼德拉是一位非常親民的領袖人物。他擔任總統時甚至把來訪的外國元首介紹給他的園丁或是廚師，弄得有些外國領導人非常尷尬。這位非常普通而親切的總統，在南非可是當之無愧的「新南非之父」。他的一生都以其超群的能力為爭取自由平等，而不懈的努力著。

有人說，在當今的國家元首中，沒有一個人能夠像南非總統納爾遜·曼德拉那樣榮耀。的確，這個有著傳奇經歷的黑人領袖，一生中獲獎無數，尤其是諾貝爾和平獎，更使他蜚聲全球而顯得無上光榮。

　　西元 1918 年 7 月 18 日，南非特蘭斯凱省烏姆塔塔的一個滕布族酋長家添了個男孩，這個男孩子就是納爾遜‧霍利薩薩‧曼德拉。

　　滕布人居住在群山環抱的山坡上，他們的村落裡有一座座粉刷雪白的茅屋，四周種滿了金合歡樹，村子的外面是一塊塊玉米地，曼德拉就是在這個和平、寧靜的山谷中度過了自己的童年。

　　到了讀書的年齡，曼德拉進了當地一所白人傳教士開辦的教會學校，從教會學校畢業後，曼德拉考入南非唯一招收黑人學生的黑爾堡大學。隨著知識的不斷累積，曼德拉卻陷入一種心靈的迷茫之中，300 多年的種族隔離，使生活在南部非洲的這個三面環海的國家的黑人和其他有色人種，備受歧視和壓迫。於是他開始義無反顧地投身到反對白人種族主義統治的學生運動中。不久，雖然他讀書非常用功，但學校還是因他參加學生運動將他除名。這時候部落的長老建議他回去繼承酋長的職務，但曼德拉拒絕了，他已下定決心要獻身南非人民的解放事業。

　　西元 1941 年，這個身材魁偉的黑人酋長兒子，從他世代居住的山谷，來到了南非第一工業大城市 —— 約翰尼斯堡。並在當地加入了維護非洲人利益的組織 —— 非洲人國民大會（簡稱「非國大」），不久他就成了非國大的領導成員之一。從此開始了他職業革命家的生涯。

　　西元 1952 年南非當局頒布歧視性質的「人口登記法」。為了抵制這個法令，曼德拉發動了「不服從運動」，號召黑人罷工罷市，示威的黑人群眾成群結隊地湧進專供白人使用的公共場所。這是南非有史以來第一次有組織的反對種族主義的群眾運動，它的浩大聲勢使白人當局驚恐萬分。於是政府下令禁止曼德拉參加政治活動，但非國大卻因曼德拉成功領導「不服從運動」，而選舉他為這個組織的副主席。

　　西元 1958 年曼德拉因參加政治運動被關押，從監獄中保釋出來後，

他利用僅有的四天假期和溫妮結婚，婚禮先在女方家中舉行，按照當地的傳統，另一半的婚禮應在男方家裡舉行。但因為時間不允許，另一半婚禮沒有舉行，曼德拉不得不告別妻子回到獄中。為此溫妮一直珍藏著那半塊婚禮蛋糕，她等待著與曼德拉相聚的這一天。

西元 1960 年，南非員警開槍鎮壓示威群眾，不久又下令取締了非國大。非國大開始轉入祕密活動，為應變形勢的變化，曼德拉著手建立了稱為「民族之矛」的軍事組織，並親自擔任總司令。為了掌握武裝抗爭的策略，曼德拉在這一時期閱讀了克勞塞維茲（Clausewitz）、切·格瓦拉（Che Guevara）等人的著作，為了爭取國際社會對非國大的支援，曼德拉還多次祕密出國訪問，會見了許多非洲國家領導人。西元 1962 年 8 月 5 日，由於叛徒的出賣，曼德拉在約翰尼斯堡附近被捕，從此開始了他長達 27 年的鐵窗生涯。

在獄中曼德拉先後讀完了倫敦大學法律、經濟和商業專業的課程，還自修了一門外語。

曼德拉不僅堅持學習，而且還利用機會和囚犯交朋友，與他們講述反對種族隔離的道理。由於他經常領著難友與當局抗爭，南非當局只好把他祕密轉移到開普敦的中央監獄。當局表示只要他放棄武裝抗爭，就恢復他的自由，但是曼德拉堅定地說：「自由絕不能討價還價。」

1990 年 2 月 11 日，開普敦監獄大門打開了，年已 71 歲的曼德拉走出牢門，這天世界各國派來採訪他的記者多達 2,000 人，曼德拉出獄的第一張照片被人用百萬美元買走。出獄後，曼德拉成為非國大的主席，繼續領導反對種族隔離制度的抗爭。他率領代表團與總統戴克拉克（Frederik Willem de Klerk）為首的白人政府代表團進行談判，經過不懈努力，最終促使政府逐步放寬種族隔離，並同意組織南非第一次真正意義上的全民選舉。

1994 年 5 月 10 日，曼德拉徹底的民族和解主張，贏得了南非各族人民的理解和支持，他宣誓就任南非總統。從此，在南非實行了 300 餘年的種族隔離制度被廢除了，曼德拉成為南非有史以來的第一位黑人總統。

曼德拉出任南非歷史上第一任黑人總統時將近 76 歲了。老驥伏櫪，能否走完千里？有人提出了這樣的疑問。他上任剛剛 5 天，英國《星期日泰晤士報》就放出消息，說曼德拉私下曾經暗示，他打算在兩年之內辭去總統的職務。雖然曼德拉立即做出反應，聲明這純屬謠言，但這件事情本身已經提示人們擺在新總統面前的道路並不平坦。貧困、飢餓、失業，許多人缺少教育機會，流離失所等等問題困擾著剛就任的曼德拉。如何團結一切積極的力量，包括白人以及黑人中與國大黨存在政治分歧的印卡塔自由黨人，還有各色人種，對於這個有著 4,000 萬人口，多個種族組成的國家來說，的確不是一件易事。

但是 76 歲的曼德拉並沒有退縮，而是積極地面對困境。他為了爭取種族平等，進行了長期艱苦卓絕的抗爭，他以令人驚奇的充沛精力，積極的工作態度開展工作。

曼德拉 1999 年 6 月卸任總統後，本來能夠過甜蜜安寧的晚年生活了，可是曼德拉卻閒不下來，可謂退而不休。一方面，他深深地熱愛著非洲這塊土地，以極其複雜的心情關注著非洲目前面臨的困難和遭受的苦難，加上他「德高望重」的客觀影響，因此不少非洲交戰國邀請他擔當國際調解人。另一方面，曼德拉是國際知名人士，甚至一些媒體稱他是「西元 1900 年代最後一位活著的歷史人物」。因此，幾乎所有前往南非訪問的國際政要、名人、明星都希望能與他見面，各種國際會議也大多邀請他出席捧場。曼德拉因長期牢獄折磨，造成膝關節和視力嚴重損傷。他行走不便，特別是雙腿很難邁上臺階。但是這位老人的精神卻一直很好，仍然在積極

地忙碌著，他說自己忙碌的日程是「每天從早到晚地工作，回家時已十分疲勞，唯一想做的事就是睡覺和做夢」。

現在，這位令人尊敬的、在逆境風雨中一路走過的老人，可以安心地休息了。他的光芒普照著南非人民，他的事蹟感染了世界人民。

在跌倒的地方站起來的艾科卡

艾科卡，美國汽車業經營的大人物。曾任職於世界汽車行業的領頭羊——福特公司。由於其卓越的經營才能，使得他的地位節節高升，直至坐到了福特公司的總裁。

然而，就在他的事業如日中天的時候，福特公司的老闆——福特二世卻出人意料地解除了艾科卡的職務，原因很簡單，因為艾科卡在福特公司的聲望和地位已經超越了福特二世，所以他擔心自己的公司有一天會改姓為「艾科卡」。

此時的艾科卡可謂是步入了人生的低谷，他坐在不足 10 平方公尺的小辦公室裡思緒良久，終於毅然而果斷地下了決心，離開福特公司。

在他離開福特公司之後，有很多家世界著名企業的重要人物都曾拜訪過艾科卡，希望他能重出江湖，但被艾科卡婉言謝絕了。因為他心中有了一個目標，那就是「從哪裡跌倒的就要從哪裡爬起來！」

他最終選擇了美國第三大汽車公司——克萊斯勒公司，這不僅因為克萊斯勒公司的老闆曾經「三顧茅廬」，更重要的原因是此時的克萊斯勒公司已是千瘡百孔，瀕臨倒閉。他要向福特二世和所有人證明：我艾科卡的確是一代經營奇才！

接管克萊斯勒公司後，艾科卡進行了大刀闊斧的改革，辭退了 32 個

副總裁，關閉了 16 個工廠，裁員和解僱了人員上千，從而節省了公司最大的一筆開支。整頓後的企業規模雖然小了，但卻更精實了。另一方面，艾科卡仍然是用自己那雙與生俱來的慧眼，充分洞察人們的消費心理，把有限的資金都花在刀口上，根據市場需要，以最快的速度推出新型車，從而逐漸與福特、通用（General）三分天下，創造了一個與「哥倫布發現新大陸」同樣震驚美國的神話。

西元 1983 年，在美國的民意調查中，艾科卡被推選為「左右美國工業部門的第一號人物。」

西元 1984 年，由《華爾街日報》委託蓋洛普進行的「最令人尊敬的經理」的調查中，艾科卡居於首位。

同年，克萊斯勒公司營利 24 億美元，美國經濟界普遍將該公司的經營好轉看成是美國經濟復甦的標幟。

有人曾經在這一時刻呼籲艾科卡競選美國總統。如果說在福特公司的艾科卡是福特的「國王」，那麼在克萊斯勒的艾柯克無疑就是美國汽車業的「國王」。

艾科卡之所以能創造這麼一個神話，完全是受惠於當年從福特公司被解職的逆境。正是因為這一逆境才使艾科卡的事業步入第二個春天。

歷經磨難造就的春秋霸主

晉文公重耳之所以能稱霸諸侯。主要得益於他在逆境面前的百折不撓、堅忍不屈。他曾在外逃亡 19 年，歷盡艱辛，後來終於回國當了國君，試想如果沒有堅強的個性和不屈的精神，又怎能成功呢？

其實晉文公在未流亡之前沒有受過多大的磨難。他父親晉獻公的前半

▶ ▶ ▶　第八章　穿越逆境，成功典範伴你行

生曾是一位較有作為的君主，他把晉國治理成了北方的大國。但晉獻公晚年卻犯了一個巨大的錯誤，惟夫人之言是聽，這也難怪，在那個時代有身分有地位的男人有三妻四妾是常事，而且還引以為榮，這也是時代的產物。壞就壞在這些女子性格良莠不齊，那個時候的女子不能參政，將其視為不吉，但她可以「吹風」，晉獻公就沒抵擋住這股「溫柔風」，險些弄得晉國土崩瓦解。雖國家未亡，但動亂持續了 20 年，這 20 年正是重耳在外顛沛流離的 20 年。

原來晉獻公晚年寵愛年輕貌美的驪姬，這個驪姬倒也有手段，害死了太子申生，又要害重耳，重耳只得逃往外地。應該說，驪姬在某種程度上還幫了重耳，如果沒有她的迫害，重耳不可能流浪在外，沒有機會歷練出成就大事的能力，也就沒有辦法當上晉國的國君。如果哥哥申生繼位，重耳最多能當個親王。但歷史選擇了重耳流亡的命運，流亡並沒有使重耳消沉，反而成熟了他的思想，磨練了他的意志，淨化了他的人格，造就了他繼齊桓公之後成為第二個春秋霸主。

人處在逆境時，往往一切災難會接踵而來。重耳也不例外，當晉獻公死後，秦國和齊國插手晉國另立新君的事，都想從中撈到好處。於是他們共同立了狡詐殘忍的夷吾為晉國新君，這位新君總覺得重耳在外是個心腹大患，就派人追殺他。可憐流亡在外的重耳先是遭到父親寵姬的迫害，這次又要遭到自己弟弟的追殺，不得不亡命天涯。這也不足為怪，在那個時代為爭奪皇位，手足相殘的事件何止一二，但重耳並沒有與弟弟爭奪晉國國君之位，而且還流亡國外，從情理上應該躲過這一劫。難道重耳的經歷還不足以成為孟子那段話的注腳嗎？

一個人縱然意志再堅強，資質再優秀，也需要有人輔佐才能成就大事，尤其是在艱難時期，不是嗎？勾踐再能忍，如果沒有文種和范蠡的幫

助，也可能變成孤魂野鬼了，吳王闔閭做國君之前和重耳的情形一樣，如果沒有伍子胥的幫助又怎能復位榮登王位呢？重耳也不例外，他手下也有一些忠直之臣追隨他，其中比較著名的有狐毛、狐偃、狐射姑、先軫、介子推、顛頡等人，這些人有膽略，有才能，他們追隨重耳在狄國住了12年，不僅如此，重耳在狄國的妻子也是深明大義之人，當重耳得知夷吾要派人刺殺他，他準備逃走時，對妻子說：「如果過25年我不來接你，你就改嫁吧！」妻子卻說：「好男兒志在四方，你放心走吧！我現在已經25歲了，再過25年就是50歲的老太婆了，想改嫁也沒人要。你不用擔心我，儘管走吧！我等著你。」由於夷吾派來的刺客提前一天趕來，重耳未來得及收拾好行裝就匆匆忙忙逃走了，所以重耳一行人不得不到處乞討。貴為一國公子，落難之時，到處乞討活命，需要有絕大的勇氣，更要有堅韌的性格，兩種生活境遇，猶如從天堂跌入地獄，如果沒有堅強的性格，又怎能承受得了？重耳承受住了苦難和屈辱，後來才做了春秋霸主。

重耳一行人打算去齊國。但必須經過衛國，衛君是個很勢利的人，見重耳是落難之人，不想幫他，便不讓他從衛國通過，這並沒有困住重耳一行人，他們只好繞行，實在餓得忍受不住了，就向農夫乞討，農夫故意嘲笑他們，遞過了一塊土，幸虧被一位智慧的大臣巧妙地化解了，人在難處時，沒有碰不到的困難，當重耳餓得頭暈眼花時，一位大臣給他端來一碗肉湯，他喝完了才知道肉是從大臣腿上割下來的，想一想這種苦難能有幾人受得了！重耳卻忍受住了，或許他知道自己不能就這麼消沉。

重耳也曾動搖過，到了齊國後，娶了齊國公主，生活在溫柔鄉裡，他不想再回國了，因為經過了眾多的磨難，終於過上了安穩的生活，為何還要再去受那顛沛流離之苦，這種打算和想法並沒有在重耳身上真的實現，他在幾位大臣的幫助下，又離開了齊國踏上了征程。

　　一個人的性格只有在特殊的環境中才能表現出來，堅韌性格也同樣，如果萬世升平，百姓安居，自己安安穩穩地做太平皇上又何來磨難呢？重耳顛沛流離朝夕不保，這種情況沒有使他消沉下去，而是一直在尋找複出的機會，等待東山再起。

　　多年的流亡生活不但磨練了自己的意志，而且還有一個更大的收穫，那就是豐富的政治經驗，也就是「國與國之間鬥爭形勢複雜」，在這種形勢下除非有絕對軍事實力和經濟實力。否則不用說稱霸諸侯，恐怕保住領土和政權完整就算不錯了。重耳就是在這種形勢下流亡各國的，雖歷經磨難，但也使得他變成了一個成熟的政治家，在複雜的爭鬥環境中也顯得遊刃有餘，例如，重耳流亡到楚國時，楚成王把他當成貴賓接待，重耳對楚成王十分尊敬，兩人成了好朋友。當時，楚國大臣子玉要殺掉重耳，以除後患，但被楚王阻止了。有一次宴會上，楚王開玩笑說：「公子將來回到晉國，不知拿什麼來報答我？」重耳說：「玉石、綢緞、美女你們並不缺、名貴的象牙、珍奇的禽鳥就出產在你們的國土上，流落到晉國來的不過是你們的剩餘物資，我真不知拿什麼來報答您。托您的福如果我能回到晉國，萬一有一天兩國軍隊不幸相遇，我將後退三舍來報答您。如果那時還得不到您的諒解，我就只好驅兵與您周旋了。」雖只是開玩笑，但這一提問也是一個很難回答的問題，弄不好也會使楚國君臣不悅，嚴重可能會有性命之憂，況且楚國大臣本來就反對重耳，要殺掉他。應該說他的回答是得體的，後來為了稱霸諸侯，晉、楚兩國果然兵戎相見了。晉文公憂心忡忡，面對來犯楚軍，連忙下令晉軍「退避三舍」。晉軍很不理解，狐偃就能讓人向軍士廣為宣傳，說這是晉文公為了報答楚王的恩惠，實現以前的諾言。而實際上，這是激將法，激勵晉軍士氣，建立晉文公的威望。從軍事等角度看，晉軍後退可使楚軍疲憊，避開楚軍的銳氣。因此，晉文公

的，「退避三舍」是以退為進的策略，實在是一箭雙雕的高明之舉。

後來，重耳在秦國的幫助下果然當上了晉國國君，他就是晉文公。晉文公 43 歲外逃狄國，55 歲到了齊國，61 歲到了秦國，即位時已 62 歲了。他流浪 19 年，雖說他在齊國時有一段安定的生活，但總的來說過的是寄人籬下，顛沛流離的日子，他受盡了人情冷暖，嘗盡了世間的酸甜苦辣，見識了各國政治風雲，鍛鍊了治國平天下的才能。終於把自己磨練成了一個有治之君。

縱觀晉國由亂到治的過程，確是引人深思。晉文公及其 19 年的磨練，為他創造霸業準備了良好的客觀條件，所以晉文公稱霸也並非偶然，是各方面因素累積的結果。

毫不誇張地說，是逆境成就了重耳的千秋霸業，這正如千錘百煉磨礪出寶劍的鋒芒。在重耳的流亡時，他缺吃少穿不說，還要對付各種追兵，諸侯各國的歧視，這一切困難沒有動搖重耳稱王稱霸之心，逆境更能讓人學習本事，其結果無疑是成功。但又有多少人能承受住肉體和精神的雙重磨難呢？

晉文公的流亡、登基、稱霸之路無一不是在逆境中步步艱難地走出來的，可現實中的那些失敗者又有誰承受住了遠不及晉文公的磨難呢？這的確引人深思。

三千越甲「吞吳」的勾踐

吳越兩國本為鄰邦，吳國趁越國國王允常逝世之際，發兵攻越結果大敗而歸，國王闔閭受傷而亡。從此兩國結下了仇怨，其實，這種仇怨的實質並非什麼國恨家仇，實則是雙方都想吞併對方來擴大自己的領土，增加

▶▶▶ 第八章 穿越逆境，成功典範伴你行

本國勢力而已。

闔閭死後，他的兒子夫差繼位。為了替父報仇，他絲毫沒有懈怠，經過兩年的準備，吳王以伍子胥為大將，伯嚭為副將，傾全國精兵，經太湖向越國殺來，越國毫無抵擋之力，一戰即敗，勾踐走投無路，後來走伯嚭的門路達成了議和。

議和的條件是，讓越王勾踐和他的妻子到吳國來做奴僕，隨行的還有大夫范蠡。吳王夫差讓勾踐夫婦到自己的父親吳王闔閭的墳旁，為自己養馬。那是一座破爛的石屋，冬天如冰窟，夏天似蒸籠，勾踐夫婦和大夫范蠡一直在這裡生活了3年。除了每天一身土，兩手馬糞以外，夫差出門坐車時，勾踐還得在前面為他拉馬。每當從人群中走過的時候，就會有人喊喊喳喳地譏笑：「看，那個牽馬的就是越國國王！」

這實在是讓人難以忍受，勾踐由一國之君變成奴僕忍了，為人養馬備受奴役也忍了，而他之所以會強忍著這所有的一切屈辱，為的就是日後的崛起。勾踐的性格可取之處就在此，雖面對一切屈辱，從容自若，因為他非常明白，目前的情況只有忍辱，才有可能日後東山再起，如果不忍，不要說東山再起，恐怕連命都保不住。這似乎與傳統的大英雄，大丈夫「寧為玉碎不為瓦全」、「大丈夫誓可殺不可辱」的傳統有些相背離，這些都是對那些寧死不屈、誓死不降的英雄們的讚語，其大無畏氣概固然讓人讚嘆，但還有一句教人處世的俗語是：「留得青山在，不怕沒柴燒。」後來的那位頂天立地的西楚霸王項羽就給我們留下了很多的深思，烏江岸邊，烏江亭長熱情的招呼他：「江東雖小，足可夠大王稱王稱霸，日後也能做一番大事業。」而項羽是個寧折不彎的漢子，哪肯過江呢？他悲憤拔劍自刎身亡。也許項羽過江後楚漢相爭會是另一種結果，也許他能一統天下……雖然這些都是也許，可從另一角度看這些英雄人物不妨屈尊一忍，

設法日後再重新崛起。

勾踐不但性格能忍，而且還善工心計，他抓住了吳國君臣貪財好色的弱點，讓留在國內的大夫文種不斷地向吳王進貢一些珍禽異獸，瑰寶美女，同時還不斷給伯嚭送些賄賂。伯嚭收了越國的賄賂，不斷地在吳王夫差面前為勾踐說情，吳王夫差對勾踐也產生了好感。勾踐以忍來激勵自我，同時還用計使吳王君臣縱情聲色，荒廢朝政。

後來有一個絕好的機會為勾踐回國創造了條件。吳王病了，勾踐為表忠心，在伯嚭的引導下，去探視吳王，正趕上吳王大便，待吳王出恭後，勾踐嘗了嘗吳王的糞便後，便恭喜吳王，說他的病不久將會痊癒。這件事在吳王放留勾踐的態度上起了決定性作用。或許是勾踐真的懂得醫道察言觀色能看出吳王的病快好了；或許是勾踐有意恭維吳王；或許是上天垂青勾踐，總之，吳王的病真的好了，勾踐此時已徹底取得了吳王的信任，吳王見勾踐真的順從了自己就把他放了。

勾踐在這件事上所表現出來的忍辱的確是一般人做不到的。我們不排除勾踐是想盡一切辦法回國，就其行為的確讓人自嘆弗如。縱觀這一時期勾踐的忍，是極其恭順的忍。因為勾踐很明白，這種為人奴僕的生活可能是茫茫無期，也可能近在咫尺。何也？因為這完全取決於吳王，只要吳王高興，對自己所做的事滿意，那麼則有可能提前獲得自由，所以，勾踐極盡恭順討好吳王。當然，勾踐的行為隱含有陰險的成分，這是人格的問題，我們當然不提倡，但勾踐的忍卻值得後人敬佩和慨嘆！

勾踐回國復位後，想到在吳國受的屈辱，內心燃燒著復仇的怒火。但時機並不成熟，他還必須忍耐，努力治理國家，等到兵精糧滿時便一舉伐吳。於是，他取來豬的苦膽放在座位旁，或坐或臥都要仰視苦膽，每頓飯前嘗一點苦膽。他為激勵自己復仇的心願，經常自己問自己：「勾踐，你

忘了會稽山的恥辱了嗎？」他還和普通人一樣親自參加農田耕作，讓夫人像普通婦女一樣親自紡線織布，吃粗劣的飯食，穿普通衣著，尊重賢才，虛心待賢，救貧弔喪，與老百姓同甘共苦。

　　身處逆境，當形勢比人強時，需要堅忍不拔；忍辱負重，其終極目標是為了達到扭轉乾坤。勾踐堅韌能忍是為了滅吳興越，如果一味地忍下去，則是性格懦弱的表現。勾踐終於忍到該向吳國進攻復仇的時候了。結果正如勾踐所願，一戰便把吳軍殺得大敗。這次卑躬屈膝的不再是越王勾踐了，而是吳王夫差。夫差也想像當年勾踐向自己稱臣為奴一樣，打算投降勾踐。勾踐很同情夫差，想答應夫差的請求，但被范蠡勸住了。最終吳國滅亡了，吳王夫差自殺身亡。當時中原的幾個大諸侯國，都處於低潮，不少小國投降了勾踐，於是勾踐儼然成了最後一代春秋霸主。勾踐終於一吐胸中 20 多年的屈辱晦氣，完成了復仇稱霸之偉業。

　　國王、奴僕、霸主把勾踐人生命運由衰而盛的軌跡勾畫得清清楚楚，難道我們不能從中受到啟發嗎？

逆流成長法：

找尋弱點，修正缺點，你不可能永遠待在人生最低點

編　　著：王郁陽，江城子

發 行 人：黃振庭

出 版 者：崧燁文化事業有限公司

發 行 者：崧燁文化事業有限公司

E-mail：sonbookservice@gmail.com

粉 絲 頁：https://www.facebook.com/
　　　　　sonbookss/

網　　址：https://sonbook.net/

地　　址：台北市中正區重慶南路一段六十一號八
　　　　　樓 815 室

Rm. 815, 8F., No.61, Sec. 1, Chongqing S. Rd.,
Zhongzheng Dist., Taipei City 100, Taiwan

電　　話：(02)2370-3310

傳　　真：(02)2388-1990

印　　刷：京峯彩色印刷有限公司（京峰數位）

律師顧問：廣華律師事務所 張珮琦律師

定　　價：399 元

發行日期：2023 年 02 月第一版

◎本書以 POD 印製

國家圖書館出版品預行編目資料

逆流成長法：找尋弱點，修正缺
點，你不可能永遠待在人生最低點
/ 王郁陽，江城子編著 . -- 第一版 .
-- 臺北市：崧燁文化事業有限公司，
2023.02
面；　公分
POD 版
ISBN 978-626-357-017-7(平裝)
1.CST: 成功法 2.CST: 自我實現
177.2　　111020845

電子書購買

臉書